「국제조세법」에 의한

이전가격
세무검증 개론

이세연 저

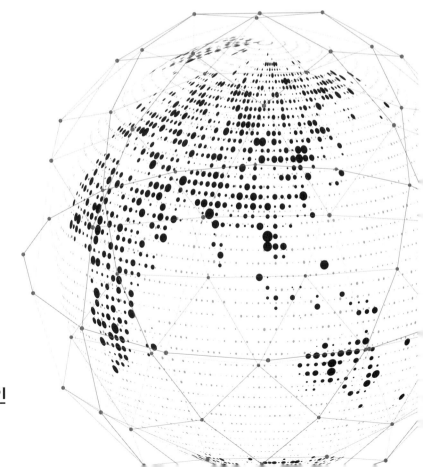

SAMIL | 삼일인포마인

머리말

필자가 이전가격 세무검증 업무를 처음 시작할 때와 현재의 세정환경은 너무도 달라져 있습니다. BEPS 프로젝트에 따라, 이전가격에 대한 정보가 담긴 국제거래통합보고서가 정기적으로 제출되고 있고, 이전가격에 대한 다양한 판례들도 꽤 많이 생성되었습니다. 또한, 전세계적으로 다양한 분야에서 일어났거나 일어나고 있는 한류열풍에 따라 국내 기업들의 국제거래 규모도 가파르게 증가하고 있으며, 외국계 기업들도 변화하는 국내 경제환경에 대응하기 위하여 거래구조를 적극적으로 개편해가고 있습니다.

본서는 어느날 갑자기 이러한 변화의 변곡점에서 이전가격 세무검증을 접하게 된 재무담당자와 조사관 등 실무진들에게 필자의 현장 경험과 강의 경험을 바탕으로 국제조세조정에관한법률에 의한 이전가격 세무검증의 기본적인 내용을 짧은 시간 내에 이해하는데 도움을 드릴 목적으로 제작된 이전가격 세무검증 입문서입니다.

본서는 이전가격 세무검증에 대해서 현장에서 빈번하게 논의되는 쟁점들을 중심으로 국제조세조정에관한법률 및 OECD이전가격지침서 상의 내용들과 주요한 판례들에 대한 이해력과 가독성을 높일 수 있도록 재구성한 것입니다. 따라서, 사안별 이해를 높이기 위한 방편으로 법률과 지침서 원문의 내용을 부분적으로 수정하였는 바, 본서는 이전가격 세무검증 쟁점에 대한 국세청의 공식입장과 아무런 관련이 없으며, 불복 등 쟁송 과정에서 본서의 내용을 직접적인 논거로 활용하는 것도 적절하지 않음을 알려드립니다.

본서가 출간되기 까지 아낌없는 지지와 격려를 보내주신 멘토·멘티 여러분들께 감사드립니다. 특히, 격무에도 불구하고 다년간에 걸쳐 필자의 이전가격 교육 프로그램을 적극적으로 지지해 주시고, 참여해 주신 우리 회사 선후배 동료들에게 존경과 감사의 마음을 전합니다. 또한, 나의 가장 든든한 지원자이자, 친구이자, 감독자인 아름다운 아내 김선희 마리아와 소중한 딸 이정인 크리스티나에게는 존경과 감사하는 마음에 사랑을 더하여 전합니다.

출판을 결심한 후, 십수회에 걸친 교정작업은 이론과 실무 뿐 아니라 문장(文章)과 전달력에 대한 필자의 경험치와 공부량이 너무도 부족하다는 것을 깨닫는 계기가 되었습니다. 필자는 향후에도 부지런히 공부해 가며 본서의 부족한 부분들을 개정해 나가고자 합니다.

본서가 이전가격 세무검증에 입문하시는 분들에게 도움이 되는 책자로 자라나기를 간절히 희망합니다.

감사합니다.

2024. 3.
서울의 어느 곳, 나의 책상에서

차 례

차 례

차 례

제4장　국제거래 자료 제출 및 가산세 적용 특례 · 173

차 례

제 1 장

총 칙

I 개 요

(1) 이전가격 세무검증의 의의

이전가격이란 어떤 기업이 특수관계인들에 대해 상품, 무형자산, 또는 용역을 제공할 때에 적용되는 가격을 말한다(TPG Preface 11).

다국적기업의 경우에는 국제적으로 통일된 방침에 의하여 경제활동을 하는 특성상 그 내부의 관련 기업 상호 간에 행하여지는 상거래의 대가나 그로 인한 이윤이 자유로운 시장원리에 의하여 결정되지 아니하고 일정한 방침 아래 인위적으로 설정됨으로써 조세회피가 쉽게 행하여질 가능성이 적지 않다(대법원 1990.2.27. 선고 87누332 판결 참조). 즉 다국적기업은 관련 기업 간에 재화 및 용역 거래시 거래가격을 조작함으로써 상대적으로 세율이 낮은 국가에 소재한 기업의 소득을 증가시키고 세율이 높은 국가에 소재한 기업의 소득을 감소시켜 다국적기업 전체의 조세 부담을 최소화하려고 한다. 또한, 거래가격을 조작함으로써 사업소득에 대한 진출국의 과세를 피하면서 이익을 모기업에 이전하려고 하는 경향이 있다. 이러한 거래가격 조작에 의한 다국적기업의 조세회피행위를 규제하고 자국의 과세권을 보호하기 위한 제도가 이전가격 과세제도이다.

이전가격에 의한 조세회피 여부를 판정하는 기준이 되는 정상가격에 대해서 국제조세조정에관한법률은 정상가격이라 함은 거주자·내국법인 또는 국내사업장이 국외특수관계인이 아닌 자와의 통상적인 거래에서 적용되거나 적용될 것으로 판단되는 가격을 말한다(국조법 제2조 제1항 제5호)고 정의하고 있고, OECD이전가격지침에서는 제1장 정상거래원칙(Arm's length principle) 편에서 두 특수관계 기업들 간의 상업적, 금융적 관계에 있어서 정상거래들 간에 성립되었을 조건과 다른 조건이 설정되거나 부여된 경우에, 그 다른 조건이 아니었더라면 그 특수관계기업들 중 어느 한 기업에 발생되었을 이익이 그 다른 조건으로 인해 발생되지 아니한 경우 그 이익은 그 기업의 이익에 포함될 수 있으며 그에 따라 과세될 수 있다고 설명하여, 두 특수관계 기업들 간의 상업적, 금융적 관계에 있어서 정상거래들 간에 성립되었을 조건 하에서의 가격이 정상가격인 것으로 설명하고 있다.

대다수 국가의 내국세법은 과세당국이 특수관계인 간 거래가격이 정상거래원칙에 부합하는 거래가격인 정상가격에 부합하지 않는다는 사실을 입증할 경우, 과세당국에게 해당 기업의 과세소득을 조정할 수 있는 권한을 부여하고 있다. 이러한 각 국의 세법규정은 OECD모델조세조약 또는 UN모델조세조약 제9조 제1항의 영향을 받은 것이다. 또한, 대부분의 조세조약도 정상거래원칙에 근거한 다국적기업의 과세소득에 대한 조정 및 그 조정의 조건을 규정하고 있다. 이러한 조세조약 역시 OECD모델조세조약 또는 UN모델조세조약 제9조 제1항의 영향을 받은 것이다. 일부 조세조약은 정상거래원칙에 따라 과세당국이 자국회사의 소득을 경정할 때 이중과세를 방지하기 위해 거래 상대방 거주지 국가가 대응조정을 하도록 규정한 OECD모델조세조약 또는 UN모델조세조약 제9조 제2항을 포함하고 있다.[1]

우리나라의 경우 이전가격 세무검증에 대한 근거법률은 1988.12.31. 법인세법에 도입되어 시행되다가 1995.12.6. 국제조세조정에관한법률(이하 '국제조세법')을 제정하면서 법인세법 시행령에 규정된 내용이 국제조세법 제4조 정상가격에 의한 과세조정으로 이전되었으며, 2002년에는 국제거래에 대해서 자산의 증여 등을 제외하고는 부당행위계산부인 조항의 적용을 배제하는 특칙[2]이 신설되었고, 2021년에는 국제조세법 제2장 제1절 제1관을 정상가격 등에 의한 과세조정으로 지칭하였다.

(2) 정상가격 등에 의한 과세조정의 특징

우리나라의 경우 정상가격 등에 의한 과세조정은 국제거래에 대하여만 적용하며, 부당행위계산부인 규정과는 다른 별도의 특수관계 기준을 적용한다. 정상가격 과세조정은 조세회피 목적을 전제로 하지 아니하며, 과세소득 실현을 전제조건으로 하지 않는다(국기통 6-0…1).

정상가격 등에 의한 과세조정은 정상가격으로 특정 범위의 가격을 적용할 수 있으며, 사전승인(APA, Advanced Pricing Agreement), 상호합의(MAP, Mutual Agreement Prodedure)를 통한 대응조정 등을 할 수도 있다. 또한, 정상가격 등에 의한 과세조정은 국제조세법에 별도의 소득처분 규정을 적용하고, 개별기업보고서 등 제출의무를 성실

---

1) Introduction to Transfer Pricing (Jerome Monsenego) 참고
2) 국제조세법 제4조 제2항 및 국조법 시행령 제4조의 내용을 말한다.

히 이행한 경우 신고불성실 가산세 적용을 배제할 수 있는 규정을 두기도 하였다.

정상가격 등에 의한 과세조정은 특수관계인들 간의 세무와 관련 없는 계약상 의무에 대해서 영향을 미치지 아니한다(TPG 1.2).

| 부당행위계산부인과 정상가격 등에 의한 과세조정 비교 |

구 분	부당행위계산부인	정상가격 과세조정
적용대상거래	국내거래	국제거래
	자산의 증여 등의 거래 제외	
특관자 기준	법인세법·국세기본법	국조법 제2조
기준가격	시가	정상가격
조세회피의도	―3)	불필요
대응조정	없음	있음
사전승인(APA)	없음	있음
상호합의(MAP)	없음	있음
소득처분	기타사외유출 등	배당 등
과소신고 가산세	있음	적용 배제 가능

❖❖ 정상가격으로 과세조정한 금액이 부가가치세에 영향을 미치는지 여부(기획재정부 부가가치세 제과-607, 2011.9.30.)

국외특수관계자와의 재화 또는 용역의 거래에 있어서 「국제조세조정에관한법률」 제4조에 따라 정상가격에 의한 과세조정을 적용하는 경우라고 하여 「부가가치세법」 제13조 제1항 제3호 및 제4호에 따라 재화 또는 용역의 공급에 대하여 부당하게 낮은 대가를 받은 경우에 해당된다고 판단할 수는 없는 것임. 다만, 「부가가치세법」 제13조 제1항 제3호 및 제4호에 따라 '재화 또는 용역의 공급에 대하여 부당하게 낮은 대가를 받은 경우'에 해당하는지 여부와 관련하여 '시가'를 판단하는 경우에 「국제조세조정에관한법률」 제4조에 따른 정상가격을 고려할 수 있는 것임.

(3) 국제거래에 대해서 부당행위계산부인 규정 적용 불가

국제거래에 대해서는 다음과 같은 자산의 증여 등(국조령 제4조)을 제외하고는 소득세

---

3) 부당행위계산부인 규정 적용에 조세회피 의사가 필요한지 여부에 대하여는 긍정설과 부정설이 나뉘고 있다. 한편, 법인세법 제52조 제1항에서는 조세의 부담을 '부당하게 감소시킨 것으로 인정되는 경우에 적용하도록 하면서, 제2항에서 판단 기준을 '시가'를 기준으로 하도록 해 놓았다. 소득세법의 경우도 유사하다.

법 및 법인세법 상 부당행위계산부인 규정[4]을 적용하지 아니한다(국조법 제4조 제2항).

1. 자산을 무상(無償)으로 이전(현저히 저렴한 대가를 받고 이전하는 경우는 제외한다)하거나 채무를 면제하는 경우
2. 수익이 없는 자산을 매입하거나 현물출자를 받는 경우 또는 그 자산에 대한 비용을 부담하는 경우
3. 출연금을 대신 부담하는 경우
4. 그 밖의 자본거래로서 각종 자본거래를 통하여 주주 등인 법인이 특수관계인인 다른 주주 등에게 이익을 분여한 경우(「법인세법 시행령」 제88조 제1항 제8호 각 목의 어느 하나 또는 같은 항 제8호의2에 해당하는 경우)

국제거래에 해당하더라도 자산의 증여 등의 거래에 대하여는 국제조세법을 적용하지 않는 규정은 국제거래에 있어서 행하여지는 자산의 증여나 채무면제 또는 업무와 관련 없는 비용의 지출 등과 같은 일부 국제거래에 대하여는 이전가격 과세제도의 적용을 배제하고 국내거래와 마찬가지로 법인세법상의 조세회피 및 탈세의 방지수단을 적용하도록 하여 조세부담을 강화하고자 하는 취지[5]로 2002년 신설되었다.

> ❖❖ 부당행위계산부인에 관한 법인세법 제52조 등을 적용할 수 있는 국제거래로 규정한 구 국제조세조정에관한법률 시행령 제3조의2 제3호의 '수익이 없는 자산의 매입'에서 '수익이 없는 자산'의 의미(대법원 2020.8.20. 선고 2017두44084 판결)
>
> 구 국제조세조정에관한법률 시행령 제3조의2 제3호의 '수익이 없는 자산'이라 함은 부당행위계산 부인에 관한 구 법인세법(2011.12.31. 법률 제11128호로 개정되기 전의 것) 제52조, 구 법인세법 시행령(2012.2.2. 대통령령 제23589호로 개정되기 전의 것) 제88조 제1항 제2호가 규정한 '무수익 자산', 즉 법인의 수익파생에 공헌하지 못하거나 법인의 수익과 관련이 없는 자산으로서 장래에도 그 자산의 운용으로 수익을 얻을 가망성이 희박한 자산을 말한다.

(4) 정상가격 과세조정과 OECD이전가격지침

이전가격의 중요성이 증가함에 따라, OECD는 다국적기업과 과세당국이 정상거래 원칙을 적용할 때 참조할 수 있도록 이전가격지침을 발간하였다. OECD이전가격지침

---

4) 소득세법 제41조와 법인세법 제52조의 규정을 말한다. 소득세법 제33조, 법인세법 제27조의 업무무관비용에 대한 손금불산입 규정과는 구별된다.
5) 2003.1.1. 시행 국제조세조정에관한법률 시행령 제정·개정이유

은 미국의 이전가격 규칙의 영향을 받았다. OECD 이전가격지침은 1979년에 최초로 발간되었고 1995년에 처음 개정되었으며, 2010년과 2017년에 개정되었고, 가장 최근에는 2022년 1월 개정판이 출간되었다.

OECD이전가격지침은 그 자체로는 법적 구속력이 없고, 단지 모델조세조약 제9조의 적용 조건에 대한 OECD 회원국들의 견해를 반영한 것일 뿐이다. OECD이전가격지침은 이전가격 이슈에 대한 해결책을 제시하기 보다는 그러한 이슈를 분석하는 틀을 제시하는 것이기에 법적 구속력을 갖지 않는 것이 당연하다(대법원 2010두5950 참고). 비록 법적 구속력은 없지만, OECD이전가격지침은 '국제적으로 합의된 원칙'으로서, 전 세계적으로 납세자, 권한 있는 과세당국, 사법당국 등이 정상거래원칙을 해석할 때, 더 나아가 각 국의 입법부가 이전가격세제를 정비할 때 중요한 근거가 되고 있다.[6]

2022년에 발간된 OECD이전가격지침은 10개의 장(Chapter)과 부속서(Annex)로 구성되어 있다. 제1장 정상거래원칙(Chapter 1. The arm's length principle)은 이 책의 총칙(總則)에 해당한다. 제1장 정상거래원칙 편에서는 이전가격 분석의 전제인 정상거래원칙에 대한 강력한 지지를 표명하면서, 5가지 비교가능성 요소를 제시하고 거래를 정확하게 인식하기 위한 장치를 제시하며, 이전가격 분석시 공식배분법(Formulary apportionment)[7]을 배척한다는 입장을 분명히 한다.

제2장 정상가격 산출방법(Chapter 2. Trnasfer pricing methods)과 제3장 비교가능성 분석(Chapter 3. Comparability analysis)에서는 정상거래원칙에 따라 인식된 분석 대상 거래에 대한 정상가격을 산출하기 위한 5가지 정상가격 산출방법과 이전가격 분석단계 및 비교대상 선정과 선정된 비교대상들과의 차이조정 등에 대하여 설명한다.

제4장 분쟁해결과 예방을 위한 행정적 접근(Chapter 4. Administrative approaches to avoiding and resolving transfer pricing disputes)에서는 주로 사전승인(APA,

---

6) Introduction to Transfer Pricing (Jerome Monsenego) 참고
7) 미리 결정된 기계적 공식을 기초로 여러 국가에 소재하는 다국적기업그룹의 전세계이익을 연결기준에 의해 관계기업들에게 배분하는 것을 말한다(TPG 1.17).

Advanced Pricing Agreement)과 상호합의(MAP, Mutual Agreement Prodedure) 등에 대해서 설명한다. 국제조세법에서는 제2장 제1절 제2관【정상가격 산출방법의 사전승인】편과 제3장 제2절【상호합의절차】편에서 사전승인 및 상호합의에 대하여 매우 구체적으로 규정하고 있다.

제5장 이전가격관련 보고서(Chapter 5. Documentation)에서는 주로 국가별보고서(Country by Country report), 통합기업보고서(Master File), 개별기업보고서(Local File) 등에 대해서 설명한다. 국제조세법에서는 국가별보고서, 통합기업보고서, 개별기업보고서 등을 국제거래통합보고서로 지칭하고, 그 제출방법에 대해서 매우 구체적으로 규정하고 있다.

제6장 무형자산에 대한 특별한 고려(Chapter 6. Special Considerations for intangibles), 제7장 그룹 내부 용역거래에 대한 특별한 고려(Chapter 7. Special Considerations for intra-group services), 제8장 원가분담약정(Chapter 8. Cost contribution arrangements), 제9장 사업구조재편(Chapter 9. Transfer pricing aspects of business restructurings), 제10장 금융거래의 이전가격 측면(Chapter 10. Transfer pricing aspects of financial transactions)에서는 거래유형별 이전가격 검토에 대한 세부지침을 제공한다. 국제조세법과 국제조세법 시행령에도 금전대차거래, 자금통합거래, 용역거래, 무형자산 거래, 정상원가분담액 등에 대한 정상가격산출방법을 규정하고 있다. 다만, 제9장 사업구조재편에 대해서는 국제조세법에 구체적인 규정이 없다.

부속서(Annex)에서는 제1장~제10장의 내용들에 대하여 계산사례 등을 포함한 구체적인 사례들을 제시한다.

본 書에서는 이전가격 분석에 대해서 국제조세조정에관한법률 등을 기준으로 우선적으로 설명하고, 국제조세조정에관한법률 등에 해당 기준이 없는 부분에 대해서는 OECD이전가격지침서 등을 보조적으로 활용하여 설명하고자 한다.

Ⅱ 정상가격 등에 의한 과세조정 대상이 되는 특수관계 기준

국제조세법은 이전가격 세무검증 대상이 되는 국외특수관계를 '거래당사자의 지분소유에 의한 특수관계' 및 '제3자와 친족 등의 지분소유에 의한 특수관계' 등 지분소유에 의한 특수관계와 '공통의 이해관계' 및 '제3자 개입에 의한 특수관계' 등 지분소유 이외의 원인에 의한 특수관계로 구별한다.

이 때, '공통의 이해관계' 및 '제3자 개입에 의한 특수관계' 등 지분소유 이외의 원인에 의한 특수관계에 대하여는 거래당사자 간에 소득을 조정할 만한 공통의 이해관계가 있는 경우에 한하여 특수관계가 성립되는 것으로 하고, 납세자가 특수관계에 해당하지 아니한다는 명백한 사유를 제시한 경우에는 정상가격 등에 의한 과세조정을 하지 않는다(국조법 제7조 제3항).

(1) 거래당사자의 지분소유에 의한 특수관계[8]

거래 당사자 중 어느 한 쪽이 다른 쪽의 의결권 있는 주식(출자지분을 포함한다)의 50퍼센트 이상[9]을 직접 또는 간접으로 소유하고 있는 경우 그 거래 당사자 간의 관계로서 다음의 어느 하나에 해당하는 관계를 말한다(국조령 제2조 제2항 제1호).

　　가. 거주자·내국법인 또는 국내사업장을 두고 있는 외국법인이 다른 외국법인의 의결권 있는 주식(출자지분을 포함한다)의 50퍼센트 이상을 직접 또는 간접으로 소유한 경우 그 거주자·내국법인 또는 국내사업장과 다른 외국법인의 관계

---

8) 국제조세법 제2조 제1항 제3호 가목에 의한 특수관계를 말한다. 이하의 특수관계에 대한 그림은 국제조세 집행기준에 표시된 그림을 참고하였다.
9) 지분소유에 의한 특수관계 검토시에는 공통적으로 50% 초과가 아니라, 50% 이상으로 규정하고 있음에 주의하여야 한다.

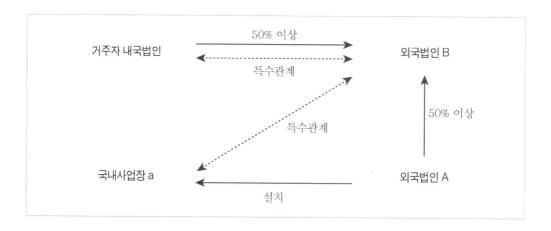

나. 외국에 거주하거나 소재하는 자가 내국법인 또는 국내사업장을 두고 있는 외국
　법인의 의결권 있는 주식의 50퍼센트 이상을 직접 또는 간접으로 소유한 경우 그
　자와 내국법인 또는 국내사업장의 관계

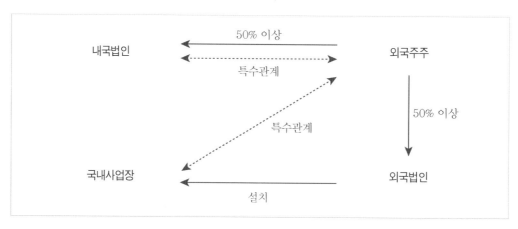

(2) 제3자와 친족 등의 지분소유에 의한 특수관계[10]

　제3자와 그 친족 등이 거래 당사자 양쪽의 의결권 있는 주식의 50퍼센트 이상을 직접
또는 간접으로 각각 소유하고 있는 경우 그 거래 당사자 간의 관계로서, 내국법인 또는
국내사업장을 두고 있는 외국법인의 의결권 있는 주식의 50퍼센트 이상을 직접 또는
간접으로 소유하고 있는 제3자와 그의 친족 등이 다른 외국법인의 의결권 있는 주식의
50퍼센트 이상을 직접 또는 간접으로 소유한 경우 그 내국법인 또는 국내사업장과 다
른 외국법인의 관계를 말한다(국조령 제2조 제2항 제2호).

---

10) 국제조세법 제2조 제1항 제3호 나목에 의한 특수관계를 말한다.

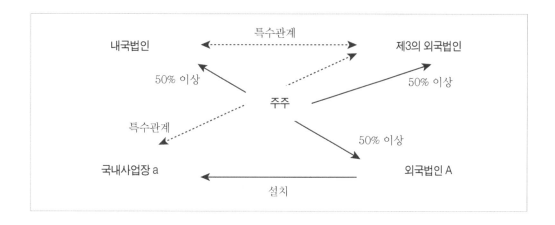

친족 등이 지분 50% 이상을 각각 소유하고 있는 거래당사자들을 특수관계로 보는 규정은 조세회피를 방지하기 위한 목적으로 2020년 개정되어 2021년 1월 1일부터 시행되었다. 이 때 친족 등은 다음 중 어느 하나에 해당하는 관계로 한다.[11]

1. 4촌 이내의 혈족
2. 3촌 이내의 인척
3. 배우자(사실상의 혼인관계에 있는 자를 포함한다)
4. 친생자로서 다른 사람에게 친양자 입양된 자 및 그 배우자·직계비속
5. 본인이 「민법」에 따라 인지한 혼인 외 출생자의 생부나 생모(본인의 금전이나 그 밖의 재산으로 생계를 유지하는 사람 또는 생계를 함께하는 사람으로 한정한다)

(3) 공통의 이해관계에 의한 특수관계[12]

거래 당사자 간에 자본의 출자관계, 재화·용역의 거래관계, 금전의 대차관계 등에 따라 소득을 조정할 만한 공통의 이해관계가 있고, 거래 당사자 중 어느 한쪽이 다른 쪽의 사업 방침을 실질적으로 결정할 수 있는 경우 그 거래 당사자 간의 관계로서, 거래 당사자가 거주자·내국법인 또는 국내사업장과 비거주자·외국법인 또는 이들의 국외사업장이고, 거래 당사자 한쪽이 다음 각 목의 어느 하나의 방법으로 다른 쪽의 사업 방침 전부 또는 중요한 부분을 실질적으로 결정할 수 있는 경우 그 거래 당사자 간의 관계를 말한다(국조령 제2조 제2항 제3호).

---

11) 국세기본법 제2조 제20호 가목에 따른 친족관계, 국기법 시행령 제1조의2 제1항
12) 국제조세법 제2조 제1항 제3호 다목에 의한 특수관계를 말한다.

가. 다른 쪽 법인의 대표 임원이나 전체 임원 수의 절반 이상에 해당하는 임원이 거래 당사자 한쪽 법인의 임원 또는 종업원의 지위에 있거나 사업연도 종료일부터 소급하여 3년 이내에 거래 당사자 한쪽 법인의 임원 또는 종업원의 지위에 있었을 것

나. 거래 당사자 한쪽이 조합이나 신탁을 통하여 다른 쪽의 의결권 있는 주식의 50퍼센트 이상을 소유할 것

다. 다른 쪽이 사업활동의 50퍼센트 이상을 거래 당사자 한쪽과의 거래에 의존할 것

라. 다른 쪽이 사업활동에 필요한 자금[13]의 50퍼센트 이상을 거래 당사자 한쪽으로부터 차입하거나 거래 당사자 한쪽에 의한 지급보증을 통하여 조달할 것

마. 다른 쪽이 사업활동의 50퍼센트 이상을 거래 당사자 한쪽으로부터 제공되는 지식재산권에 의존할 것[14]

(4) 제3자 개입에 의한 특수관계[15]

거래 당사자 간에 자본의 출자관계, 재화·용역의 거래관계, 금전의 대차관계 등에 따라 소득을 조정할 만한 공통의 이해관계가 있고, 제3자가 거래 당사자 양쪽의 사업 방침을 실질적으로 결정할 수 있는 경우 그 거래 당사자 간의 관계로서, 거래 당사자가 거주자·내국법인 또는 국내사업장과 비거주자·외국법인 또는 이들의 국외사업장이고, 제3자가 다음 각 목의 어느 하나의 방법으로 거래 당사자 양쪽의 사업 방침을 실질적으로 결정할 수 있는 경우 그 거래 당사자 간의 관계를 말한다(국조령 제2조 제2항 제4호).

가. 제3자가 거래 당사자 한쪽의 의결권 있는 주식의 50퍼센트 이상을 직접 또는 간접으로 소유하고, 다른 쪽 사업 방침의 전부 또는 중요한 부분을 실질적으로 결정할 수 있을 것[16]

나. 제3자가 거래 당사자 양쪽의 사업 방침 전부 또는 중요한 부분을 실질적으로 결정할 수 있을 것[17]

다. 거래 당사자 한쪽이 「독점규제 및 공정거래에 관한 법률 시행령」 제4조 제1항 각 호의 어느 하나에 해당하는 기업집단에 속하는 계열회사이고, 그 기업집단 소

---

13) '사업활동에 필요한 자금'이라 함은 자기자본과 타인자본의 합계금액을 의미한다(국기통 2-2…1).
14) 특정 지식재산권의 사용대가가 전체 영업비용의 50% 이상을 차지하는 경우에는 "사업활동의 50% 이상을 거래 당사자 한쪽으로부터 제공되는 지식재산권에 의존"하는 것에 해당한다(국기통 2-2…2).
15) 국제조세법 제2조 제1항 제3호 라목에 의한 특수관계를 말한다.
16) 국조령 제2조 제1항 제3호 각 목의 어느 하나의 방법으로 실질적으로 결정할 수 있을 것
17) 국조령 제2조 제1항 제3호 각 목의 어느 하나의 방법으로 실질적으로 결정할 수 있을 것

속의 다른 계열회사가 다른 쪽의 의결권 있는 주식의 50퍼센트 이상을 직접 또는 간접으로 소유할 것

「독점규제 및 공정거래에 관한 법률 시행령」 제4조 제1항

"대통령령으로 정하는 기준에 따라 사실상 그 사업내용을 지배하는 회사"란 다음 각 호의 회사를 말한다.

1. 동일인이 단독으로 또는 다음 각 목의 자(이하 "동일인관련자"라 한다)와 합하여 해당 회사의 발행주식(「상법」 제344조의3 제1항에 따른 의결권 없는 주식은 제외한다. 이하 이 조, 제5조, 제33조 제2항 및 제34조 제2항에서 같다) 총수의 100분의 30 이상을 소유하는 경우로서 최다출자자인 회사

   가. 동일인과 다음의 관계에 있는 사람(이하 "친족"이라 한다)
      1) 배우자
      2) 4촌 이내의 혈족
      3) 3촌 이내의 인척
      4) 동일인이 지배하는 국내 회사 발행주식총수의 100분의 1 이상을 소유하고 있는 5촌·6촌인 혈족이나 4촌인 인척
      5) 동일인이 「민법」에 따라 인지한 혼인 외 출생자의 생부나 생모

   나. 동일인이 단독으로 또는 동일인 관련자와 합하여 총출연금액의 100분의 30 이상을 출연한 경우로서 최다 출연자이거나 동일인 및 동일인관련자 중 1인이 설립자인 비영리법인 또는 단체(법인격이 없는 사단 또는 재단으로 한정한다. 이하 같다)

   다. 동일인이 직접 또는 동일인 관련자를 통해 임원의 구성이나 사업운용 등에 지배적인 영향력을 행사하고 있는 비영리법인 또는 단체

   라. 동일인이 이 호 또는 제2호에 따라 사실상 사업내용을 지배하는 회사

   마. 동일인 및 동일인과 나목부터 라목까지의 관계에 있는 자의 사용인(법인인 경우에는 임원, 개인인 경우에는 상업사용인 및 고용계약에 따른 피고용인을 말한다)

2. 다음 각 목의 회사로서 동일인이 해당 회사의 경영에 대해 지배적인 영향력을 행사하고 있다고 인정되는 회사

   가. 동일인이 다른 주요 주주와의 계약 또는 합의에 따라 대표이사를 임면한 회사 또는 임원의 100분의 50 이상을 선임하거나 선임할 수 있는 회사

   나. 동일인이 직접 또는 동일인 관련자를 통해 해당 회사의 조직변경 또는 신규사업에 대한 투자 등 주요 의사결정이나 업무집행에 지배적인 영향력을 행사하고 있는 회사

다. 동일인이 지배하는 회사(동일인이 회사인 경우에는 동일인을 포함한다. 이하 이 목에서 같다)와 해당 회사 간에 다음의 경우에 해당하는 인사교류가 있는 회사

1) 동일인이 지배하는 회사와 해당 회사 간에 임원의 겸임이 있는 경우

2) 동일인이 지배하는 회사의 임직원이 해당 회사의 임원으로 임명되었다가 동일인이 지배하는 회사로 복직하는 경우(동일인이 지배하는 회사 중 당초의 회사가 아닌 다른 회사로 복직하는 경우를 포함한다)

3) 해당 회사의 임원이 동일인이 지배하는 회사의 임직원으로 임명되었다가 해당 회사 또는 해당 회사의 계열회사로 복직하는 경우

라. 동일인 또는 동일인관련자와 해당 회사 간에 통상적인 범위를 초과하여 자금·자산·상품·용역 등의 거래 또는 채무보증이 있는 회사

마. 그 밖에 해당 회사가 동일인의 기업집단의 계열회사로 인정될 수 있는 영업상의 표시행위를 하는 등 사회통념상 경제적 동일체로 인정되는 회사

∷ '특수관계'에 있다고 인정하기 위한 요건(대법원 2008.12.11. 선고 2008두14364 판결)

국조법 제2조 제1항 제8호는 "'특수관계'라 함은 다음 각 목의 1에 해당하는 관계를 말하며 그 세부기준은 대통령령으로 정한다"라고 규정하면서, (다)목에서 '자본의 출자관계, 재화·용역의 거래관계, 자금의 대여 등에 의하여 거래 당사자 사이에 공통의 이해관계가 있고 거래당사자의 일방이 타방의 사업방침을 실질적으로 결정할 수 있는 관계'를 들고 있고, 시행령 제2조 제1항은 "법 제2조 제1항 제8호에서 '특수관계'라 함은 다음 각 호에서 정하는 관계를 말한다"라고 규정하면서, 제4호에서 '거주자·내국법인 또는 국내사업장과 비거주자·외국법인 또는 이들의 국외사업장과의 관계에 있어서 일방이 다음 각 목의 1의 방법에 의하여 타방의 사업방침의 전부 또는 중요한 부분을 실질적으로 결정할 수 있는 경우 그 일방과 타방과의 관계'를 들고 있고, 나아가 (가)목에서 '타방법인의 대표임원이나 총 임원수의 절반 이상에 해당하는 임원이 일방법인의 임원 또는 종업원의 지위에 있거나 사업연도 종료일로부터 소급하여 3년 이내에 일방법인의 임원 또는 종업원의 지위에 있을 것', (다)목에서 '타방이 사업활동의 100분의 50 이상을 일방과의 거래에 의존할 것'이라고 규정하고 있다. 위 각 규정을 종합하여 보면, 국조법 제2조 제1항 제8호, 시행령 제2조 제1항 소정의 특수관계에 있다고 하려면 단순히 일방과 타방 사이에 시행령 제2조 제1항 제4호 각 목의 사유가 있다는 것만으로는 부족하고, 위 제4호 각 목의 사유와 같은 방법에 의하여 '일방이 타방의 사업방침의 전부 또는 중요한 부분을 실질적으로 결정할 수 있는 경우'에 해당하여야 할 것이다.

그럼에도 원심이, ○○산업 주식회사와 ○○○SUI 사이에, 주식회사 ○○종합상사와 ○○로드 사이에 일방이 타방의 사업방침의 전부 또는 중요한 부분을 실질적으로

결정할 수 있는지 여부에 대하여는 아무런 심리도 하지 아니한 채, 단지 ○○산업 주식회사의 경우 2003사업연도에 ○○○SUI로부터 전체 매입액 중 53%를 매입하였고, 주식회사 ○○종합상사의 경우 그 대표이사가 ○○로드의 대표이사를 겸하고 있다는 사정만으로 곧바로 강신산업 주식회사와 MITSUI 사이에, 주식회사 ○○종합상사와 ○○로드 사이에 각 국조법 제2조 제1항 제8호, 시행령 제2조 제1항의 특수관계가 있는 것으로 판단하고 말았으니, 이러한 원심의 판단에는 위 특수관계에 관한 법리를 오해하고 필요한 심리를 다하지 아니한 잘못으로 인하여 판결에 영향을 미친 위법이 있다.

(5) 주식소유비율의 계산[18]

'거래당사자의 지분소유에 의한 특수관계' 및 '제3자와 친족 등의 지분소유에 의한 특수관계' 등 지분소유에 의한 특수관계를 적용할 때 어느 한 쪽의 다른 쪽에 대한 주식의 간접소유비율은 다음 각 호의 구분에 따른 방법으로 계산한 비율로 한다(국조령 제2조 제3항).

1. 다른 쪽의 주주인 법인(이하 "주주법인"이라 한다)의 의결권 있는 주식의 50퍼센트 이상을 어느 한 쪽이 소유하고 있는 경우 : 주주법인이 소유하고 있는 다른 쪽의 의결권 있는 주식이 그 다른 쪽의 의결권 있는 주식에서 차지하는 비율(이하 "주주법인의 주식소유비율"이라 한다)

2. 주주법인의 의결권 있는 주식의 50퍼센트 미만을 어느 한 쪽이 소유하고 있는 경우 : 그 소유비율에 주주법인의 주식소유비율을 곱한 비율

3. 제1호 및 제2호를 적용할 때 주주법인이 둘 이상인 경우 : 주주법인별로 제1호 및 제2호에 따라 계산한 비율을 더한 비율

4. 어느 한 쪽과 주주법인, 그리고 이들 사이의 하나 이상의 법인이 주식소유관계를 통하여 연결되어 있는 경우 : 제1호부터 제3호까지의 계산방법을 준용하여 계산한 비율

---

18) 이하의 주식소유비율사례에 대한 그림은 국제조세 집행기준에 표시된 그림을 참고하였다.

사례 1

일방법인 A —— 10% 소유 ——→ 타방법인 B

일방법인 A —— 50% 소유 ——→ 법인 C —— 45% 소유 ——→ 타방법인 B

○ 직·간접 소유비율 합계 : 10% + 45% = 55%
  • 직접 소유비율 : 10%
  • 간접 소유비율 : 45% (= 1 × 45%)

사례 2

일방법인 A —— 40% 소유 ——→ 법인 C —— 50% 소유 ——→ 타방법인 B

—— 30% 소유 ——→

○ 직·간접 소유비율 합계 : 30% + 20% = 50%
  • 직접 소유비율 : 30%
  • 간접 소유비율 : 20% (= 40% × 50%)

사례 3

일방법인 A —— 40% 소유 ——→ 타방법인 B

일방법인 A —— 50% 소유 ——→ 법인 C —— 50% 소유 ——→ 법인 D —— 10% 소유 ——→ 타방법인 B

○ 직접 또는 간접소유비율 : 40% + 10% = 50%
  • 직접 소유비율 : 40%
  • 간접 소유비율 : 10% (= 1 × 1 × 10%)

○ 직접 또는 간접소유비율 : 40% + 10% = 50%
- 직접 소유비율 : 40%
- 간접 소유비율 : 10% (= 40% × 50% × 50%)

Ⅲ 국제거래의 세부기준

(1) 이전가격 세무검증 대상이 되는 국제거래

"국제거래"란 거래 당사자 중 어느 한 쪽이나 거래 당사자 양 쪽이 비거주자 또는 외국법인(비거주자 또는 외국법인의 국내사업장은 제외한다)인 거래로서 유형자산 또는 무형자산의 매매·임대차, 용역의 제공, 금전의 대차(貸借), 그 밖에 거래자의 손익(損益) 및 자산과 관련된 모든 거래를 말한다(국조법 제2조 제1항 제1호).

(2) 국내외 사업장 간 거래의 국제거래 해당 여부

외국법인 본점과 그 외국법인 국내지점 간 거래는 국제거래에 해당하는 것으로 규정한다. 이전가격 조정을 통한 과세는 모델조세조약 제9조에 따라 특수관계기업 간 거래의 정상소득을 계산하기 위한 방법으로 고안된 것이며, 본·지점 간의 소득계산은 모델조세조약 제9조가 아닌 제7조(사업소득)가 적용된다. 따라서, 법인세법 등의 사업소득 과세규정에 의해 외국법인 본점과 국내 지점 간 거래에 대한 과세는 가능하며, 이때 외국법인의 국내사업장의 각 사업연도의 소득금액을 결정함에 있어서 국내사업장과 국외의 본점 및 다른 지점간 거래에 따른 국내원천소득금액의 계산은 법인세법 등에서 달리 정하는 것을 제외하고는 국제조세법에 따른 정상가격에 의하여 계산한 금액으로 한다(법령 제130조 제1항). 한편, 국제조세 집행기준에서는 내국법인 본점과 그 내국법인의 국외지점 간 거래는 국제거래에 해당하지 않는 것으로 규정한다.

비거주자 또는 외국법인의 국내사업장은 법령 개정으로 2008.12.26. 이후 개시하는 사업연도부터 국외특수관계인에서 제외한다. 따라서, 내국법인과 외국법인의 국내지점 간 거래는 국제거래에 해당하지 않는다.

거 래 당 사 자	국제거래 여부
(A) 외국법인 본점과 그 외국법인 국내지점 간 거래	국제거래(○)
(B) 내국법인과 외국법인의 국내지점 간 거래	국제거래(×)
(C) 내국법인과 외국법인 국외사업장 간 거래	국제거래(○)
(D) 내국법인 본점과 그 내국법인의 국외지점 간 거래	국제거래(×)

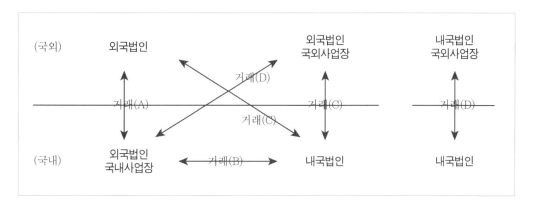

---

19) 이하의 국제거래 해당여부에 대한 표는 국제조세 집행기준에 표시된 그림을 참고하였다.

제2장

정상가격 등에 의한 과세조정

I 정상가격에 의한 신고 및 경정청구

(1) 거래가격조정과 보상조정(Compensating Adjustment)

거주자(내국법인과 국내사업장을 포함한다)는 국외특수관계인과의 국제거래에서 그 거래가격이 정상가격보다 낮거나 높은 경우에는 정상가격을 기준으로 조정한 과세표준 및 세액을 소득세 및 법인세 등 신고기한[20]까지 거래가격 조정신고서를 첨부하여 납세지 관할세무서장에게 신고하거나 경정청구를 할 수 있다(국조법 제6조).

국가별로는 특수관계기업 간 실제거래가격이 아니더라도 특수관계거래에 대해 정상가격이라고 생각되는 가격을 과세 목적상 이전가격으로 신고하는 것을 허용한다. 이러한 조정을 보상조정이라고 부르는데, 세무신고 전에 이루어 진다. 특수관계기업이 특수관계기업 간 거래가격을 정할 때는 비교가능한 독립거래에 대한 정보를 얻기 어렵다는 점을 고려하여, 세무신고시 보상조정으로 정상거래원칙에 부합하는 과세소득을 신고할 수 있도록 하고 있다(TPG 4.38).

수입판매업자의 현지 소비자들에 대한 손해배상책임 및 COVID-19 영향 등으로 인해, 일시적으로 막대한 손실 등을 입은 다국적기업들은 법인세 신고시 과세당국과의 사전승인내용 또는 그룹 내부 정책 상의 정상영업이익률을 달성하기 위해 수시로 이전가격을 조정하거나, 결산이 임박한 시점에 보상조정을 하기도 한다. 이전가격에 대한 세무검증 시에는 검증대상 보상조정 금액과 방법 등이 당초 거래당사자 간의 수행기능 분석 내용과 부합하는 것인지 여부 등에 대한 정밀한 검토가 필요하다. 세무검증 등의 단계에서 납세자와 과세당국 간에 논의된 보상조정 금액이 불복 또는 상호합의 과정에서 번복되는 경우도 있으므로, 보상조정과 관련한 쟁점이 있는 경우에는 사실관계를 명료히 하기 위하여 국제조세법 시행령 제38조 제1항 제14호(법인세 및 소득세 신고

---

[20] 소득세법에 따른 「종합소득과세표준 확정신고기한, 성실신고확인서 제출기한, 퇴직소득과세표준 확정신고기한, 과세표준확정신고의 특례기한」과 법인세법에 따른 「과세표준 등의 신고기한, 법인세 연결과세표준 등의 신고기한」 및 국세기본법에 따른 「수정신고기한, 경정청구기한, 기한 후 신고기한」 등을 말한다.

시 누락된 서식 또는 항목)를 근거로 이전가격 세무검증 과정에서 거래가격 조정신고서를 제출하거나, 제출받는 것이 합리적일 수 있다.

(2) 대응조정(Corresponding Adjustment)과 이전가격 경정청구

OECD모델조세조약 제9조 제2항은 「한 체약국이 그 국가 기업의 소득에 다른 체약국에서 과세된 다른 국가 기업의 소득을 포함시키고, 그렇게 포함된 소득이 두 기업들 간에 설정된 조건이 독립기업들 간에 설정된 조건이었다면 한 체약국 기업의 소득이 될 경우, 다른 국가는 그러한 소득에 대하여 자국에서 부과된 세액을 적절히 조정하여야 한다」라고 규정하고 있다.

OECD이전가격지침에서도 이전가격 사안에 대한 이중과세 방지를 위해 과세당국은 조세조약 제9조 제2항에 기술된 내용대로 대응조정 요청을 검토하고(TPG 4.38), 상호합의 등 중재절차에 규정된 중재절차에 의해 내려진 중재결정이 없다면, 대응조정은 강제사항이 아니며 대응조정은 원칙이나 금액 측면에서 상대방 국가의 과세조정이 정당하다고 여겨지는 경우에 한하는 것으로 되어 있다(TPG 4.35).

즉, OECD모델조세조약과 OECD이전가격지침을 보면 대응조정은 조정 대상 소득금액이 상대방 국가의 과세소득금액에 포함된 것을 전제로 하는 것으로 해석된다. 그러나, 조세심판원에서는 과세당국이 이전가격의 적정여부에 대한 검증에 착수하였다면 국외특수관계인의 거주지국이 이에 대하여 대응조정을 하는지 여부에 관계없이 정상가격을 기준으로 과세표준 및 세액을 결정하거나 경정하여야 한다고 결정하였다.

> ∷ 과세당국이 이전가격의 적정여부에 대한 검증에 착수하였다면 국외특수관계인의 거주지국이 이에 대하여 대응조정을 하는지 여부에 관계없이 정상가격을 기준으로 과세표준 및 세액을 조정할 수 있음(조심 2021서2808, 2022.12.5.)
> 국조법(2020.12.22. 법률 제17651호로 전부 개정되기 전의 것, 이하 같다) 제4조 제1항은 과세당국은 거래 당사자의 어느 한쪽이 국외특수관계인인 국제거래에서 그 거래가격이 정상가격보다 낮거나 높은 경우에는 정상가격을 기준으로 거주자(내국법인과 국내사업장을 포함한다)의 과세표준 및 세액을 결정하거나 경정할 수 있도록 규정함으로써 조작된 이전가격을 부인하고 독립기업 사이의 정상가격을 기준으로 과세표준 및 세액을 조정할 수 있도록 하고 있는바, 이는 과세당국이 이전가격의 적정여부에 대한 검증에 착수하였다면 국외특수관계인의 거주지국이 이에 대하여 대응조정을 하는지 여부에 관계없이 할 수 있다는 것으로 보이고, 과세당국이 이전가

격의 적정여부에 대한 검증에 착수하였다면 과세상 유·불리에 따라 취사선택할 수 있는 재량은 없다고 보는 것이 합리적이다(조심 2008서1588, 2009.9.16. 참조).

(3) 정상가격 과세조정에 대한 자발적 정보교환

이전가격 관련 경정청구시에는 경정결정 내용이 자발적 정보제공에 의하여 상대방 국가 과세당국에 통보될 수 있다는 사실에 유의하여야 한다.

■ 국제조세조정에 관한 법률 시행규칙 [별지 제1호 서식] 〈개정 2023.3.20.〉

(앞쪽)

거래가격 조정신고서

신고인	① 법인명(상호)		② 사업자등록번호	
	③ 대표자(성명)			
	④ 업종		⑤ 전화번호	
	⑥ 소재지(주소)			
국외특수관계인	⑦ 법인명(상호)		⑧ 소재국가	
	⑨ 대표자(성명)		⑩ 업종	
	⑪ 신고인과의 관계	지배 / 피지배 / 실질 지배 / 본점·지점 등		
	⑫ 소재지(주소)			

거주자와 국외특수관계인 사이의 국제거래 가격 조정 내용

⑬ 거래구분	⑭ 거래종류	⑮ 조정대상법인	⑯ 정상가격 산출방법	⑰ 조정항목(수익상품費)	⑱ 실제거래가격			⑲ 정상가격						⑳ 조정금액(원단위)	㉑ 조정금액이 귀속되어야 할 국가	차이금액 조정		
					금액(원)	비율(%)		하위		중위		상위				㉒ 반환(예정)여부	㉓ 반환(예정)일	㉔ 소득처분
								비율	금액	비율	금액	비율	금액					
계																		

210㎜×297㎜[백상지 80g/㎡ 또는 중질지 80g/㎡]

Ⅱ 정상가격에 의한 결정 및 경정

과세당국은 거주자와 국외특수관계인 간의 국제거래에서 그 거래가격이 정상가격보다 낮거나 높은 경우에는 정상가격을 기준으로 거주자의 과세표준 및 세액을 결정하거나 경정할 수 있다(국조법 제7조 제1항).

과세당국은 정상가격을 기준으로 거주자의 과세표준 및 세액을 결정하거나 경정할 때 같은 정상가격 산출방법을 적용하여 둘 이상의 과세연도에 대하여 정상가격을 산출하고 그 정상가격을 기준으로 일부 과세연도에 대한 과세표준 및 세액을 결정하거나 경정하는 경우에는 나머지 과세연도에 대해서도 그 정상가격을 기준으로 과세표준 및 세액을 결정하거나 경정하여야 한다(국조법 제7조 제2항).

(1) 국제거래의 실질적인 내용 파악

과세당국은 정상가격을 계산할 때 거주자와 국외특수관계인 간의 상업적 또는 재무적 관계 및 중요한 거래조건을 고려하여 해당 국제거래의 실질적인 내용을 명확하게 파악하여야 하며, 해당 국제거래가 그 거래와 유사한 거래 상황에서 특수관계가 없는 독립된 사업자 간의 거래와 비교하여 상업적으로 합리적인 거래인지를 판단하여야 한다.

과세당국은 거주자와 국외특수관계인 간의 국제거래의 실질적인 내용을 명확하게 파악하기 위하여 다음 각 호의 요소[21]를 고려해야 한다(국조법 제8조 제2항, 국조령 제16조 제1항).

1. 계약조건

2. 사용된 자산과 부담한 위험 등을 고려하여 평가된 거래 당사자가 수행한 기능. 이 경우 부담한 위험은 거래 당사자의 위험에 대한 관리·통제 활동 및 위험을 부담할 재정적 능력 등을 고려하여 분석해야 하며, 거래 당사자가 수행한 기능은 거래 당사자 뿐만 아니라 거래 당사자와 특수관계가 있는 자 모두를 고려하여 전체적으

---

21) OECD이전가격지침 1.36에서도 동일한 내용을 경제적 관련 특성 또는 비교가능성요소(economically relevant characteristics or comparability factors)로 설명한다.

로 사업활동이 수행되고 있는 방식, 거래 상황 및 관행을 종합적으로 고려해야 한다.

3. 거래된 재화나 용역의 종류 및 특성

4. 경제 여건 및 사업전략

(2) 경제적 특성 및 비교가능성 요소 검토시 고려사항

비교가능성이 높은지를 평가하는 경우에는 가격이나 이윤에 영향을 미칠 수 있는 재화나 용역의 종류 및 특성, 사업활동의 기능, 거래에 수반되는 위험, 사용되는 자산, 계약 조건, 경제 여건, 사업전략 등의 요소에 관하여 다음 각 호의 사항을 분석해야 한다 (국조령 제14조 제2항, 국조칙 제6조 제1항).

1. 계약 조건 : 거래에 수반되는 책임, 위험, 기대편익 등이 거래 당사자 간에 배분되는 형태(사실상의 계약관계를 포함한다)

2. 사업활동의 기능 : 설계, 제조, 조립, 연구·개발, 용역, 구매, 유통, 마케팅, 광고, 운송, 재무 및 관리 등 수행하고 있는 핵심 기능

3. 거래에 수반되는 위험 : 제조원가 및 제품가격 변동 등 시장의 불확실성에 따른 위험, 유형자산에 대한 투자·사용 및 연구·개발 투자의 성공 여부 등에 따른 투자위험, 환율 및 이자율 변동 등에 따른 재무위험, 매출채권 회수 등과 관련된 신용위험

4. 사용되는 자산 : 자산의 유형(유형자산·무형자산 등을 말한다)과 자산의 특성 (내용연수, 시장가치, 사용지역, 법적 보호장치 등을 말한다)

5. 재화나 용역의 종류 및 특성

　　가. 유형자산의 거래인 경우 : 재화의 물리적 특성, 품질 및 신뢰도, 공급 물량·시기 등 공급 여건

　　나. 무형자산의 거래인 경우 : 거래 유형(사용허락 또는 판매 등을 말한다), 자산의 형태(특허권, 상표권, 노하우 등을 말한다), 보호 기간과 보호 정도, 자산 사용으로 인한 기대편익

　　다. 용역의 제공인 경우 : 제공되는 용역의 특성 및 범위

6. 경제 여건 : 시장 여건(시장의 지리적 위치, 시장 규모, 도매·소매 등 거래단계, 시장의 경쟁 정도 등을 말한다)과 경기 순환변동의 특성(경기·제품 주기 등을 말한다)

7. 사업전략 : 시장침투, 기술혁신 및 신제품 개발, 사업 다각화, 위험 회피 등 기업의
   전략

:: 계약조건 검토시 주의사항(OECD이전가격지침서 참고)

계약은 당사자들 간의 상업적 혹은 재무적 관계의 표현이다. 다국적기업 그룹 소속
회사들은 특수관계인 간 거래에 대하여 거래당사자들의 거래와 관련된 책임, 의무와
권리, 위험의 부담, 가격 책정 등을 포함한 의사를 서면계약을 통해 공식화할 수 있
다. 거래가 서면계약을 통하여 공식화된 경우, 이러한 합의는 거래당사자들 사이의
거래를 정밀하게 기술하고 계약체결 당시 책임, 위험 및 그것들 간의 상호작용에서
발생하는 예상되는 결과를 어떻게 나누기로 했는지를 파악하기 위한 출발점을 제공
한다. 계약조건은 서면계약서 외에 당사자들 간에 주고받은 연락에서도 발견할 수
있다(TPG 1.42).

특수관계기업들 간의 계약조건 등을 검토할 때에는 다음의 사항을 주의한다 : (i)
당사자들의 실제 행동에 반영된 합의사항이 실질적으로 서면계약의 조건을 따르고
있는지 여부, (ii) 계약조건이 이행되지 않고 있었거나, 계약조건이 거래의 전체 내용
을 반영하지 않고 있거나, 계약조건이 특수관계기업들에 의해서 부정확하게 기술되
었거나 아니면 실제 특수관계기업들의 행동을 통해 계약조건이 허위인지를 파악할
수 있는 지 여부. 거래당사자들의 행동이 경제적으로 중요한 계약조건과 충분히 일
치하지 않는다면 실제 계약을 식별하기 위해서 추가적인 분석이 요구된다(TPG
1.46).

기업들 간의 거래조건은 시간이 지남에 따라 바뀔 수 있음을 염두에 두어야 한다.
거래조건에 변화가 있었을 경우, 원래의 거래가 변화가 있은 날로부터 새로운 거래
로 대체되었는지 혹은 그러한 변화가 당초 거래 시에 당사자들이 의도한 것을 반영
한 것인지를 판단하기 위하여 그러한 변화를 둘러싼 상황을 검토하여야 한다. 거래
로부터 어떤 결과가 일어날지를 알고서 거래조건을 바꾼 것 같이 보일 경우 세심한
주의를 기울여야 한다. '위험부담에 따른 결과를 알고서 위험을 부담하는 것으로 거
래조건을 변경하는 것은 더 이상 위험이 없는 것이므로 위험을 부담하는 것이 아니
다(TPG 1.47).

어떤 경우에는 실제 상업적 혹은 재무적 관계의 결과가 다국적기업에 의해서 수행된
거래의 결과임이 식별되지는 않았음에도, 중요한 가치의 이전이 있을 수 있다. 이때
는 당사자들의 행동으로부터 거래조건을 추론할 필요가 있다. 예를 들면, 기술지원
이 승인되었거나, 의도적인 공동행동을 통하여 시너지가 창출되었거나, 파견된 종업
원 등을 통하여 노하우가 제공되었을 수 있다. 이러한 관계가 거래 당사자들에 의해
인식되지 않았을 수 있고, 다른 연관된 거래의 가격책정에 반영되지 않았을 수 있으

며, 서면계약을 통해 공식화되지 않았을 수 있고, 회계시스템상 기록되지 않았을 수 있다. 그러한 거래가 공식화되지 않았다면, 각각의 당사자들에 의해 실제 어떤 기능이 수행되었고, 실제 어떤 자산이 사용되었으며, 실제 어떤 위험이 부담되었는지를 포함하여 당사자들의 행동과 관련한 이용 가능한 증거로부터 모든 측면을 추론할 필요가 있다(TPG 1.49).

기능·자산·위험 검토시 주의사항(OECD이전가격지침서)

각 당사자가 부담하는 중요한 위험을 식별하고 고려하지 않는 한 기능분석은 불완전하다. 왜냐하면 실제로 위험부담을 하게 되면 그것이 가격과 특수관계기업 간 거래의 다른 조건에 영향을 미치기 때문이다. 보통 공개시장에서 위험을 더 부담하게 되면 기대수익이 증가하는데 따른 보상을 받는다. 따라서 위험의 수준과 위험의 부담은 이전가격 분석결과를 판단함에 있어 경제적으로 의미가 있는 중요한 특징이다(TPG 1.56).

상업적 기회에 따른 위험부담은 공개시장에서 그러한 기회의 잠재이익에 영향을 미친다. 그리고 그러한 약정을 한 당사자 사이에 부담위험을 배분하게 되면, 거래가격 책정을 통하여 그러한 거래로부터 발생하는 손익을 어떻게 정상거래원칙에 맞게 배분할지에 영향을 미치게 된다. 그러므로 특수관계거래와 제3자 간 거래, 그리고 특수관계 거래당사자들과 제3자 간 거래 당사자들 간에 비교를 할 때 어떠한 위험을 부담하였으며, 이러한 위험의 부담 혹은 효과에 관련되거나 영향을 미치는 어떠한 기능이 수행되고 있으며 그 거래의 어떤 당사자가 이러한 위험을 부담하는지를 분석할 필요가 있다(TPG 1.58).

의사결정 기능을 수행할 수 있는 능력과 특정 위험과 관련한 그와 같은 의사결정 기능의 실제 수행에는 그와 같은 의사결정에 따라 예측되는 위험부담의 부정적이고 긍정적인 결과를 평가하기 위해 요구되는 정보의 적절한 분석에 기초하여 그러한 위험을 이해하고 그 기업의 사업관련 결과를 이해하는 능력이 포함된다. 의사결정권자들이 특정한 위험에 대한 의사결정을 하기 위해서는 그러한 위험분야에 대한 능력과 경험을 갖추고 있어야 하며, 의사결정이 사업에 미치는 영향에 대한 이해가 있어야 한다. 또한 이러한 정보를 스스로 수집하거나 의사결정 과정에 도움이 되는 적절한 정보를 특정하고 그러한 정보를 얻을 수 있도록 권한을 행사함으로써, 적절한 정보에 접근할 수 있어야 한다. 그러기 위해서 그들은 정보를 수집하고 분석하는 목적을 결정하고, 정보를 수집하고 분석하는 당사자를 고용하며, 올바른 정보가 수집되고 분석이 제대로 되었는지를 평가하고, 필요하다면 그러한 정보제공자와의 계약을 변경하거나 해지하는 의사결정을 할 수 있는 능력이 필요하다. 예를 들면 다른 장소에서 이루어진 결정을 공식적으로 승인하기 위해 회의를 개최하거나, 이사회 의사록을 남기거나, 의사결정과 관련된 서류에 서명하는 방법 등으로, 단지 의사결정의 결과를 공식화하거나 위험을 관리하기 위해 적합한 정책 환경을 설정하는 것은 위험을 통제하고 있음을 입증할 만큼 충분한 의사결정 기능을 수행한 것으로 볼 수 없다 (TPG 1.66).

| 위험부담 수준과 수익의 능선 |

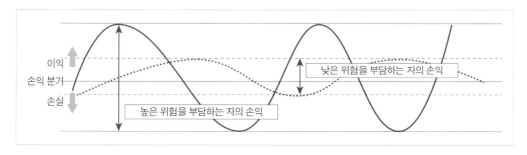

○○ 재화와 용역의 종류 및 특성 검토시 주의사항(OECD이전가격지침서)

정상가격 산출방법에 따라 재화와 용역의 종류 및 특성의 중요성 비중이 더 클 수도 더 작을 수도 있다. 재화 또는 용역의 비교가능성 요건이 가장 엄격한 것은 비교가능 제3자가격방법이다. 비교가능제3자가격방법에서는 재화 또는 용역의 특징에 매우 중요한 차이가 있다면 가격에 영향을 미칠 수 있을 것이고, 비교대상으로 고려되기 위해서는 적절한 조정이 필요할 것이다. 재판매가격방법과 원가가산방법에서는 재화 또는 용역의 특징의 일부 차이는 매출총이익률 혹은 원가가산이익률에 중대한 영향을 미칠 가능성이 더 낮다. 또한, 전통적거래방법보다 거래이익방법이 재화 또는 용역의 특징 상의 차이에 덜 민감하다. 그러나 이것은 거래이익방법을 적용할 때 재화 또는 용역의 특징에 있어서의 비교가능성 문제가 무시될 수 있다는 것은 아니다. 왜냐하면 제품의 차이는 분석대상기업의 다른 수행 기능, 다른 사용 자산 또는 다른 부담 위험을 수반하거나 반영할 수 있기 때문이다(TPG 1.128).

실무적으로 총이익이나 순이익 지표에 기반을 둔 방법을 위한 비교가능성 분석은 제품의 유사성보다는 기능적 유사성을 더 강조하고 있음이 종종 관찰되었다. 사안의 사실관계와 상황에 따라 비교가능성 분석의 범위를 확대하여 다른 제품에 대한 거래 지만 유사한 기능이 수행되는 제3자간 거래를 포함하는 것도 받아 들일만 하다. 유사한 수행 기능에 기초하여 더 많은 수의 잠재적으로 비교가능한 제3자 간 거래를 포함할 수 있도록 탐색범위를 넓히기 전에, 그와 같은 거래가 특수관계거래의 신뢰할 수 있는 비교대상이 될 수 있는지를 생각해 보아야 한다(TPG 1.129).

❖❖ 경제 여건 및 사업전략 검토시 주의사항(OECD이전가격지침서)

동일한 재화나 용역의 거래라 할지라도 시장에 따라 정상가격은 달라질 수 있다 (TPG 1.130). 순환주기(예: 경제, 사업 혹은 제품 주기)의 존재는 확인해야 하는 경제적 상황의 하나이다(TPG 1.131). 지리적시장은 확인해야 하는 또 다른 경제적 상황이다. 관련 시장을 식별하는 것은 사실관계의 문제이다. 어떤 산업의 경우 2개 이상의 국가를 포함하는 대형 지역시장들이 상당히 동질적인 것으로 판명될 수 있는 반면, 다른 산업들의 경우 국가별 시장들 간, 심지어 국가별 시장들 내에서 차이가 매우 크다(TPG 1.132). 다국적기업그룹이 여러 국가에서 유사한 특수관계거래를 하고 있으며 이러한 나라들의 경제적 상황이 상당히 동질적인 경우, 이 다국적기업그룹이 이러한 국가들에서 활동하는 그룹의 이전가격정책을 지원하기 위해 다국가 대상 비교가능성 분석을 하는 것은 적절할 수 있다. 그러나 다국적기업그룹이 각 국가에서 상당히 다른 범위의 제품이나 서비스를 제공하고, 상당히 다른 자산을 사용하고 상당히 다른 위험을 부담하면서 각 국가에서 상당히 다른 기능을 수행하거나, 사업전략 또는 경제적 상황이 상당히 다른 것으로 밝혀지는 경우도 많이 있다. 이러한 경우, 다국가 접근법에 의지하는 것은 신뢰도를 떨어뜨릴 수 있다(TPG 1.133).

혁신과 신제품 개발, 다양화의 정도, 위험회피, 정치적인 변화의 평가, 현재 및 계획된 노동관계법에 대한 의견, 약정의 지속기간 등의 사업전략들은 특수관계 거래들과 제3자 간 거래들, 특수관계기업들과 비특수관계기업들 간의 비교가능성을 판단할 때 고려할 필요가 있다(TPG 1.134). 사업전략에는 시장침투계획(Markt penetration scheme)도 포함될 수 있다. 시장에 침투하려고 하거나 시장점유율을 높이려는 납세자는 임시적으로 같은 시장에서 시장침투계획이 없는 것을 제외하고는 다른 모든 측면에서 비교가능한 제품들에 대해 청구하는 가격보다 낮은 가격으로 자신의 제품 가격을 청구할 수도 있다. 또한 새로운 시장에 진입하려고 하거나 시장점유율을 높이거나 방어하려는 납세자는 임시적으로 더 높은 마케팅 비용을 지출하고 동일한 시장에서 사업하는 다른 납세자들보다 낮은 이익수준을 달성할 수도 있다(TPG 1.135). 납세자가 잠재적인 비교대상들과 차별화하는 사업전략을 따르고 있는지 여부에 대해 평가할 때, 시점의 문제는 과세당국들에게 특별한 문제를 야기할 수 있다. 시장침투나 시장점유율의 확대와 같은 일부 사업전략들은 미래의 이익증가를 기대하고 납세자의 현재의 이익을 줄이는 것이다. 실제로 자신이 주장하는 사업전략을 따르지 않았기 때문에 미래에 그와 같은 이익의 증가가 실현되지 않았다면, 적절한 이전가격을 책정하기 위해서 이전가격 조정이 필요할 것이다. 그러나 제척기간 등과 같은 법적인 제약 때문에 과세당국은 초기의 과세연도에 대해 재검토를 하지 못할 수 있다. 적어도 이러한 이유 때문에, 과세당국은 사업전략 문제에 대해 특별히 면밀한 검토를 하려고 할 것이다(TPG 1.136). 납세자가 장기적으로 더 높은 이익을 얻을 목적으로 임시적으로 이익을 감소시키는 사업전략을 따르고 있었는지를 평가할 때 여러 가지의 요인을 고려해야 한다. 과세당국들은 당사자들의 행동이, 자신들이 주장하는 사업전략에 부합하는지를 판단하기 위하여, 당사자들의 행동을 검토해야 한다. 예를 들면 제조업자가 시장침투전략의 일환으로 특수관계인 유통업자에게 시장가격보다 낮은 가격을 청구한다면, 그 유통업자의 원가절감은 자신의 고객들에게 청구하는 가격에 반영되거나 자신이 지출하는 광의의 시장침투비용에 반영될 것이다. 다국적기업그룹의 시장침투전략은 제조업자나 제조업자와는 별도로 행동하는 유통업자, 아니면 양자가 서로 조율하여 수립할 수 있다. 그리고 시장침투나 시장점유율 확대 전략에는 흔히 통상적이지 않은 집중적인 마케팅 및 광고 활동이 수반될 것이다. 고려해야 할 다른 요인은 특수관계거래 당사자들 간의 행위와 시장침투나 시장점유율 확대 사업전략의 비용을 부담하는 제3자 간의 행위에 일관성이 있는지 여부이다. 예를 들면 독립기업 간 거래시, 보통 시장개발에 따른 책임을 장기적으로 거의 또는 아예 지지 않을 판매대리인으로만 활동하는 기업은 시장침투전략 추진에 따른 비용을 부담하지 않을 것이다. 한 기업이 자신이 위험을 부담하면서 시장개발 활동을 수행하고 상표나 상호명을 통하여 제품의 가치를 향상시켰거나 그 제품과 관련된 영업권 가치를 증가시켰다면, 이러한 상황은 비교가능성을 규명하기 위한 기능분석에 반영되어야 한다(TPG 1.137). 시장침투전략을 따른다면 일정기간 내에 비용을 정당화할 만큼의 충분한 수익을 창출할 것이라고 기대하는 것이, 독립기업 약정으로 인정될 수 있을 정도로 무리하지 않은 기대를 하는 것인지 여부도 추가로 고려하여야 한다. 시장침투전략과 같은 사업전략은 실패할 수 있으며 실패했다고 해서 이전가격 검토시 그러한 전략을 무시해서는 안 된다. 그러나 거래 당시에 그와 같은 결과를 기대하는 것이 무리였거나 성공적이지 않음에도 어떤 사업전략이 독립기업들이 용인할 수 있는 기간을 넘어 계속된다면, 그러한 사업전략은 독립기업 성격의 것인지 의심될 수 있으며 이전가격 조정이 타당할 수 있다. 어느 정도의 기간을 독립기업이 용인할지를 판단함에 있어, 과세당국은 사업전략을 추구하는 해당 국가에서 볼 수 있는 상업적 전략의 증거를 고려할 수 있다. 그러나 결국 가장 중요한 고려사항은, 그러한 전략이 예견될 수 있는 장래에 수익성이 있는 것으로 기대하는 것에 무리가 없는 것인지 여부와 정상거래 원칙에 따라 사업을 하는 당사자가 그와 같은 경제 상황과 경쟁상황 하에서 유사한 기간 동안 수익을 희생할 준비가 되어 있었는 지 여부이다(TPG 1.138).[22]

---

22) 시장침투 사업전략에 따른 초과이익을 귀속시킬 것으로 예상되는 자가 시장침투비용을 부담하는 것이 합리적일 것이다.

(3) 비교가능성 요소 중 수행기능 평가를 위한 위험 분석

사용된 자산과 부담한 위험 등을 고려하여 거래 당사자가 수행한 기능을 평가[23]할 때 거래 당사자가 부담한 위험은 다음 각 호의 순서에 따라 분석한다(국조칙 제10조 제1항).

1. 거래에 수반되는 경제적으로 중요한 위험의 식별
2. 계약 조건에 따라 거래 당사자가 부담하는 위험의 결정
3. 다음 각 목의 사항을 고려한 위험에 관한 기능 분석
   가. 거래 당사자의 행위 및 거래와 관련된 그 밖의 사실관계를 바탕으로 해당 거래를 통해 발생한 경제적 이익 또는 손실이 실제로 귀속되는 거래 당사자의 식별
   나. 거래 당사자가 수행한 위험에 대한 다음의 관리·통제 기능
      1) 연구·개발 투자 또는 사업용 자산에 대한 투자 등 위험이 수반되는 활동의 개시 여부에 관한 의사결정
      2) 위험과 관련된 거래 상황의 변화에 적절히 대응하고 위험을 감소시키기 위한 의사결정
   다. 거래 당사자의 위험을 부담할 수 있는 다음의 재정적 능력
      1) 위험이 수반되는 활동을 개시하기 위한 자금을 동원할 수 있는 능력
      2) 위험을 감소시키기 위한 활동에 사용되는 비용을 부담할 수 있는 능력
      3) 거래 상황의 변화에 따라 발생한 손실을 부담할 수 있는 능력
4. 계약조건(제2호) 및 위험에 관한 기능 분석(제3호) 결과를 종합하여 다음 각 목에 따라 거래 당사자가 부담한 위험의 재배분
   가. 계약조건(제2호) 및 거래 당사자의 행위 및 거래와 관련된 그 밖의 사실관계를 바탕으로 해당 거래를 통해 발생한 경제적 이익 또는 손실이 실제로 귀속되는 거래 당사자(제3호 가목)의 비교 : 이 경우 계약조건에 따라 경제적 이익 또는 손실이 실제로 귀속되는 거래 당사자(제2호)와 거래 당사자의 행위 및 거래와 관련된 그 밖의 사실관계를 바탕으로 해당 거래를 통해 발생한 경제적 이익 또는 손실이 실제로 귀속되는 거래 당사자(제3호 가목)가 다른 경우에는 거래 당사자의 행위 및 거래와 관련된 그 밖의 사실관계를 바탕으로 해당 거래를 통해 발생한 경제적 이익 또는 손실이 실제로 귀속되는 거래 당사자(제3호 가목)가 위험을 부담하는 것으로 본다.

---

23) 국조령 제16조 제1항 제2호에 따른 거래 당사자가 수행한 기능 평가

나. 거래 당사자가 부담한 위험의 최종 결정 : 이 경우 이 호 가목에 따라 위험을 부담하는 거래 당사자가 위험에 대한 관리·통제 기능(제3호 나목)을 하지 않거나 위험을 부담할 재정적 능력(제3호 다목)이 없는 경우에는 해당 거래에서 실제로 위험에 대한 관리·통제 기능을 하고 위험을 부담할 재정적 능력을 가진 거래 당사자가 위험을 부담하는 것으로 본다.

| 위험부담 분석의 흐름도 |

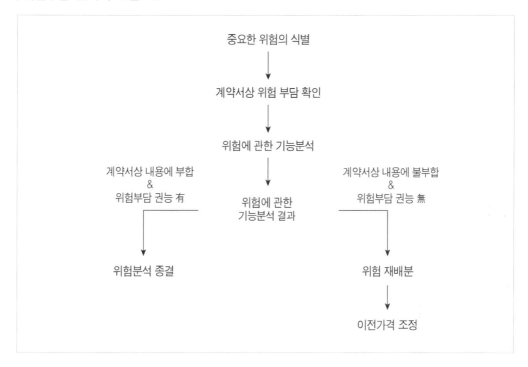

(4) 거래의 재구성

과세당국은 거주자와 국외특수관계인 간의 국제거래가 상업적으로 합리적인 거래가 아닌 것으로 판단하고, 해당 국제거래에 기초하여 정상가격을 산출하는 것이 현저히 곤란한 경우 그 경제적 실질에 따라 해당 국제거래를 없는 것으로 보거나 합리적인 방법에 따라 새로운 거래로 재구성하여 정상가격을 산출할 수 있다(국조법 제8조 제3항).

과세당국은 거주자와 국외특수관계인 간의 국제거래가 상업적으로 합리적인 거래인지 여부를 판단할 때에는 다음 각 호의 기준을 고려해야 한다(국조령 제16조 제2항).

1. 특수관계가 없는 독립된 사업자 간에는 해당 거래조건에 대한 합의가 이루어지지

않을 것으로 예상할 수 있을 것. 이 경우 유사한 거래 상황에서 특수관계가 없는 독립된 사업자 간 해당 거래와 유사한 거래가 체결된 사례가 없다는 사실만으로 해당 거래조건에 대한 합의가 이루어지지 않을 것으로 판단해서는 안 된다.

2. 해당 거래를 체결하지 않거나 다른 방식으로 거래를 체결하는 것이 거주자 또는 국외특수관계인에게 사업 목적상 유리할 것

3. 해당 거래로 인하여 거주자 또는 국외특수관계인의 조세부담이 상당히 감소하는 등 조세 혜택을 고려하지 않는다면 해당 거래가 발생하지 않을 것으로 예상할 수 있을 것

적법한 사업거래를 재구성하는 것은, 다른 과세당국이 어떻게 거래구조를 만들어야 하는지에 대해 다른 의견을 가질 때에 발생하는 이중과세에 의해 불공평이 가중될 수 있는, 전적으로 자의적인 권력 행사이므로, 단지 독립된 당사자들 사이에서 볼 수 없는 거래라는 사실이 독립기업 약정에서 볼 수 있는 특징이 없다는 의미가 아님을 다시 한 번 유의해야 한다(TPG 1.142).

> ⚉ 과세관청으로서는 특별한 사정이 없는 한 당사자들이 선택한 법률관계를 존중하여야 함 (대법원 2001.8.21. 선고 2000두963 판결 등)
>
> 과세처분의 적법성에 대한 입증책임은 과세관청에 있으며(대법원 2000.2.25. 선고 98두 1826 판결 등 참조), 납세의무자는 경제활동을 할 때에 동일한 경제적 목적을 달성하기 위하여 여러 가지의 법률관계 중의 하나를 선택할 수 있고 과세관청으로서는 특별한 사정이 없는 한 당사자들이 선택한 법률관계를 존중하여야 하며(대법원 2001.8.21. 선고 2000두963 판결 등 참조), 그것이 과중한 세금의 부담을 회피하기 위한 행위라고 하더라도 가장행위에 해당한다고 볼 특별한 사정이 없는 이상 유효하다고 보아야 한다 (대법원 2011.4.28. 선고 2010두3961 판결 등 참조). 또한 여러 단계의 거래를 거친 후의 결과에는 손실 등의 위험 부담에 대한 보상뿐 아니라 외부적인 요인이나 행위 등이 개입되어 있을 수 있으므로, 그 여러 단계의 거래를 거친 후의 결과만을 가지고 그 실질이 하나의 행위 또는 거래라고 쉽게 단정하여 과세대상으로 삼아서는 아니 된다 (대법원 2017.12.22. 선고 2017두57516 판결 등 참조).

(5) 제3자 개입거래

거주자가 국외특수관계인이 아닌 자와 국제거래를 할 때에도 그 거래가 다음 각 호의 요건을 모두 갖춘 경우에는 국외특수관계인과 국제거래를 하는 것으로 보아 그 거

래에 대한 정상가격을 검토한다(국조법 제10조).

1. 해당 거주자와 국외특수관계인 간에 그 거래에 대한 사전계약(거래와 관련된 증거에 따라 사전에 실질적인 합의가 있는 것으로 인정되는 경우를 포함한다)이 있을 것
2. 해당 거주자와 국외특수관계인 간에 그 거래의 조건이 실질적으로 결정될 것

(6) 상계거래의 인정

국제거래에서 그 거래가격이 정상가격보다 낮거나 높은 경우에도 다음 각 호의 요건을 모두 갖춘 경우에는 상계(相計)되는 모든 국제거래를 하나의 국제거래로 보아 그 거래에 대한 정상가격을 검토한다(국조법 제11조 제1항). 이 때 상계거래란 국외특수관계인과의 국제거래가 정상가격으로 이루어지지 아니하여 이를 시정하고자 하는 거래를 말한다(국기통 11-0⋯1).

1. 거주자가 같은 국외특수관계인과 같은 과세연도 내의 다른 국제거래를 통하여 그 차액을 상계하기로 사전에 합의할 것
2. 해당 거주자가 사전 합의 사실과 상계거래 내용을 증명할 것

해당 거주자가 사전 합의 사실과 상계거래 내용이 증명되는 상계거래 중 법인세법 및 소득세법 등에 따라 원천징수의 대상이 되는 거래의 경우[24]에는 상계거래가 없는 것으로 보아 해당 원천징수 규정을 적용한다(국조법 제11조 제2항).[25]

> ⠿ 소프트웨어 도입대가를 채권과 상계하는 경우 과세표준 계산(국업 46017 – 27, 2001.1.17.)
> 1. 내국법인이 국내사업장이 없는 말레이지아 법인으로부터 디지털 콘텐츠인 데이터베이스 자료와 소프트웨어를 제공받고 지급하는 대가는 법인세법 제93조 제9호 및 한·말레이지아 조세조약 제12조에서 규정하는 사용료소득에 해당한다.
> 2. 한편, 내국법인이 상기 대가를 말레이지아 법인으로부터 수취할 채권과 상계하여 국내에서 대가를 지급하지 않더라도 이는 상호간에 지급하여야 할 각각의 채권, 채무에 대한 변제과정이 생략된 것이므로 내국법인은 채권과 상계하기 전에 지급하여야 할 사용료 총액을 과세표준으로 하여 원천징수하여야 한다.

---

24) 「소득세법」 제156조 및 제156조의2부터 제156조의7까지의 규정과 「법인세법」 제98조 및 제98조의2부터 제98조의6까지의 규정에 해당하는 경우
25) 소득금액 계산시에는 상계거래가 인정되나, 해당 소득금액이 원천세 과세대상이 되는 경우에는 상계되기 전 금액(지급액)이 원천세 과세표준이 된다는 점에 유의하여야 한다.

∷ 외국법인에게 해외 저작권료를 송금시 원천징수 과세대상기준금액의 결정방법(국업 46017
-495, 2000.10.24.)

내국법인이 국내사업장이 없는 외국법인과 캐릭터 사용에 대한 독점적 계약체결 위
임계약을 맺고 동 계약에 의거 외국법인을 대신하여 다른 내국법인과 캐릭터 사용계
약을 체결한 후 다른 내국법인으로부터 수취한 캐릭터 사용료 중 일부를 한국 내 판
매촉진비, 업무대행 수수료 등의 명목으로 국내로 재송금되는 과정이 생략된 것으로
내국법인은 각종 비용을 차감하기 전 캐릭터 사용료 총액을 과세표준으로 하여 원천
징수하여야 한다.

(7) 이전가격 심의위원회(조사사무처리규정[26] 제65조)

이전가격조사의 국제적 기준에 맞는 공정하고 합리적인 운영을 도모하기 위하여 각
지방국세청(조사1국, 서울청은 국제거래조사국) 내에 이전가격심의위원회를 둔다(제65
조 제1항).

위원회는 다음 각 호의 사안과 관련하여 이전가격 조사결과를 사전 심의하고 조정한
다(제65조 제2항).

1. 총소득조정금액이 50억원 이상(서울청은 100억원 이상)인 이전가격조사 종결예
   정 사안
2. 납세자가 이의를 제기하는 이전가격조사 종결예정 사안
3. 그 밖에 위원회에서 검토할 필요가 있다고 판단하는 사항

위원회의 위원장은 조사1국장(서울청은 국제거래조사국장)이 되고, 위원은 위원장
이 지명하는 8명 이내의 사람으로 한다(제65조 제3항). 위원회 회의는 위원장과 위원으로
구성하고, 그 구성원 과반수 이상의 참여로 개의하며 참여위원 과반수의 의견으로 의
결한다(제65조 제4항). 조사공무원과 납세자는 위원회에서 의견진술을 할 수 있다(제65조
제5항).

---

26) 국세청 훈령 제2023-2567호

Ⅲ 정상가격 산출방법의 이해

정상가격은 국외특수관계인이 아닌 자와의 통상적인 거래에서 적용되거나 적용될 것으로 판단되는 재화 또는 용역의 특성·기능 및 경제환경 등 거래조건을 고려하여 다음 각 호의 산출방법 중 가장 합리적인 방법으로 계산한 가격으로 한다. 다만, 제6호의 방법은 제1호부터 제5호까지의 규정에 따른 방법으로 정상가격을 산출할 수 없는 경우에만 적용한다(국조법 제8조 제1항).[27]

1. 비교가능제3자가격방법 : 거주자와 국외특수관계인 간의 국제거래와 유사한 거래 상황에서 특수관계가 없는 독립된 사업자 간의 거래가격을 정상가격으로 보는 방법

2. 재판매가격방법 : 거주자와 국외특수관계인 간의 국제거래에서 거래 당사자 중 어느 한쪽인 구매자가 특수관계가 없는 자에 대한 판매자가 되는 경우 그 판매가격에서 그 구매자가 판매자로서 얻는 통상의 이윤으로 볼 수 있는 금액을 뺀 가격을 정상가격으로 보는 방법

3. 원가가산방법 : 거주자와 국외특수관계인 간의 국제거래에서 거래 당사자 중 어느 한쪽이 자산을 제조·판매하거나 용역을 제공하는 경우 자산의 제조·판매나 용역의 제공 과정에서 발생한 원가에 자산 판매자나 용역 제공자의 통상의 이윤으로 볼 수 있는 금액을 더한 가격을 정상가격으로 보는 방법

4. 거래순이익률방법 : 거주자와 국외특수관계인 간의 국제거래와 유사한 거래 중 거주자와 특수관계가 없는 자 간의 거래에서 실현된 통상의 거래순이익률을 기초로 산출한 거래가격을 정상가격으로 보는 방법

5. 이익분할방법 : 거주자와 국외특수관계인 간의 국제거래에서 거래 당사자 양쪽이 함께 실현한 거래순이익을 합리적인 배부기준에 따라 측정된 거래당사자들 간의

---

27) 기타 합리적인 방법을 제외하고는 정상가격산출방법 적용의 우선순위는 없는 것으로 이해 된다. 다만, 국조법 시행령 제13조에서는 무형자산거래에 대한 정상가격산출방법에 대해서는 우선순위를 정하고 있다.

상대적 공헌도에 따라 배부하고, 이와 같이 배부된 이익을 기초로 산출한 거래가격을 정상가격으로 보는 방법

6. 그 밖에 대통령령으로 정하는 바에 따라 합리적이라고 인정되는 방법[28]

(1) 정상가격 산출방법의 구분

정상가격 산출방법은 크게 '전통적 거래방법(Traditional transaction methods)'과 '거래이익방법(Traditional profit method)'으로 구분된다.[29] 이러한 방법들은 일반적으로는 개별적으로 사용되지만, 경우에 따라서는 여러 방법들이 결합되어 사용될 수 있다. 이들 정상가격 산출방법 중에는 거래당사자 일방에게만 적용되는 일방적(one-sided) 방법이 있고, 거래당사자 쌍방 모두에게 적용되는 쌍방적(two-sided) 방법이 있다. 모든 특수관계 거래에는 적어도 2개의 거래당사자가 있으므로 일방적 방법을 적용할 때에는 검증대상 거래당사자를 결정해야 한다. 이러한 검증대상 거래당사자를 '검증대상회사(tested party)'라 하는데, 수행기능이 상대적으로 '덜 복잡한' 거래당사자가 선정된다(TPG 3.18). 분석대상 거래의 당사자 중 기능이 단순한 자의 이익률 등을 유사한 기능을 수행하는 기능이 단순한 제3자들의 이익률 등과 비교하여야 비교하는 의미가 있을 것이다.

| 정상가격 산출방법의 구분 |

거래접근법		비교가능제3자가격방법[30]	일방 분석법
		재판매가격방법	
		원가가산방법	
이익접근법	거래순 이익률 방법	매출액에 대한 거래순이익 비율	
		매출원가 및 영업비용에 대한 거래순이익의 비율	
		자산에 대한 거래순이익의 비율	
		영업비용에 대한 매출 총이익의 비율	
	이익분할방법		쌍방 분석법

---

28) 이하 본 서에서는 '기타 합리적인 방법'이라고 한다.
29) 다국적 기업은 정상가격 원칙이 준수되는 한, 이전가격지침에 소개되지 않은 다른 방법도 사용할 수 있다(TPG 2.9).
30) 비교가능제3자가격방법은 거래 당사자 간에 합의되어야 성립한다는 측면에서, 쌍방 분석법으로 분류되

(2) 정상가격 산출방법의 선택시 주의사항

정상가격을 산출할 때에는 다음 각 호의 기준을 고려하여 가장 합리적인 방법을 선택해야 한다(국조령 제14조 제1항).

1. 다음 각 목의 어느 하나에 해당하여 특수관계가 있는 자 간의 국제거래와 특수관계가 없는 자 간의 거래 사이에 비교가능성이 높을 것

   가. 비교되는 상황 간의 차이가 비교되는 거래의 가격이나 순이익에 중대한 영향을 주지 않는 경우

   나. 비교되는 상황 간의 차이가 비교되는 거래의 가격이나 순이익에 중대한 영향을 주는 경우에도 그 영향에 의한 차이를 제거할 수 있는 합리적 조정이 가능한 경우

2. 사용되는 자료의 확보·이용 가능성이 높을 것

3. 특수관계가 있는 자 간의 국제거래와 특수관계가 없는 자 간의 거래를 비교하기 위하여 설정된 경제 여건, 경영 환경 등에 대한 가정(假定)이 현실에 부합하는 정도가 높을 것

4. 사용되는 자료 또는 설정된 가정의 결함이 산출된 정상가격에 미치는 영향이 적을 것

5. 특수관계가 있는 자 간의 국제거래와 정상가격 산출방법의 적합성이 높을 것

기도 한다.

Ⅳ 정상가격 산출방법의 선택

정상가격 산출방법을 선택할 때 특수관계가 있는 자 간의 국제거래에 대한 정상가격 산출방법이 적합한 지 여부를 평가하는 경우에는 특수관계 거래에서 가격·이윤 또는 거래순이익 중 어느 지표가 산출하기 쉬운지 여부, 특수관계 거래를 구별하는 요소가 거래되는 재화나 용역인지 또는 수행되는 기능의 특성인지 여부를 고려하여야 한다. 거래순이익률방법 적용 시에는 거래순이익률 지표와 영업활동의 상관관계 등에 관하여 다음의 사항을 고려하여야 한다(국조령 제14조 제3항, 국조칙 제6조 제2항).

모든 상황에 적합한 한 가지 방법은 없으며, 특정 방법이 그 상황에 적합하지 않다는 입증을 할 필요는 없다(TPG 2.2).

(1) 비교가능제3자가격방법(Comparalbe Uncontrolled Price method)

비교가능제3자가격방법은 거주자와 국외특수관계인 간의 국제거래와 유사한 거래 상황에서 특수관계가 없는 독립된 사업자 간의 거래가격을 정상가격으로 보는 방법을 말한다(국조법 제8조 제1항 제1호).

비교가능제3자가격방법을 국내 또는 국외의 공개시장(이하 "공개시장"이라 한다)에서 거래되는 원유, 농산물, 광물 등에 대하여 적용할 때에는 다음 각 호의 사항을 고려해야 한다(국조령 제5조).

1. 거주자(내국법인과 국내사업장을 포함한다)와 국외특수관계인 간의 물품거래와 공개시장에서 특수관계가 없는 독립된 사업자 간의 물품거래를 비교하여 물품의 물리적 특성 및 품질, 공급물량·시기, 계약기간, 운송조건 등 거래조건에 상당한 차이가 있는 경우에는 이러한 차이를 합리적으로 조정할 것
2. 가격 산출의 기준이 되는 시점(이하 "가격결정시점"이라 한다)은 다음 각 목의 구분에 따라 결정할 것
   가. 거주자가 가격결정 시점에 대한 신뢰할 만한 자료를 제출하는 경우 : 거주자가

제출한 자료에 근거하여 결정

　나. 거주자가 가격결정 시점에 대한 자료를 제출하지 않았거나 거주자가 제출한 자료에 근거하여 가격결정 시점을 결정하는 것이 실제 거래에 비추어 합리적이지 않은 경우 : 선하증권에 적힌 선적일 등 과세당국이 이용할 수 있는 자료에 근거하여 결정

　비교대상인 물건이나 용역이 똑같고 거래조건도 차이를 따질 필요도 없을만큼 비슷하다면 비교대상 거래의 가격이 바로 분석대상 거래의 정상가격이다. 거래조건에 차이가 있다면 이를 합리적으로 조정해야 일응의 정상가격이 나온다. 가령 조정대상 거래의 목적물이 상품거래소 같은 공개시장에서 거래하는 원유, 농산물, 광물 등 물품 따위로, 다른 조건은 똑같고 그저 FOB[31]나 CIF[32]의 차이 뿐이라면 운임과 보험료만 조정하면 된다. 어려울 일이 없다. 문제는 그 정도 차이만 뺀다면 나머지 조건이 다 같은 거래란 실제는 없다는 것이다.[33]

　일부 개별기업보고서에서는 무형자산 사용료율 정상가격 검증방법의 일환으로 비교가능제3자거래방법(CUT, Comparables Uncontrolled Transaction)[34]을 비교가능제3자가격방법(국조법 제8조 제1항 제1호에 해당하는 방법)으로 제시하기도 한다. 그런데, 이전가격 세무검증시 비교가능제3자가격이 되기 위해서는 제시된 검증대상 거래와 비교대상 재화나 용역 간에 거래 시기, 거래 시장, 거래 조건, 무형자산의 사용 여부 등에 따른 차이가 합리적으로 조정될 수 있어야 하는 점(국조칙 제6조 제1항 제1호)을 고려해 본다면, 지역별로 유사한 거래의 로열티율을 추출한 다음, 정상가격 범위를 구성한 수치들에 대하여 거래조건, 거래수량 등 제반 조건의 차이에 의하여 합리적으로 가격을 조정한 신뢰할 만한 수치들을 제시하지 않고, 해당 로열티 들의 사분위값, 중위값, 평균값 등으로 산출한 값을 국제조세법상의 비교가능제3자가격방법으로 볼 것인지 여부에 대해서는 세심한 주의가 필요할 것이다.

　브랜드 사용료 거래를 예로 들어보자. 특정 브랜드만이 가지고 있는 개성은 그 브랜

---

31) Free on Board : 매도인이 물품을 선적항에서 본선에 적재해야 하는 조건
32) Cost Insurance and Freight : 매도인이 물품을 선적항에서 본선 갑판위로 인도할 때까지 모든 비용과 지정된 목적항까지의 운임, 해상 보험료를 부담하는 조건
33) 국제조세법(이창희 著)
34) 로열티 상업 데이터 베이스에서 유사한 거래의 로열티율을 추출한 다음, 해당 로열티 들의 사분위값, 중위값, 평균값 등을 검토대상 로열티율의 비교가능제3자가격으로 보는 방법

드 가치의 핵심이다. 시장별로 브랜드 자체가 가지고 있는 영향력은 브랜드별로 천차만별이고, 브랜드가 시장에서 일으킬 수 있는 초과수익력 또한 천차만별이다. 개별 브랜드 간의 전술한 경제적 관련 특성 또는 비교가능성요소(economically relevant characteristics or comparability factors)도 대부분의 경우에 현저하게 상이할 수 밖에 없다. 따라서, 다른 브랜드 사용료거래를 검토대상 브랜드 사용료거래의 차이조정도 필요없는 비교가능제3자가격으로 볼 것인지 여부에 대해서는 신중하게 판단하여야 한다.

무형자산 사용거래의 이전가격 세무 검증시 대부분의 경우에 중요한 요소로서, 독특하고 가치 있을 것(Unique & Valuable)에 대한 논의가 수반된다는 점과 국조법 시행령 제13조 제3항에서는 무형자산 거래에 대한 정상가격 산출방법으로 비교가능제3자가격방법과 이익분할방법을 우선 적용하도록 하고, 국조법 시행령 제13조 제4항에서는 무형자산 거래에 대한 정상가격 산출방법으로 그 밖의 합리적인 방법을 사용하는 경우에는 미래현금흐름할인법(DCF, Discounted Cash Flow)을 사용하도록 하고 있음에 유의하여야 한다.

(2) 재판매가격방법(Resale Price method)

재판매가격방법은 거주자와 국외특수관계인 간의 국제거래에서 거래 당사자 중 어느 한쪽인 구매자가 특수관계가 없는 자에 대한 판매자가 되는 경우 그 판매가격에서 그 구매자가 판매자로서 얻는 통상의 이윤으로 볼 수 있는 금액을 뺀 가격을 정상가격으로 보는 방법을 말한다(국조법 제8조 제1항 제2호).

재판매가격방법을 적용할 때 구매자가 판매자로서 얻는 통상의 이윤은 그 구매자가 특수관계가 없는 자에게 판매한 금액에 판매기준 통상이익률을 곱하여 계산한 금액으로 한다. 이 경우 판매기준 통상이익률은 구매자와 특수관계가 없는 자 간의 거래 중 해당 거래와 수행된 기능, 사용된 자산 및 부담한 위험의 정도가 유사한 거래에서 실현된 매출액에 대한 매출총이익(매출액에서 매출원가를 뺀 금액을 말한다)의 비율로 한다(국조령 제6조 제1항).

구매자와 특수관계가 없는 자 간의 거래에서 적정한 판매기준 통상이익률을 산출할 수 없는 경우에는 특수관계가 없는 자 간의 제3의 거래 중 해당 거래와 수행된 기능, 사용된 자산 및 부담한 위험의 정도가 유사한 거래에서 발생한 판매기준 통상이익률을 판매기준 통상이익률로 사용할 수 있다(국조령 제6조 제2항).

재판매가격방법을 적용할 경우 분석대상 당사자가 중요한 가공기능 또는 제조기능 없이 판매 등을 하는 지 여부를 고려하여 분석하여야 한다. 이 경우 거래되는 재화나 용역의 특성보다는 분석대상 당사자와 비교가능 대상 간에 기능상 동질성이 있는지를 우선적으로 고려해야 하며, 고유한 무형자산(상표권이나 고유한 마케팅 조직 등을 말한다)의 사용 등에 따른 차이는 합리적으로 조정될 수 있어야 한다(국조칙 제6조 제2항 제2호).

▪▪ 원고의 사업은 높은 브랜드 가치를 가지는 고가의 제품을 고객의 사전 주문에 따라 독점적으로 판매하는 것임에 반하여 피고가 선정한 비교대상업체는 소비재 제품을 수입하여 국내 도소매업체에 판매하는 것이어서 비교대상업체로 단순 비교할 수 없음(서울행정법원 2009.7.2. 선고 2007구합21495)

원고의 이 사건 사업은 고객의 사전 주문을 받아 스펙트럼 분석기 중 연구기관용 전자계측기가, 기업용 전산 네트워크 시스템 중 고가의 기기를 소량 판매하는 사업용으로 국내 고객이 신용장을 개설하여 제품 대금을 결제하고 통관절차를 밟아 제품을 인수하는 까닭에 원고가 재고제품을 보관, 판매대금채권 관리·회수 등의 사업활동을 하거나 그에 따른 위험을 부담하지 않음에 반하여, 피고가 재판매가격법에 의한 정상가격 산출을 위한 비교대상업체로 선정한 AA전자, BB컴퓨터, CC인포메이션시스템, DD크는 주로 전자사전, LCD 텔레비전, 컴퓨터 및 주변기기 등 통상 여러 단계의 유통과정을 거쳐 소비자에게 판매되는 저가의 소비재 제품을 수입하여 국내 도·소매업체에 판매하는 사업을 하였고, 이에 따라 재고제품 보관, 판매대리점 등 확충, 판매대금채권 관리·회수 등의 사업활동 및 그에 따른 위험관리가 중요시되는 등으로 원고의 이 사건 사업과 피고가 선정한 비교대상업체의 사업 사이에는 사업활동의 수행가능 및 부담위험, 거래대상 제품의 종류 및 목성, 제품 판매시장의 여건 등의 면에서 본질적인 차이가 존재하는 것으로 보이는 점, 원고의 이 사건 사업은 시장에서 높은 브랜드 가치를 가지는 고가의 YH 제품을 고객의 사전 주문에 따라 독점적으로 판매하는 것임에 반하여, 피고가 선정한 비교대상업체의 사업은 주로 저가의 소재 제품을 수입하여 국내 도·소매업체에 판매하는 것이어서 원고의 이 사건 사업과 피고가 선정한 비교대상업체의 사업 사이에는 매출액과 매출원가의 관계를 계산 수치만으로 단순비교할 수 없는 질적인 차이가 존재하는 것으로 보이는 점 등에 비추어 보면, 피고가 이 사건 사업상의 원고와 YH 사이의 거래에 관한 정상가격 산출을 위하여 재판매가격법의 비교대상업체로 선정한 AA전자, BBB컴퓨터, CC인포메이션시스템, DD크의 수입·판매 거래는 원고의 이 사건 사업상의 거래와 사이에 본질적인 차이가 존재하여 비교가능성이 없는 것으로 봄이 상당하고, 설령 비교가능성이 있다고 하더라도 이 거래의 차이를 극복할 수 있을 정도의 합리적인 조정이 이루어졌음을 인정할 만한 아무런 자료도 없으므로, 피고가 위와 같이 비교가능성이 없는 비교대상업체의 거래를 기초로 매출총이익률을 산정하여 이 사건 사업상의 원고와 YH 사이의 거래에 관한 정상가격을 산출한 것은 적법한 정상가격 산출방법이라고 할 수 없다.

(3) 원가가산방법(Cost Plus method)

원가가산방법은 거주자와 국외특수관계인 간의 국제거래에서 거래 당사자 중 어느 한쪽이 자산을 제조·판매하거나 용역을 제공하는 경우 자산의 제조·판매나 용역의 제공 과정에서 발생한 원가에 자산 판매자나 용역 제공자의 통상의 이윤으로 볼 수 있는 금액을 더한 가격을 정상가격으로 보는 방법을 말한다(국조법 제8조 제1항 제2호).

원가가산방법을 적용할 때 자산 판매자나 용역 제공자의 통상의 이윤은 다음 각 호의 구분에 따른 원가에 원가기준 통상이익률을 곱하여 계산한 금액으로 한다. 이 경우 원가기준 통상이익률은 자산 판매자 또는 용역 제공자와 특수관계가 없는 자 간의 거래 중 해당 거래와 수행된 기능, 사용된 자산 및 부담한 위험의 정도가 유사한 거래에서 발생한 원가에 대한 매출총이익의 비율로 한다(국조령 제7조 제1항).

1. 자산 판매자의 경우 : 그 자산을 정상가격으로 구입·건설 또는 제조하는 데 필요한 원가
2. 용역 제공자의 경우 : 그 용역을 제공하는 과정에서 정상가격에 의하여 발생한 원가

자산 판매자나 용역 제공자와 특수관계가 없는 자 간의 거래에서 적정한 원가기준 통상이익률을 산출할 수 없는 경우에는 특수관계가 없는 자 간의 제3의 거래 중 해당 거래와 수행된 기능, 사용된 자산 및 부담한 위험의 정도가 유사한 거래에서 발생한 원가기준 통상이익률을 원가기준 통상이익률로 사용할 수 있다(국조령 제7조 제2항).

원가가산방법을 적용할 경우 특수관계인 간에 반제품(半製品) 등의 중간재(中間材)가 거래되거나 용역이 제공되는지 여부를 고려하여 분석하여야 한다. 이 경우 분석대상 당사자와 비교가능대상 간에 기능상 동질성이 있는지를 우선적으로 고려해야 하며, 분석대상 당사자와 비교가능 대상 사이에서 비교되는 총이익은 원가와의 관련성이 높고 동일한 회계기준에 따라 측정될 수 있어야 한다(국조칙 제6조 제2항 제3호).

재판매가격방법과 원가가산방법에서 다루는 통상의 이익률은 결국 매출총이익률과

유사한 개념이다. 통상적으로 제3자 거래가 매출거래인 경우에는 재판매가격방법(통상의 이익÷매출액)을 적용하고, 제3자 거래가 매입거래인 경우에는 원가가산방법(통상의 이익÷매출원가)을 적용한다. 이러한 방법은 거래순이익률방법의 경우에도 동일하다. 제3자 거래가 매출거래인 경우에는 매출액 대비 이익률인 영업이익률(OM, Operational Margin)을 적용하고, 제3자 거래가 매입거래인 경우에는 총원가가산율 (FCMU, Full Cost Mark-up)[35]을 적용한다(TPG 2.94 참고).

(4) 거래순이익률방법(Transactional net margin method)

거래순이익률방법은 거주자와 국외특수관계인 간의 국제거래와 유사한 거래 중 거주자와 특수관계가 없는 자 간의 거래에서 실현된 통상의 거래순이익률을 기초로 산출한 거래가격을 정상가격으로 보는 방법을 말한다(국조법 제8조 제1항 제4호).

거래순이익률방법을 적용할 때 거주자와 특수관계가 없는 자 간의 거래에서 실현된 통상의 거래순이익률은 다음 각 호의 어느 하나에 해당하는 지표를 기초로 산출한다(국조령 제8조 제1항).

1. 매출액에 대한 거래순이익(매출 총이익에서 영업비용을 뺀 금액을 말하며, 영업비용은 판매비와 일반관리비를 말한다)의 비율
2. 자산에 대한 거래순이익의 비율
3. 매출원가 및 영업비용에 대한 거래순이익의 비율
4. 영업비용에 대한 매출총이익의 비율
5. 그 밖에 합리적이라고 인정될 수 있는 거래순이익률

거주자와 특수관계가 없는 자 간의 거래에서 실현된 통상의 거래순이익률을 산출할 수 없는 경우에는 국외특수관계인과 특수관계가 없는 자 간의 거래와 특수관계가 없는 자 간의 제3의 거래 중 해당 거래와 수행된 기능, 사용된 자산 및 부담한 위험의 정도가 유사한 거래에서 발생한 통상의 거래순이익률을 통상의 거래순이익률로 사용할 수 있다(국조령 제8조 제2항).[36]

거래순이익률방법을 적용할 경우 거래순이익률 지표(영 제8조 제1항 각 호의 거래순

---

35) 통상적으로 '영업이익 ÷ (매출원가 + 판매관리비)'의 방법으로 산출한다.
36) 특수관계가 없는 자 간의 제3의 거래보다 거주자와 특수관계가 없는 자 간의 거래에서 실현된 통상의 거래순이익률을 찾아 보는 것이 우선이다. 거주자의 거래처별 원장 등을 참고해 볼 수 있다.

이익률 지표를 말한다)와 영업활동의 상관관계가 높은지 여부 등을 고려하여 분석하여야 한다. 이 경우 그 밖의 정상가격 산출방법보다 더 엄격하게 특수관계 거래와 비교가능 거래의 유사성이 확보될 수 있거나 비교되는 상황 간의 차이가 합리적으로 조정될 수 있어야 한다(국조칙 제6조 제2항 제4호).

양당사자가 독특한 무형자산을 제공하는 경우 거래순이익률방법은 신뢰성이 없다. 이러한 경우에는 이익분할방법 등이 더 적합하다. 거래순이익률방법 같은 일방분석법은 거래의 일방이 전적으로 독특한 무형자산을 제공하는 반면에 다른 당사자는 특별한 기여를 하지 않는 경우에 적합할 수 있다(TPG 2.65).

(5) 거래순이익률방법 적용시 주의사항

거래순이익률의 각 지표[37]는 다른 특별한 사정이 없으면 다음 각 호의 구분에 따른 사항을 고려하여 선택해야 한다. 이 경우 선택된 거래순이익률 지표는 분석대상 당사자와 독립된 제3자 사이에서 같은 기준으로 측정하고, 특수관계 거래와의 직접적·간접적 관련성 및 영업활동과의 관련성 등을 고려하여 합리적인 수준까지 전체 기업의 재무정보를 세분화하여 측정해야 한다(국조칙 제6조 제3항).[38]

1. 매출액에 대한 거래순이익의 비율의 경우 : 특수관계인으로부터 구매한 제품을 독립된 제3자에게 재판매하는 경우에 사용할 것. 이 경우 판매장려금, 매출할인, 외환손익에 대해서는 분석대상 당사자와 비교가능 대상에 대하여 동일한 회계기준을 적용해야 한다.

2. 자산에 대한 거래순이익의 비율의 경우 : 유형자산 집약적인 제조활동, 자본집약적인 재무활동 등과 같이 분석대상 당사자가 창출한 거래순이익과 자산의 관련성이 큰 경우에 사용할 것. 이 경우 자산의 범위에는 다음 각 목의 것을 포함하되, 투자자산 및 현금은 금융산업인 경우에만 영업자산으로 한다.

   가. 토지·건물·설비·장비 등 유형의 영업자산

   나. 특허권·노하우 등 영업활동에 사용되는 무형의 영업자산

   다. 재고자산·매출채권(매입채무는 제외한다) 등 운전자본(運轉資本)

3. 매출원가 및 영업비용에 대한 거래순이익의 비율의 경우 : 거래순이익과 매출원

---

37) 국조칙 제6조 제2항에 따른 거래순이익률의 각 지표
38) 구분손익 작성의 근거 규정이 된다.

가 및 영업비용의 관련성이 높은 경우에 사용할 것. 이 경우 매출원가 및 영업비용은 분석대상 당사자가 사용한 자산, 부담한 위험, 수행한 기능 및 영업활동과의 관련성을 고려하여 측정한다.

4. 영업비용에 대한 매출총이익의 비율의 경우 : 분석대상 당사자가 재고에 대한 부담 없이 단순 판매활동을 하는 경우(특수관계인으로부터 재화를 구입하여 다른 특수관계인에게 판매하는 단순 중개활동을 하는 경우 등을 말한다)에 사용할 것

:: **영업비용에 대한 매출 총이익의 비율(Berry Ratio) 적용시 주의사항**(국제조세 집행기준 5-4-3)

① 의의 : Berry Ratio란 특수관계거래의 일방당사자가 특수관계없는 자와 행한 거래에서 실현한 매출총이익의 영업비용에 대한 비율 또는 서로 특수관계없는 제3자 간에 행한 거래의 매출총이익의 영업비용에 대한 비율을 사용하여 산출한 가격을 정상가격으로 보는 방법을 말한다.

$$\bullet \text{Berry Ratio} = \frac{\text{매출총이익}}{\text{영업비용}}$$

② 적용요건 : 거주자가 재고에 대한 부담없이 단순 판매활동 또는 용역을 수행하는 경우로서 아래 요건을 모두 갖춘 경우에 적용할 수 있음.
- 영업비용과 매출총이익 사이에 비례관계가 존재할 것
- 판매되는 제품가치는 매출총이익에 중대한 영향을 미치지 아니할 것
- 다른 정상가격 산출방법이 사용되어야 하는 제조 등 다른 중요한 기능을 수행하지 아니할 것

③ 적용시 고려사항 :
- 용역을 수행하는 기업이나 단순 유통업 등에 적합한 방법
- 영업비용 증가에 대응하여 매출총이익이 증가하여야 함.
- 비교가능한 기업과 회계처리방식이 다른 경우에는 동일한 회계처리 방식하에서 비교가 될 수 있도록 조정이 필요함.

:: 선택된 거래순이익률 지표는 분석대상 당사자와 독립된 제3자 사이에서 같은 기준으로 측정하고, 특수관계 거래와의 직접적·간접적 관련성 및 영업활동과의 관련성 등을 고려하여 합리적인 수준까지 전체 기업의 재무정보를 세분화하여 측정하여야 함(대법원 2018두 32163, 서울고등법원 2016누71302, 서울행정법원 2015구합58164)

국조법 시행규칙 제2조 제3항은 '거래순이익률의 각 지표는 다른 특별한 사정이 없으면 다음 각 호의 사항을 고려하여 선택하여야 한다. 이 경우 선택된 거래순이익률 지표는 분석대상 당사자와 독립된 제3자 사이에서 같은 기준으로 측정하고, 특수관계 거래와의 직접적·간접적 관련성 및 영업활동과의 관련성 등을 고려하여 합리적인 수

준까지 전체 기업의 재무정보를 세분화하여 측정하여야 한다.'라고 정하고 있다.

원고에 대하여는 상품매출(도매업)에 대한 영업이익률을 기준으로, 이 사건 비교대상업체에 대하여는 전체 매출을 기준으로 하여 거래순이익률을 산정한 것은 피고가 최선의 노력으로 확보한 자료에 기초하여 합리적 수준까지 재무정보를 세분화하여 산정한 것이라고 보이고, 이와 달리 합리성을 결여하였다고 볼 근거가 없다.

① 원고의 매출액 중 이 사건 매입거래가 문제되는 부분은 상품매출(도매업) 부분이고, 서비스업 매출(용역수수료) 부분은 직접적인 관련이 없다. 원고의 매출액은 상품매출과 서비스업매출로 나뉘나, 이 사건 비교대상업체들의 영업활동도 모두 이와 같은 매출 항목으로 구성되어 있는 것이 아니고, 그 비중이 원고와 유사하다고 보기도 어렵다. 따라서 원고의 전체 매출에 대한 영업이익률과 비교대상업체의 전체매출에 대한 영업이익률을 놓고 정상가격을 산정하는 것이 더 합리적인 산정방법이라고 단정하기 어렵다.

② 원고의 경우에는 영업활동별 매출액 및 비용 지출이 특정된 자료가 제출되었으나, 이 사건 비교대상업체에 관하여 영업활동별로 피고가 위와 같은 자료들을 제출받았다거나 피고가 스스로 이를 산정할 수 있다고 보기 어렵고, 달리 피고가 이를 확보할 수 있다고 볼 근거가 없다. 상품매출만을 특정하여 원고와 비교대상업체의 영업이익률을 비교하기는 현실적으로 곤란하다.

③ 특히 원고의 서비스업 매출 부분은 전체 매출의 1%에 불과하여 영업이익률 산정에 큰 영향을 미치는 변수라고 보기도 어렵다(서비스업 매출 부분을 포함하여 영업이익률을 산정하였을 때 이 사건 처분에 어떠한 영향이 있는지에 대한 자료도 제출된 것이 없다).

(6) 이익분할방법(Transactional Profit Split method)

이익분할방법은 거주자와 국외특수관계인 간의 국제거래에서 거래 당사자 양쪽이 함께 실현한 거래순이익을 합리적인 배부기준에 따라 측정된 거래당사자들 간의 상대적 공헌도에 따라 배부하고, 이와 같이 배부된 이익을 기초로 산출한 거래가격을 정상가격으로 보는 방법을 말한다(국조법 제8조 제1항 제5호). 이익분할방법을 적용할 때에는 다음 각 호의 사항을 고려해야 한다(국조령 제9조 제1항).

1. 거래 당사자 양쪽이 함께 실현한 거래순이익은 제3자와의 거래에서 실현한 거래순이익으로 할 것

2. 상대적 공헌도는 다음 각 목의 기준과 각 기준이 거래순이익의 실현에 미치는 중요도를 고려하여 유사한 상황에서 특수관계가 없는 독립된 사업자 간의 거래에 적

용될 것으로 판단되는 합리적인 배부기준에 따라 측정할 것

가. 사용된 자산과 부담한 위험을 고려하여 평가된 거래 당사자가 수행한 기능의 상대적 가치

나. 영업자산, 유형·무형의 자산 또는 사용된 자본

다. 연구·개발, 설계, 마케팅 등 핵심 분야에 지출·투자된 비용

라. 그 밖에 판매 증가량, 핵심 분야의 고용인원 또는 노동 투입시간, 매장 규모 등 거래순이익의 실현과 관련하여 합리적으로 측정할 수 있는 배부기준

이익분할방법은 거래 형태별로 거래 당사자들의 적절한 기본수입을 우선 배부하고, 잔여이익을 상대적 공헌도에 따라 배부하는 방법을 포함한다(국조령 제9조 제2항).[39]

이익분할방법의 적합성이 높은지를 평가할 경우에는 특수관계인 양쪽이 특수한 무형자산 형성에 관여하는 등 고도로 통합된 기능을 수행하는 경우에 특수관계가 없는 독립된 당사자 사이에서도 각자의 기여에 비례하여 그 이익을 분할하는 것이 합리적으로 기대되는지 여부를 고려하여 분석해야 한다(국조칙 제6조 제2항 제5호).

이익분할방법 적용시 이익에 대한 언급은 일반적으로 손실에도 동일하게 적용된다. 즉, 이익분할방법이 최적의 정상가격 산출방법이라고 판단되는 경우, 그 거래에서 이익 또는 손실이 발생되었는지 여부에 상관없이 일관되게 적용되어야 한다. 거래당사자들이 서로 다른 사항을 고려함으로 인해서 손익을 비대칭적으로 분할하는 경우에는 적절히 문서화 해야 한다(TPG 2.115).

⠿ 이익분할방법 계산사례 1(OECD이전가격지침 부록 참고)

전자적인 공정과 주요 부품 모두의 혁신 기술설계로 인해 시장에서 성공적인 전자제품이 있다고 가정하자. 동 부품은 A사가 설계하고 제조하며, A사의 특수관계기업인 B사에 이전되어 추가 설계 및 제조된 후 다른 특수관계기업인 C사에 의해 유통된다. B사가 C사에 판매하는 최종제품의 이전가격은 정상가격으로 판정되어 있다.

---

39) 통상적으로 잔여이익분할방법이라 한다.

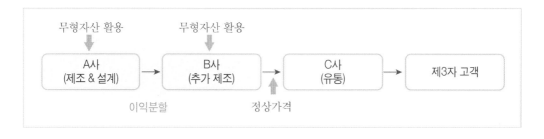

A사에서 B사로 이전되는 부품은 A사에 의한 독특하고 가치 있는 공헌으로 인한 기술이 반영되어 있기 때문에 비교가능제3자가격을 찾는 것은 불가능한 것으로 확인된다. 그러나 A사의 제조에 사용된 독특하고 가치 있는 무형자산에 귀속시킬 수 있는 이익요소를 제외한다면, A사의 제조원가 대비 수익을 계산함으로써 A사의 제조기능에 대해 보상할 이익요소를 추정할 수 있다. 마찬가지로, B사의 독특하고 가치 있는 무형자산에 귀속시킬 수 있는 이익요소를 제외한다면, B사의 제조원가로부터 얻어지는 B사의 이익을 추정하기 위해 유사한 계산을 할 수 있다.

독립기업 상황에서 추가 보상이 어떻게 배분될 지를 나타낼 수 있는 사실관계를 기초로, 잔여이익을 분할할 수 있다. 각 기업의 연구개발비용의 상대적인 금액은 기업들의 공헌의 상대적인 가치를 신뢰성 있게 측정하는 것으로 밝혀졌다. 이것은 각 기업의 독특하고 가치 있는 공헌이 연구개발에 대한 그 기업들의 상대적인 지출에 의해 신뢰성 있게 측정될 수 있으며, 따라서 연구개발비 지출이 A사가 15이고 B사가 10이라면 결합 연구개발 지출은 25이고, 잔여이익이 A에게는 15/25, B에게는 10/25 만큼 분할될 수 있음을 의미한다.[40]

이익분할 전 A사와 B사의 이익과 손실

구분		A사	B사	합계
매출액		50	100	150
매출원가	매입원가	10	50	60
	제조원가	15	20	35
매출총이익		25	30	55
판관비	연구개발비	15	10	25
	영업비용	10	10	20
영업이익		0	10	10

1단계 : 독특하지 않은 제조거래에 대한 통상이익과 분할될 잔여이익 결정

---

40) 원가기준 이익분할요소의 경우, 현재 연도는 물론 과거연도에 발생된 누적비용을 사용하는 것이 더 적절할 수도 있다(TPG 2.183). 연도별 연구개발비 등을 자본화 시킨 후, 적정 기간에 걸친 상각액에 상당하는 비용 등을 대안으로 활용해 볼 수도 있을 것이다.

A사	$15 \times 10\% = 1.5$	→ A의 제조거래에 대한 통상이익 = 1.5
B사	$20 \times 10\% = 2.0$	→ B의 제조거래에 대한 통상이익 = 2.0
	$10 - 3.5 = 6.5$	→ 잔여이익 = 6.5

2단계 : 각자의 독특하고 가치 있는 공헌에 대한 잔여이익의 배분

A사	$6.5 \times 15/25 = 3.9$	→ A에게 분할될 잔여이익 = 3.9
B사	$6.5 \times 10/25 = 2.6$	→ B에게 분할될 잔여이익 = 2.6

3단계 : 세무목적상 이익의 재계산

구분		A사	B사	합계
매출액		55.4	100	155.4
매출원가	매입원가	10	55.4	65.4
	제조원가	15	20	35
매출총이익		30.4	24.6	55
판관비	연구개발비	15	10	25
	영업비용	10	10	20
영업이익		5.4	4.6	10

⁘ 이익분할방법 계산사례 2(OECD이전가격지침 부록 참고)

A와 B는 서로 다른 국가에 소재한 특수관계기업이다. 양 기업 모두 동일한 소형 장치를 생산하고 있으며, 상호 사용가능한 독특하고 가치 있는 무형자산을 창출하는 비용을 지출하고 있다. 본 사례의 목적상, 이 특정한 독특하고 가치 있는 무형자산은, 문제의 연도에 A와 B 각자의 독특하고 가치 있는 공헌의 가치가 당해 연도 A와 B의 무형자산에 대한 상대적 지출에 비례하는 성격을 가지고 있다고 가정한다. A와 B는 독점적으로 제품을 제3자에게 판매한다고 가정한다.

본 사례에서 최적의 정상가격 산출방법은 잔여이익분할방법이며, A와 B의 제조활

동은 덜 복잡하고 독특하지 않은 거래여서 매출원가의 10%에 해당하는 통상이익을 배분해야 하고 잔여이익을 A와 B의 독특하고 가치 있는 무형자산 지출에 비례하여 나누어야 하는 것으로 판단된다고 가정하자.

이익분할 전 A사와 B사의 이익과 손실

구분		A사	B사	합계
매출액		100	300	400
매출원가		60	170	230
매출총이익		40	130	170
판관비	간접비	3	6	9
	기타 영업비용	2	4	6
	무형자산 관련 비용	30	40	70
영업이익		5	80	85

1단계 : 독특하지 않은 제조거래에 대한 통상이익 결정(본 사례에서는 매출원가 × 10%)

A사	60×10%＝6	→ A의 제조거래에 대한 통상이익 ＝ 6
B사	170×10%＝17	→ B의 제조거래에 대한 통상이익 ＝ 17
		초기단계 통상이익으로 배분되는 이익합계 ＝ 23

2단계 : 분할될 잔여이익을 결정

a) 분할될 잔여이익이 영업이익으로 결정되는 경우 :

결합 영업이익	85
기 배부된 이익(제조거래에 대한 기본 보상)	23
무형자산과 관련한 A와 B의 지출에 비례하여 분할되는 잔여이익	62
A에게 배부되는 잔여이익	62×30/70	26.57
B에게 배부되는 잔여이익	62×40/70	35.43
A에게 배부되는 총이익	6(통상이익) ＋ 26.57(잔여이익)	32.57
B에게 배부되는 총이익	17(통상이익) ＋ 35.43(잔여이익)	52.43
합계		85

b) 분할될 잔여이익이 간접비 차감전 영업이익으로 결정되는 경우(A와 B의 간접비가 검토대상 거래와 관련되지 아니하여 분할될 결합이익 결정에서 제외되어야 하는 것으로 판단된다고 가정)

구분		A사	B사	합계
매출액		100	300	400
매출원가		60	170	230
매출총이익		40	130	170
판관비	기타 영업비용	2	4	6
	무형자산 관련 비용	30	40	70
간접비 차감전 영업이익		8	86	94
간접비		3	6	9
영업이익		5	80	85

간접비 차감 전 결합 영업이익	94
기 배부된 이익(제조거래에 대한 초기단계 통상이익)	23
무형자산과 관련한 A와 B의 지출에 비례하여 분할되는 잔여이익	71

A에게 배부되는 잔여이익	$71 \times 30/70$	30.43
B에게 배부되는 잔여이익	$71 \times 40/70$	40.57

A에게 배부되는 총이익	6(통상이익) + 30.43(잔여이익) − 3(간접비)	33.43
B에게 배부되는 총이익	17(통상이익) + 40.57(잔여이익) − 6(간접비)	51.57
합계		85

c) 분할될 잔여이익이 독특하고 가치 있는 무형자산과 관련한 지출 전의 영업이익으로 결정되는 경우

구분		A사	B사	합계
매출액		100	300	400
매출원가		60	170	230
매출총이익		40	130	170
판관비	간접비	3	6	9
	기타 영업비용	2	4	6
무형자산 관련 지출 전 영업이익		35	120	155
무형자산 관련 비용		30	40	70
영업이익		5	80	85

무형자산관련 지출 차감전 관련 영업이익		155
기 배부된 이익(제조거래에 대한 초기단계 통상이익)		23
무형자산관련 A와 B의 지출비율에 따라 분할될 무형자산관련 지출 차감전 잔여이익		132
A에게 배부되는 잔여이익	132×30/70	56.57
B에게 배부되는 잔여이익	132×40/70	75.43
A에게 배부되는 총이익	6(통상이익) + 56.57(잔여이익) −30(무형자산 관련 비용)	32.57
B에게 배부되는 총이익	17(통상이익) + 75.43(잔여이익) −40(무형자산 관련 비용)	52.43
합계		85

(7) 기타 합리적인 방법

"그 밖에 대통령령으로 정하는 바에 따라 합리적이라고 인정되는 방법"(국조법 제8조 제1항 제6호)이란 국제조세법에서 정한 정상가격 산출방법 외에 거래의 실질 및 관행에 비추어 합리적이라고 인정되는 방법을 말한다(국조령 제10조).

거주자와 국외특수관계인 간의 무형자산거래에 대한 정상가격 산출방법으로 기타 합리적인 방법(법 제8조 제1항 제6호에 따른 방법)을 적용할 때에는 해당 무형자산의 사용으로 창출할 수 있는 미래의 현금흐름 예상액을 현재가치로 할인하는 방법에 따른다(국조령 제13조 제4항).

(8) 정상가격산출방법 사용 현황

2022년까지 처리된 정상가격 산출방법 사전승인(APA, Advanced Pricing Agreement) 현황을 살펴보면, 전체 APA 건수 중 약 90%가 정상가격산출방법으로 거래순이익률방법을 사용하였다. 거래순이익률방법의 여러 이익수준지표(PLI, Profit Level Indicator) 중 영업이익률을 사용한 APA가 일방 APA 107건, 쌍방 APA 213건 총 320건으로 가장 많았으며, 그 다음 Berry Ratio가 일방 APA 37건, 쌍방 APA 111건 총 148건 사용되었다.[41]

| APA에 활용된 정상가격 산출방법 현황 |　　　　　　　　　　　　　　　(단위 : 건수)

정상가격 산출방법		2020	2021	2022	누계
비교가능 제3자 가격법		–	–	–	9
재판매가격법		–	–	1	9
원가가산법		–	2	–	10
이익분할법		–	–	–	11
기타 합리적인 방법		1	2	5	27
거래순이익률법		51	35	61	600
이익수준 지표	영업이익률	26	21	29	320
	원가가산률	14	11	13	126
	자산수익률	–	1	–	6
	Berry Ratio	11	2	19	148
합계		52	39	67	666

(9) BEPS 2.0 필라 1의 Amount B

세계 각 국은 디지털 경제에 의해 초래되는 세원 잠식문제에 대처하기 위하여 많은 노력을 해왔다. 그 동안 국제적 공동대응을 모색하기 전이라도 개별적 입법과정을 통해 디지털 경제에 대한 과세방안을 마련해 왔다. 그러나, 이러한 개별 국가의 대응방식은 국가 무역분쟁을 발생시키는 등 많은 과세문제를 발생시켰다. 이에 디지털 경제에서 발생하는 조세문제의 실현 가능한 국제적 합의안을 위해 OECD는 포괄적이행체계(IF, Inclusive Framework)를 마련하여 두 가지 추진 과제인 Pillar 1(이익배분 및 과세

---

41) 2023년 APA 연차보고서(국세청)

연계점)과 Pillar 2(글로벌 최저한세)[42]에 대한 정책방향을 마련하였다.

Pillar 1은 새로운 이익배분 기준으로 다국적기업 그룹의 이익 중 시장 소재지국에 배분 가능한 이익을 Amount A와 Amount B의 2가지 종류로 구분한다. Amount A는 디지털서비스 등을 실제 이용하는 사용자가 소재하는 국가(시장 소재지국)에 과세권을 부여하기 위해 고안되었다. 우선, 물리적 고정사업장 요건 등 기존 연계 기준과 별도로 새로운 과세연계점(Nexus)을 추가하여 시장 소재지국의 과세권을 인정한다. 다음으로, 기존 독립기업원칙에 따른 이익 외에도 시장 소재지국에 배분될 이익을 추가 배분하기 위한 새로운 이익배분원칙을 마련한다. 마지막으로, 새로운 이익배분에 따른 이중과세 방지 및 국제조세시스템 안정성 확보를 위한 분쟁 방지 및 해결 시스템 등을 구성한다. Amount A는 초과이익 배부기준으로 다국적기업의 글로벌 이익 중 통상적인 이익을 넘어서는 초과이익 중 일정부분을 공식에 따라 시장 소재지국에 배분하게 된다. 이는 물리적 실체가 없는 국가에서도 새로운 과세권이 창출됨을 의미한다.

Amount B는 기본 기능 보상에 대한 것으로 시장 소재지국 자회사 또는 고정사업장 등에서 수행하는 기본적인 마케팅 또는 판매활동 등에 대해 고정된 이익률로 보상하는 방법이다. 이는 새로운 과세권이 창출되는 것은 아니며, 기존 독립기업원칙에 따른 이전가격세제를 단순화하여 확실성을 제고하고자 제안된 것이다.

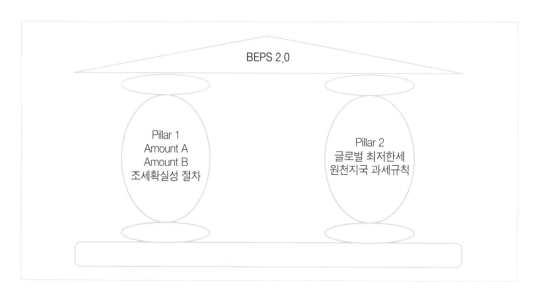

---

42) Pillar 2의 내용은 국제조세조정에관한법률 제60조 내지 제86조를 통하여 입법화 하였다.

V 비교가능성 분석

(1) 정상가격 산출을 위한 분석절차

가장 합리적인 방법을 선택[43]하여 정상가격을 산출하는 경우에는 납세자의 사업 환경 및 특수관계 거래 분석, 내부 및 외부의 비교가능한 거래에 대한 자료 수집, 정상가격 산출방법의 선택 및 가격·이윤 또는 거래순이익 산출, 비교가능한 거래의 선정 및 합리적인 차이 조정 등의 분석절차를 거쳐야 한다(국조령 제15조 제1항). 분석절차는 다음 각 호의 순서에 따른다(국조칙 제7조 제1항). 다음 각 호의 분석절차보다 합리적이라고 인정될 말한 분석절차가 있는 경우에는 그 분석절차를 적용할 수 있다(국조칙 제7조 제2항).

1. 분석대상 연도의 선정
2. 사업 환경 분석 : 산업, 경쟁, 규제 요소 등 거래와 관련된 일반적인 사업 환경 분석
3. 특수관계 거래 분석 : 국내외 분석대상 당사자, 적합한 정상가격 산출방법의 선택, 핵심적인 비교가능성 분석요소의 식별 등을 위한 분석
4. 내부의 비교가능한 거래에 대한 자료 수집과 검토 : 분석대상 당사자가 특수관계 없는 독립된 사업자와 한 거래의 자료 수집과 이에 대한 검토
5. 외부의 비교가능한 거래에 대한 자료 수집과 검토 : 특수관계가 없는 제3자 간의 거래를 파악하기 위한 상업용 데이터베이스 등 이용 가능한 자료의 수집 및 특수관계 거래와의 관련성 검토
6. 가장 합리적인 정상가격 산출방법의 선택 및 선택된 산출방법에 따라 요구되는 재무 지표(거래순이익률 지표를 포함한다)의 선정
7. 비교가능한 거래의 선정 : 분석대상 당사자가 특수관계 없는 독립된 사업자와 한 거래 또는 특수관계가 없는 제3자 간의 거래가 비교가능한 거래로 선정되기 위하여 갖추어야 할 특성을 비교가능성 분석요소를 바탕으로 검토하여 선정
8. 합리적인 차이 조정 : 회계기준, 재무정보, 수행한 기능, 사용된 자산, 부담한 위험

---

43) 국조법 시행령 제14조 제1항에 따른 경우를 말한다.

등 특수관계 거래와 독립된 제3자 거래 간의 가격 및 이윤 등에 실질적인 차이를 유발하는 요인들의 합리적인 조정

9. 수집된 자료의 해석 및 정상가격의 결정

:: 분석대상자 선정(대법원 2017두38709, 서울고등법원 2016누52974, 수원지방법원 2015구합65484)

정상가격 산정을 위해 거래순이익률방법 등을 적용하여 특수관계가 있는 당사자들 간의 국제거래에 대한 정상가격을 산정함에 있어 비교대상거래를 선정하는 기준이 되는 분석대상 당사자는 일반적으로 거래 당사자 중 정상가격 산출방법이 가장 신뢰할 수 있게 적용될 수 있고 가장 신뢰할 수 있는 비교대상을 찾을 수 있는 업체라야 한다. 따라서 거래 당사자들 중 기능분석이 보다 단순한 쪽을 분석대상 당사자로 삼는 것이 보다 신뢰할 수 있는 정상가격을 산정하는데 도움이 될 것이나, 신뢰할 수 있는 정상가격을 산정하기 위해서는 무엇보다 신뢰할 수 있는 재무정보를 획득할 수 있는 쪽을 분석대상 당사자로 선정하여야 할 것이다.

이러한 사정에 비추어 보면, 피고는 2009 내지 2012 사업연도 법인세에 대한 세무조사 과정에서 원고에게 자료의 제출을 요청하는 등 중국현지법인의 구분손익계산서 등 신뢰할 수 있는 재무제표를 수집하기 위해 노력하였음에도 이를 입수할 수 없게 되자 보다 신뢰할 수 있는 재무정보를 얻을 수 있는 원고를 분석대상 당사자로 선정하여 정상가격을 평가한 것으로 보이는바, 이 사건 처분 당시 피고가 최대한의 노력으로 획득한 자료들을 토대로 하여 분석대상 당사자를 원고로 선정한 것에 어떠한 위법이 있었다고 보기 어려우므로 이에 반하는 원고의 주장은 이유 없다.

(2) 비교대상거래의 선정

정상가격을 산출하는 경우에는 특수관계가 없는 자 간에 있었던 둘 이상의 거래를 토대로 정상가격 범위를 산정하여 이를 거주자가 정상가격에 의한 신고 등의 여부를 결정하거나 과세당국이 정상가격에 의한 결정 및 경정 여부를 판정할 때 사용할 수 있다(국조령 제15조 제5항).

과세당국은 특수관계가 없는 자 간의 거래가 거래 당사자에 의하여 임의로 조작되어 정상적인 거래로 취급될 수 없는 경우에는 그 거래를 비교가능한 거래로 선택하지 않을 수 있다(국조령 제14조 제4항).

비교대상거래를 선정하기 위한 방법은 부가적 접근법(addictive approach)과 '연역적 접근법(deductive approach)'으로 나누어진다. 부가적 접근법은 탐색을 하는 자가 잠재적으로 비교가능한 거래를 수행하는 것으로 보여지는 제3자들의 목록을 작성한 다

음 사전에 정해진 비교가능성 판정기준에 따라 실제로 이들 제3자들이 수행하는 거래가 사실상 수용 가능한 비교대상이 될 수 있는지를 확인하기 위해 이들 제3자들이 수행하는 거래에 대한 정보를 수집한다. 이 경우 분석에 이용된 모든 거래는 납세자가 참여하는 시장에서 잘 알려진 자들이 수행한다. 충분한 정도의 객관성을 유지하기 위해서는 수행절차가 투명하고 체계적이며 검증 가능해야 한다. 부가적 접근법은 비교대상을 찾는 자가 검토대상 특수관계거래와 비교가능한 거래를 하는 몇몇 제3자 들에 대해 잘 알고 있는 경우에 사용할 수 있는 유일한 접근법일 수 있다(TPG 3.41).

연역적 접근법은 동일한 활동영역에서 영업하고 넓게 보았을 때 유사한 기능을 수행하며 경제적 특징이 명백히 다르지 아니한 넓은 기업군에서 시작한다. 그러한 기업명단은 선정기준과 공개정보(예: 데이터베이스, 인터넷사이트, 납세자가 알고 있는 경쟁업체의 정보)를 이용하여 정제된다. 실무상 연역적 접근법은 통상 데이터베이스를 탐색하는 것으로 시작한다(TPG 3.42).

연역적 접근법이 지닌 하나의 이점은 부가적 접근법에 비해 재현하기가 더 쉽고 투명하며 상대적으로 검증이 더 쉽다는 장점이 있다. 그 이유는 양적기준 등 비교대상 선정기준의 적절성에 대한 검토가 집중되기 때문이다(TPG 3.44).

실무상 연역적 접근법을 통한 비교대상을 탐색할 때 가장 보편적으로 관찰되는 양적기준들은 다음과 같다.

양적기준	예시
업종기준	업종코드 ○○○○
감사의견 적정 여부	조사대상기간 중 감사의견 적정 아닌 회사 제외
평균 영업이익 기준	조사대상기간 중 평균 영업이익 〈 ○ 회사 제외
규모(외형)기준	조사대상기간 중 평균 규모(외형) 10% 미만 제외
특수관계자 거래 기준[44]	조사대상기간 중 평균 특수관계자 거래 비중 20% 초과 제외
설립일 기준	20XX년 이후 설립회사 제외
판관비율 기준	매출액 대비 판관비율 20% 초과 제외
마케팅 비율 기준	매출액 대비 마케팅비 비율 20% 초과 제외
연구개발비용 기준	매출액 대비 연구개발비 비율 20% 초과 제외
재고자산 회전율 기준	재고자산 회전율 ○○일 이상 제외
기타 질적기준	−

---

44) 대외거래(Out bound) 이전가격 세무검증시에는 지역에 따라 특수관계자 거래비율이 공시되지 않는 경

정상가격을 산출할 때 경기침체, 대량실업 등 특수한 경제위기 상황을 고려할 필요가 있는 경우에는 경제 상황의 변동으로 손실이 발생한 기업이 한쪽 또는 양쪽의 당사자인 거래도 거주자와 국외특수관계인 간 거래의 비교대상 거래로 삼을 수 있다(국조령 제15조 제7항).

⁛ 구 국제조세조정에관한법률 제5조 제1항 제1호에 정한 비교가능 제3자 가격방법에 의하여 정상가격을 산출하는 경우, '국내거래'를 비교대상으로 삼을 수 있는지 여부(대전지법 2009.1.14. 선고)

이전가격제도의 취지와 구 국제조세조정에관한법률(2002.12.18. 법률 제6779호로 개정되기 전의 것) 제4조 등 관련 규정의 내용 및 형식에 비추어, 구 국제조세조정에 관한법률 시행령(2004.12.31. 대통령령 제18628호로 개정되기 전의 것) 제5조 제1항의 규정의 취지를 오로지 국제거래만을 비교대상으로 삼아 정상가격을 산출하라는 것으로 볼 수는 없고, 오히려 비교대상 거래가 국내거래인 경우에도 그로 인한 차이가 비교되는 국제거래의 가격이나 순이익에 중대한 영향을 주지 않거나, 중대한 영향을 주는 경우에도 그 영향에 의한 차이를 제거할 수 있는 합리적인 조정이 가능한 경우에는 비교가능 제3자 가격방법에 의하여 정상가격을 산출할 수 있다는 것으로 봄이 상당하다.

⁛ 국내에서 직접 연구개발활동과 판매활동을 수행하는 이 사건 비교대상업체들의 거래에 의한 순이익률로서 그와 같은 거래는 국외의 제3자로부터 판매권을 부여받아 판매활동만을 수행하는 이 사건 거래와 유사하다고 하기 어려움(대법원 2011.8.25. 선고 2009두23945 판결)

원심은 그 채용 증거를 종합하여, ① 원고는 독일에 소재하는 ××에이지(××AG, 이하 '이 사건 모회사'라 한다)가 100% 출자하여 설립한 회사로서 이 사건 모회사로부터 이알피(ERP: 전사적 자원관리) 시스템용 소프트웨어(이하 '이알피 소프트웨어'라 한다)에 대한 판매권을 부여받아 이를 국내에 판매하는 거래(이하 '이 사건 거래'라 한다)를 하면서 이 사건 모회사에게 이알피 소프트웨어의 사용료(이하 '이 사건 사용료'라 한다)로 2000년까지는 매년 매출액의 40%를, 2001년부터는 매년 매출액의 50%를 각 지급하여 왔으며, 그 결과 2000 사업연도에는 7.27%의 영업이익률을, 2001 사업연도에는 −1.67%의 영업손실률을 각 기록한 사실, ② 피고 서울지방국세청장은 원고가 이 사건 모회사에게 이 사건 사용료를 과다하게 지급함으로써 2001 사업연도의 영업손실을 초래하였다고 보고 국조법 시행령 제4조 제2호에 근거하여 이알피 소프트웨어의 연구개발활동, 제조활동, 판매활동 등을 모두 직접 수행하면서 국제거래 없이 국내거래만을 수행한 국내의 8개 업체(이하 '이 사건 비교대상업체

우가 있어 지분보유비율에 의한 독립성 기준을 사용하기도 한다.

들'이라 한다)의 영업이익률을 기준으로 이 사건 사용료의 정상가격을 산출하고 이 사건 사용료 중 그 정상가격을 초과하는 부분을 원고의 2001 사업연도의 익금에 산입하는 한편 이를 이 사건 모회사에 대한 2002년 귀속 배당으로 소득처분하여 2004.10.5. 원고에게 그 내용을 통지(이전소득금액통지)한 사실, ③ 그에 따라 피고 역삼세무서장은 2004.10.1. 원고에게 2001 사업연도 법인세 2,136,661,410원의 부과처분을 한 사실(이하 이전소득금액통지와 법인세 부과처분을 합하여 '이 사건 처분'이라 한다) 등을 인정하였다.

원심은 이러한 사실관계를 토대로 하여, 국조법 시행령 제4조 제2호 소정의 거래순이익률방법에 의하여 이 사건 사용료의 정상가격을 산정하려면 특수관계가 없는 제3자간의 국제거래 중 이 사건 거래와 유사한 거래의 순이익률을 기준으로 삼아야 함에도 피고들이 그 기준으로 삼은 것은 국외의 제3자로부터 판매권을 부여받지 아니하고 국내에서 직접 연구개발활동과 판매활동을 수행하는 이 사건 비교대상업체들의 거래에 의한 순이익률로서 그와 같은 거래는 국외의 제3자로부터 판매권을 부여받아 판매활동만을 수행하는 이 사건 거래와 유사하다고 하기 어려우므로 이 사건 처분은 국조법 시행령 제4조 제2호의 취지에 반하는 것으로서 위법하다고 판단하고, 나아가 피고들이 이 사건 사용료의 정상가격을 산정한 방법은 국조법 제4조, 제5조보다 우선 적용되는 한·독 조세조약 제9조에 부합할 뿐 아니라 설령 그 방법이 국조법 시행령 제4조 제2호에는 반하더라도 같은 조 제3호에는 부합한다는 피고들의 주장에 대하여, 한·독 조세조약 제9조는 그 문언상 정상가격 산출방법 등에 관하여 규정한 것으로 볼 수 없고, 이 사건 비교대상업체들의 거래와 이 사건 거래는 그 조건과 상황이 유사하다고 할 수 없으므로 국조법 시행령 제4조 제3호에서 정하는 '기타 거래의 실질 및 관행에 비추어 합리적이라고 인정되는 방법'에 해당한다고 할 수도 없다는 이유로 이를 모두 배척하였다.

앞서 본 각 규정의 취지와 관련 법리 및 기록에 비추어 살펴보면, 원심이 적절히 판시한 바와 같이 이 사건 거래와 이 사건 비교대상업체들의 거래가 유사하다고 볼 수 없는 이상 이 사건 처분은 국조법 시행령 제4조 제2호, 제3호에 부합한다고 할 수 없을 뿐만 아니라 위 규정들과 취지를 같이 하는 한·독 조세조약 제9조에도 부합한다고 할 수 없으므로, 원심이 한·독 조세조약 제9조가 정상가격 산출방법 등에 관하여 규정한 것으로 볼 수 없다고 설시한 부분은 부적절하지만 이 사건 처분이 위법하다고 본 결론은 정당하고, 거기에 피고들이 상고이유에서 주장하는 바와 같은 국조법 제4조, 제5조 소정의 정상가격 산출에 관한 법리오해 등의 잘못이 없다.

(3) 비교가능성을 높이기 위한 차이조정

정상가격을 산출하는 경우 해당 거래와 특수관계가 없는 자 간의 거래 사이에서 비교가능성 분석요소의 차이로 가격·이윤 또는 거래순이익에 차이가 발생할 때에는 그 가격·이윤 또는 거래순이익의 차이를 합리적으로 조정해야 한다(국조령 제15조 제4항).

차이조정은 그 결과의 신뢰도가 증가될 것으로 기대될 때에만 고려해야 한다(TPG 3.50). 핵심 비교가능성 요인에 대해 다양하고 실질적인 조정이 필요하다면 이는 제3자 간 거래가 사실상 충분히 비교가능하지 않다는 것을 나타내는 것일 수도 있다(TPG 3.51).[45]

⸸ 쟁점매입거래에 대하여 재판매가격방법을 적용하여 정상가격 과세조정한 처분의 당부 등
  (조심 2020서2381, 2022.12.13.)

이상의 사실관계 및 관련 법령 등을 종합하여 먼저 쟁점①에 대해서 살펴본다.

(가) 청구법인은 처분청이 쟁점매입거래에 대하여 재판매가격방법을 적용하면서 청구법인을 소매업체로 보아 비교대상법인들을 선정한 후 매출인식에 관한 차이조정 및 브랜드가치 차이조정 등을 실시하여 정상가격을 산출한 후 과세한 처분은 잘못이 있다고 주장하는 반면, 처분청은 동 정상가격의 산출에 위법이 없다는 의견이다.

(나) 이 중 처분청이 청구법인을 소매업체로 보아 비교대상법인들을 선정하고, 매출인식에 관한 차이조정을 실시한 것에 대하여 살피건대, 청구법인은 BBB로부터 상품을 매입하여 이를 국내 면세점에 판매하였으나, 국내 면세점이 청구법인으로부터 매입한 상품을 소비자에게 판매하는 과정에서 EEE를 통해 수행한 판매용역, 매장관리, 광고활동, 직원 채용과 교육, 정보 수집 등의 기능과 부담한 가격위험 등을 고려하면 청구법인은 도매업자가 아니라 사실상 소매업자의 역할을 수행하는 것으로 인정할 수 있는 점, 도매업자와 소매업자는 매출총이익률에 커다란 차이가 있어 매출총이익률을 지표로 삼는 재판매가격방법의 경우 이에 관한 차이조정이 수반될 필요가 있는 점(조심 2011서 2014.2.6. 참조) 등에 비추어 이에 관한 청구주장을 받아들이기는 어렵다고 판단된다.

(다) 다음으로 처분청이 쟁점매입거래에 대하여 재판매가격방법을 적용하면서 브랜드가치 차이조정 등을 실시한 것에 대하여 살피건대, 국조법 제5조 제1항에서 정상가격은 각 호의 방법 중 가장 합리적인 방법으로 계산한 가격으로 한다고 정하고 있고, 같은 항 제2호에서 재판매가격방법이란, "거주자와 국외특수관계인이 자산을 거래한 후 거래의 어느 한 쪽인 그 자산의 구매자가 특수관계가 없는 자에게 다시 그 자산을 판매하는 경우 그 판매가격에서 그 구매자의 통상의 이윤으로 볼 수 있는 금액을 뺀 가격을 정상가격으로 보는 방법"인바, 국외특수관계법인인 BBB로부터 상품을 매입한 후 특별한 가공 없이 이를 국내 면

---

45) 차이조정을 통해서 조정 여부가 결정된다면, 분석대상과 비교대상들이 유사한 위험을 부담하고 있는 지 여부를 정밀하게 검토하여야 한다.

세점을 거쳐 특수관계가 없는 소비자에게 다시 판매하는 청구법인의 경우 재판매가격방법이 쟁점매입거래에 관하여 합리적인 정상가격 산출방법으로 보이는 측면이 있다.

(라) 다만, 국조법 시행령 제5조 제1항은 법 제5조 제1항에 따라 정상가격을 산출할 때에는 각 호의 기준을 고려하여 가장 합리적인 방법을 선택하여야 한다고 정하고 있고, 그 기준으로서 같은 항 제1호는 "특수관계가 있는 자 간의 국제거래와 특수관계가 없는 자 간의 거래 사이에 비교가능성이 높을 것", 제3호는 "거래의 비교를 위해 설정된 경제 여건, 경영 환경 등에 대한 가정이 현실에 부합하는 정도가 높을 것", 제4호는 "사용되는 자료 또는 설정된 가정의 결함이 산출된 정상가격에 미치는 영향이 적을 것"을 정하고 있으며, 제1호 후단에서 특수관계가 있는 자 간의 국제거래와 특수관계가 없는 자 간의 거래 사이에 비교가능성이 높다는 것이란, "비교되는 상황 간의 차이가 비교되는 거래의 가격이나 순이익에 중대한 영향을 주지 아니하는 경우"(가목) 및 "비교되는 상황 간의 차이가 비교되는 가격이나 순이익에 중대한 영향을 주는 경우에도 그 영향에 의한 차이를 제거할 수 있는 합리적 조정이 가능한 경우"(나목)를 의미한다고 정하고 있는데,

처분청은 쟁점매입거래에 대한 정상가격 산출방법으로 재판매가격방법을 선택하면서 청구법인과 비교대상법인들 간 취급하는 상품의 브랜드에 중대한 차이가 있어 이에 관한 조정이 필요하다고 보아 2001년 OOO가 작성한 보고서에 기재된 영업이익률 차이 10.84%p에 2001년부터 누적된 CCC 브랜드가치의 연평균성장률을 단순 합산한 퍼센트 포인트값을 비교대상법인의 매출총이익률에서 차감하는 방식으로 차이조정을 실시하였는바, 이를 통해 쟁점매입거래와 비교대상법인이 수행하는 거래의 차이를 합리적으로 조정하여 재판매가격방법을 적용함에 있어 높은 수준의 비교가능성이 확보되었다는 의견이나,

처분청은 청구법인과 비교대상법인이 취급하는 상품의 차이가 매출총이익률에 중대한 영향을 주는지 여부 등에 관한 분석 없이 청구법인이 과거 2012년 조사청이 실시한 브랜드가치에 관한 차이조정방법과 동일한 방법의 차이조정을 실시하였다는 이유만으로 해당 차이조정의 필요성을 전제하고 이에 관한 조정을 실시한 점, 처분청은 2001년을 기준으로 청구법인과 비교대상법인 간 매출총이익률이 10.84%p 차이가 발생한다고 가정하였으나 해당 가정의 기초가 된 OOO의 2001년 보고서에 기재된 값인 10.84%는 영업이익률 차이값으로 이를 매출총이익률에 대응하는 것으로 보기 어려운 점, 동 자료는 이 건 정상가격 분석대상 사업연도인 2014~2018사업연도보다 13~17년 전의 자료에 해당하여 사용된 자료가 현실에 부합한다고 보기도 어려운 점, 설령 처분청의 가정이 현실에 부합한다고 하더라도 2001년 기준 매출총이익률 차이값에 CCC 브랜드

가치의 연평균증가율을 단순 합산한 값이 청구법인과 비교대상법인 간 취급하는 상품의 상대적인 차이값에 해당한다고 보기 어려운 점 등에 비추어 처분청이 실시한 차이조정방법이 합리적이라고 인정하기 어렵고, 동 차이조정에 따라 쟁점매입거래와 비교대상법인의 거래가 재판매가격방법을 적용함에 있어 비교가능성이 높다고 단정하기도 어렵다 하겠다.

(마) 따라서 처분청은 청구법인과 비교대상법인에 대한 기능분석을 다시 실시한 후 재판매가격방법을 적용함에 있어 국조법 제5조 제1항에 따라 처분청이 이 건 과세처분 시 적용했던 브랜드가치차이 조정방법 외 쟁점매입거래와 비교대상법인의 거래 간 차이를 합리적으로 조정할 수 있는 방법 등을 재조사하여 그 과세표준 및 세액을 경정하는 것이 타당하다고 판단된다.

(4) 운전자본 차이조정(OECD이전가격지침서 부록 참고)

경쟁상황에서 돈은 시간가치를 지닌다. 회사가 60일 지급조건으로 재화를 공급하는 경우, 재화의 가격은 즉시 지급할 경우의 금액에 60일의 이자를 더한 가격과 같아야 한다. 많은 채권을 지닌 회사는 고객에게 상대적으로 긴 기간 동안 채무를 갚도록 허용하는 것이다. 그 회사는 채권회수 때까지 자금을 조달하기 위해 돈을 빌려야 하거나 다른 데 투자할 수 있는 현금보유액이 감소할 것이다. 경쟁상황에서 거래가격에는 이러한 지급조건을 반영하는 이자요소를 포함해야 한다.

높은 수준의 채무에 대해서는 반대 논리가 적용된다. 높은 수준의 채무로 인해 회사는 공급자에게 상대적으로 긴 기간 동안 채무를 상환할 수 있는 혜택을 받는다. 회사는 공급자에게 대가를 지급하기 위한 돈을 적게 빌리거나 다른 데 투자할 수 있는 현금보유액이 증가하여 이익을 보게 될 것이다. 경쟁상황에서 판매 재화의 원가에 이러한 계약조건을 포함하여 이자요소를 보상해야 한다.

이와 마찬가지로, 높은 재고수준의 회사는 구매자금을 빌리거나 다른 데 투자할 수 있는 현금보유액을 줄여야 한다. 이 경우, 자금조달 구조에 따라 이자율이 달라지거나 특정 유형의 자산보유와 관련한 위험에 따라 이자율이 달라질 수 있음을 명심해야 한다.

운전자본 차이조정은 검토대상과 비교대상 후보 간의 이자비용 차이를 조정하기 위한 것으로, 이러한 시간차이는 「재고 보유 기간 + 채권 회수 기간 - 채무 상환 기간」 차이에 대한 이자비용 상당액으로 계산된다.

⠿ 운전자본 차이조정 사례(OECD이전가격지침서 부록 참고)

a) 영업자본 수준의 차이 확인 : 일반적으로 매출채권, 재고 및 매입채무 등 3개 계정이 검토대상이다. 거래순이익률법은 적절한 기준에 근거하여 적용되는데, 예를 들면 원가, 매출 또는 자산이다. 적절한 기준이 매출인 경우, 운전자본수준의 차이는 매출에 대한 비율로 측정되어야 한다.

b) 적절한 이자율을 사용한 돈의 시간가치를 반영하여 적절한 기준에 비례하는 검증대상과 비교대상 간의 영업자본차이에 대한 가치를 산출 : 영업자본 수준의 차이에 대한 가치를 계산. 아래 사례에서 검토대상의 영업자본 수준을 반영하여 비교대상의 결과를 조정한다. 선택적으로 비교대상의 영업자본 수준을 반영하여 검토대상의 결과를 조정하거나, 또는 검토대상 및 비교대상의 결과를 영업자본 영(0) 수준으로 조정하기도 한다.

검증대상회사	1차 연도	2차 연도	3차 연도	4차 연도	5차 연도
매출	179.5	182.5	187	195	198
영업이익	1.5	1.83	2.43	2.54	1.78
영업이익률	0.8%	1%	1.3%	1.3%	0.9%
연도말 영업자본					
매출채권(①)	30	32	33	35	37
재고자산(②)	36	36	38	40	45
매입채무(③)	20	21	26	23	24
①+②－③	46	47	45	52	58
(①+②－③)÷매출	25.6%	25.8%	24.1%	26.7%	29.3%

비교대상회사	1차 연도	2차 연도	3차 연도	4차 연도	5차 연도
매출	120.4	121.2	121.8	126.3	130.2
영업이익	1.59	3.59	3.15	4.18	6.44
영업이익률	1.32%	2.96%	2.59%	3.31%	4.95%
연도말 영업자본					
매출채권(①)	17	18	20	22	23
재고자산(②)	18	20	26	24	25
매입채무(③)	11	13	11	15	16
①+②－③	24	25	35	31	32
(①+②－③)÷매출	19.9%	20.6%	28.7%	24.5%	24.6%

운전자본조정	1차 연도	2차 연도	3차 연도	4차 연도	5차 연도
검증대상 (①+②-③)÷매출	25.6%	25.8%	24.1%	26.7%	29.3%
비교대상 (①+②-③)÷매출	19.9%	20.6%	28.7%	24.5%	24.6%
차이(④)	5.7%	5.1%	△4.7%	2.1%	4.7%
이자율(⑤)	4.8%	5.4%	5.0%	5.5%	4.5%
조정(④×⑤)	0.27%	0.28%	△0.23%	0.12%	0.21%
비교대상 영업이익률	1.32%	2.96%	2.59%	3.31%	4.95%
비교대상 영업이익률 기준 운전자본 조정	1.59%	3.24%	2.35%	3.43%	5.16%

비교대상회사들의 운전자본수준이 검증대상회사의 운전자본수준보다 낮다면, 정상 영업이익률 범위는 일반적으로 상향조정될 것이다. 비교대상회사들의 운전자본수준이 검증대상회사의 운전자본수준보다 높다면, 반대의 결과가 산출될 것이다.

운전자본 차이조정시 다음의 사항을 고려해야 한다.

- 운전자본 차이조정을 함에 있어 나타나는 문제는 언제 시점으로 매출채권, 재고자산 및 매입채무를 검토대상과 비교대상 간에 비교할 것인지 이다. 위 사례에서는 회계연도말에 이들의 수준을 비교한다. 그러나 이 시점이 해당연도의 영업자본수준을 대표하는 것이 아니라면 적절하지 않은 것이다. 이러한 경우, 평균액이 연간 운전자본 수준을 더 잘 반영한다면 평균액을 사용해야 한다.

- 운전자본 차이조정을 함에 있어 중요한 문제는 어떤 이자율을 적용하는지 이다. 사용이자율은 검토대상에게 적용되는 정상이자율을 기준으로 결정된다. 대부분의 경우 차입이자율이 적절하다. 검토대상회사의 영업자본이 부(負)의 수로 나타나는 경우(즉, 매입채무 〉매출채권+재고자산), 대출이자율이 적용될 수 있다. 사례에서는 검토대상회사가 지역시장에서 차입할 때 적용되는 이자율을 사용한다. 사례는 또한 매출채권, 매입채무 및 재고자산에 동일한 이자율이 적용된다고 가정한다.

- 운전자본 차이조정의 목적은 비교대상의 신뢰성을 높이기 위한 것이다. 일부 비교대상의 결과값은 믿을 만한 수준으로 조정할 수 있는 반면, 다른 비교대상의 결과값은 그렇지 못한 경우, 운전자본 차이조정은 필요하지 않을 수 있다

(5) 정상가격의 산출과 사분위 범위

거주자 또는 과세당국이 정상가격 범위를 벗어난 거래가격에 대하여 신고 또는 결정 및 경정 등을 하는 경우에는 그 정상가격 범위의 거래에서 산정된 평균값, 중위값, 최빈 값, 그 밖의 합리적인 특정 가격을 기준으로 해야 한다(국조령 제15조 제6항). 실무 관행상 중위값을 기준으로 사용하는 빈도가 높기는 하나, 국제조세법 또는 OECD이전가격지 침서 어디에도 반드시 중위값을 쓰라는 내용은 없다는 사실에 유의하여야 한다.

사분위 범위를 정상가격 범위로 보는 경우에 사분위범위는 관측값을 크기의 순서대 로 배열하여 상위 100분의 25에 해당하는 값과 하위 100분의 25에 해당하는 값 사이의 범위를 말한다.

위 사분위 값	25/100
사분위	
범위	
아래 사분위 값	25/100

$(3n+2)/4$: 위 사분위 값의 위치

$(n+2)/4$: 아래 사분위 값의 위치

예를 들어, 위 공식에 이하면, n이 91인 경우, 아래 사분위 값의 위치는 23.25 (=(91+2)/4)가 되어, 23번째 값에 24번째 값과 23번째 값의 차액에 1/4을 곱한 값을 더해서 구해야 하나, 관례적으로 23번째와 24번째 값의 평균을 아래 사분위 값으로 하 고, 위 사분위 값의 위치는 68.75(=(91×3+2)/4)가 되어, 68번째 값에 68번째 값의 차 액에 3/4을 곱한 값을 더해서 구해야 하나, 관례적으로 68번째와 69번째 값의 평균을 위 사분위 값으로 한다(국제조세 집행기준 5-6-3).

(6) 통합분석

이상적인 이전가격 세무검증은 거래별(transaction-by-transaction basis)로 정상거 래조건(arm's length condition)에 부합하는지 여부를 분석하는 것이다(TPG 3.9). 그러 나, 정상가격 산출방법을 적용할 때 개별 거래들이 서로 밀접하게 연관되거나 연속되 어 있어 거래별로 구분하여 가격·이윤 또는 거래순이익을 산출하는 것이 합리적이지 않을 경우에는 개별 거래들을 통합하여 평가할 수 있다(국조령 제15조 제2항). 다음 각 호 의 경우에는 정상가격 산출방법을 적용할 때 개별 거래들을 통합하여 평가할 수 있다

(국조칙 제8조).[46)]

1. 제품라인이 같은 경우 등 서로 밀접하게 연관된 제품군(製品群)인 경우
2. 제조기업에 노하우를 제공하면서 핵심 부품을 공급하는 경우
3. 특수관계인을 이용한 우회거래(迂回去來)인 경우
4. 프린터와 토너, 커피 제조기와 커피 캡슐 등의 경우처럼 어떤 제품의 판매가 다른 제품의 판매와 직접 관련되어 있는 경우
5. 그 밖에 거래의 실질 및 관행에 비추어 개별 거래들을 통합하여 평가하는 것이 합리적이라고 인정되는 경우

(7) 다년도 분석

정상가격 산출방법을 적용할 때 경제적 여건이나 사업전략 등의 영향이 여러 해에 걸쳐 발생함으로써 해당 사업연도의 자료만으로 가격·이윤 또는 거래순이익을 산출하는 것이 합리적이지 않을 경우에는 여러 사업연도의 자료를 사용할 수 있다(국조령 제15조 제3항). 다음 각 호의 경우에는 정상가격 산출방법을 적용할 때 여러 사업연도의 자료를 사용할 수 있다(국조칙 제9조).

1. 경기 변동 등 경제 여건의 변화에 따른 효과가 여러 사업연도에 걸쳐 제품의 가격에 영향을 미치는 경우
2. 시장 침투전략, 제품 수명 주기를 고려한 판매전략 등 사업전략이 여러 사업연도에 걸쳐 제품의 가격에 영향을 미치는 경우
3. 그 밖에 거래의 실질 및 관행에 비추어 여러 사업연도의 자료를 사용하는 것이 합리적이라고 인정되는 경우[47)]

다년도 분석이 적정한 지를 고려할 때에는 검증대상회사의 특정 사업연도의 영업이익률과 비교대상회사들의 같은 사업연도의 영업이익률과 비교하는 것이 비교가능성을 높일 수 있다는 점에 유의하여야 한다.

한편, 납세자가 다년도 분석을 수행하면서 특정해에는 비교대상들의 특정 기간의 단

---

46) 소재지가 다른 거래 당사자들과의 거래를 통합하여 이전가격 세무검증하는 경우, 미반환 소득금액에 대한 배당 처분시, 제한세율 적용에 대한 쟁점이 발생할 수 있음에 유의하여야 한다.
47) 일부 상황에서 다년도 자료 및 평균은 범위의 신뢰를 향상 시키기 위해 사용될 수 있으나(TPG 3.79), 기간과세 세목의 특성상 같은 비교대상 들과의 동일한 사업연도 만의 자료를 활용하는 단년도 분석이 비교가능성을 더 높일 수도 있다.

순평균치를 활용하다가, 어느 해에는 특정기간의 가중평균치를 활용하는 등 기간별로 다른 방법으로 다년도 분석을 한다면, 분석의 신뢰성을 낮추는 단서가 될 수 있음에 유의하여야 한다.

(8) 경험칙의 적용 배제

경험칙(a rule of thumb)은 기능분석 및 비교가능성분석의 적절한 대안이 될 수 없다(TPG 2.10). 그러므로 다른 지역 관할 과세당국들로부터 문제 제기가 된 적이 없다거나, 장기간에 걸쳐서 그룹의 정책으로 사용되고 있다거나, 과거 어느 시점에 동일한 방법으로 정상가격 산출방법 사전승인을 받은 사실 등의 경험칙들을 이전가격 또는 배분소득이 정상이라는 직접적인 증거로 사용하는 것은 부적절하다. 납세자들은 이전가격 세무검증 전에 정상가격 산출방법 사전승인 제도(일방 혹은 쌍방 APA)를 통해서 과세당국과 납세자가 소속된 그룹의 이전가격 정책에 따른 정상가격 산출방법을 과세당국과 충분히 조율할 수 있다.

(9) 특수관계인 간 거래의 활용

특수관계기업들간의 거래로부터 수집한 자료는 비교대상거래로 사용될 수는 없으나 조사대상거래를 이해하거나 추가적인 조사가 필요한지 여부를 결정하는데 활용할 수 있다(국기통 8-0…1).

Ⅵ 소득처분과 세무조정

(1) 임시유보 처분

내국법인 또는 과세당국은 정상가격 과세조정[48)]에 따라 내국법인의 익금에 산입된 금액에 대하여 소득처분 및 세무조정을 하는 경우, 이전소득금액 반환 여부를 확인하기 전까지는 임시유보로 처분한다(국조령 제24조 제1항). 과세당국은 임시유보 처분하는 경우 그 사실을 임시유보처분통지서에 따라 통지해야 한다(국조령 제24조 제2항).

(2) 익금에 산입된 금액의 반환 여부 확인

정상가격 과세조정에 따라 내국법인의 익금에 산입된 금액에 대하여 다음 각 호의 구분에 따른 날부터 90일 이내에 이전소득금액 반환 확인서를 과세당국에 제출하지 않은 경우에 그 금액은 국외특수관계인에 대한 배당으로 처분하거나 출자의 증가로 조정한다(국조법 제13조 제1항). 이전소득금액 반환 확인서를 제출하는 경우에는 국외특수관계인이 내국법인에 실제로 반환한 금액의 송금명세서를 첨부해야 한다(국조칙 제14조 제2항).

1. 내국법인이 이전가격 조정에 따라 과세표준 및 세액을 신고한 경우 : 신고한 날
2. 과세당국이 정상가격 과세조정하여 과세표준 및 세액을 결정하거나 경정한 경우
   : 임시유보 처분 통지서를 받은 날(임시유보 처분 통지서를 받은 날부터 90일 이내에 상호합의절차가 개시된 경우에는 상호합의 결과[49)]를 통보받은 날)

---

48) 국조법 제6조, 제9조, 제12조 및 제15조에 따른 조정을 말한다. 이하 같다.
49) 국제조세법 제47조 제2항에 따른 결과

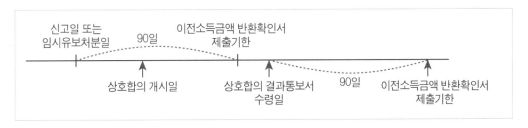

국외특수관계인이 내국법인에 반환하려는 금액에 더하는 반환이자는 다음 계산식에 따라 산출한다(국조령 제22조 제2항).

반환이자 = 반환하려는 금액 × 거래일이 속하는 사업연도 종료일 다음 날부터 이전소득금액 반환
일까지의 기간 × 국제금융시장의 실제이자율을 고려하여 기획재정부령으로 정하는 이
자율 ÷ 365(윤년의 경우에는 366)

반환이자 계산식에서 "기획재정부령으로 정하는 이자율"이란 종전에는 반환이자 계산 대상 기간이 속하는 각 사업연도의 직전 사업연도 종료일의 통화별 LIBOR 금리[50]를 적용하고, LIBOR가 없는 통화의 경우 미국 달러화 기준 LIBOR 금리를 적용하도록 하였다. 2023.3.20. 이후 개시되는 이자 계산대상 사업연도부터는 반환이자 계산 대상 기간이 속하는 각 사업연도의 직전 사업연도 종료일의 다음 통화별 지표금리[51]로 한다. 다만, 다음 표에 없는 통화의 경우에는 SOFR 지표금리로 한다(국조칙 제14조 제3항). 2023.3.20. 전에 내국법인의 익금에 산입된 금액을 2023.3.20. 이후 국외 특수관계인이 내국법인에 반환하는 경우 2023.3.20.이 속하는 사업연도 반환이자까지는 종전의 규정을 적용하고 2023.3.20. 이후 개시되는 사업연도 반환이자부터 개정 규정을 적용한다.

통화	지표금리
1. 한국(KRW)	KOFR(The Korea Overnight Financing Repo rate)
2. 미합중국(USD)	SOFR(Secured Overnight Financing Repo rate)
3. 유럽연합(EUR)	ESTR(Euro Short-Term Rate)
4. 영국(GBP)	SONIA(Sterling Overnight Index Average)

---

50) 런던 은행의 주요은행 사이에서 단기자금을 조달하는 이자율(London inter-bank offered rates)
51) 지표금리에 대해서는 본 서 p.155, (4) 지표금리의 이해에서 설명한다.

통화	지표금리
5. 스위스(CHF)	SARON(Swiss Average Rate Overnight)
6. 일본(JPY)	TONA(Tokyo Overnight Average Rate)

내국법인이 익금산입액 중 일부를 국외특수관계인으로부터 반환받는 경우에는 익금에 산입된 금액의 발생순서에 따라 먼저 발생된 금액(해당 금액에 대한 반환이자를 포함한다)부터 반환된 것으로 본다(국조령 제22조 제3항).

> ⠿ 국조령 제15조의2에 따른 이전소득 반환 시 반환 범위에 채무상계 방법이 포함되는지 여부(서면 - 2020 - 법령해석국조 - 1310 [법령해석과 - 2100], 2020.6.30.)
>
> 과세당국이 내국법인과 국외특수관계인간 국제거래에 대하여 「국제조세조정에관한법률」 제4조에 따른 정상가격에 의한 과세조정으로 정상가격 초과액을 익금에 산입(반환받을 금액)하고 같은 법 제9조 및 같은 법 시행령 제15조에 따라 임시유보 처분 통지를 한 경우로서, 해당 내국법인이 임시유보 처분통지서를 받은 날부터 90일 이내에 익금에 산입된 금액(반환받을 금액) 중 일부 또는 전부를 해당 국외특수관계인에 대한 매입채무와 상계하는 경우 그 상계금액은 내국법인이 국외특수관계인으로부터 반환받은 것으로 보는 것임.

> ⠿ 정상가격에 의한 과세조정으로 이전소득을 반환하는 경우 반환이자 대상금액 상계여부(국제세원관리담당관실 - 392, 2012.8.29.)
>
> 「국제조세조정에관한법률」 제4조에 따른 정상가격에 의한 과세조정으로 이전소득을 반환하는 경우, 총 반환금액은 내국법인의 각 사업연도의 소득금액 계산상 익금 산입 또는 손금불산입되는 원화금액에 「국제조세조정에관한법률 시행령」 제15조의2에 따라 계산한 반환이자를 가산하여 계산하는 것으로, 다수의 사업연도에 감액경정금액과 증액경정금액이 있는 경우 이를 상계하여 순액으로 반환이자를 계산하지 아니하는 것임.

(3) 반환이 확인되지 아니한 금액의 처분 및 조정 등

반환된 것임이 확인되지 않은 경우 그 반환이 확인되지 않은 금액은 다음 각 호의 구분에 따라 처분하거나 조정한다(국조령 제23조 제1항).

1. 국제거래의 상대방인 국외특수관계인이 내국법인이 출자한 법인에 해당하는 경우 : 그 국외특수관계인에 대한 출자의 증가

2. 국제거래의 상대방인 국외특수관계인이 내국법인의 주주에 해당하는 경우 : 그

국외특수관계인에게 귀속되는 배당

3. 국제거래의 상대방인 국외특수관계인이 제1호 및 제2호 외의 자에 해당하는 경우
: 그 국외특수관계인에게 귀속되는 배당

반환된 것임이 확인되지 않은 금액에 대하여 국외특수관계인에 대한 출자의 증가나 배당 등으로 과세당국이 처분이나 조정을 하는 경우에는 그 사실을 이전소득금액 반환 확인서의 제출기한 만료일부터 15일 이내에 통지해야 한다. 이 때 미반환 금액에 대한 배당은 이전소득금액통지서를 받은 날에 지급한 것으로 본다(국조령 제23조 제3항).

익금산입액 중 국외특수관계인으로부터 내국법인에 반환되지 않아 2006년 5월 24일 전에 그 국외특수관계인에 대한 대여금으로 보아 사내유보(社內留保)로 처분한 금액은 내국법인이 배당으로 처분할 수 있다(국조령 제23조 제4항).

⁑ 출자의 증가로 사내유보처분한 금액의 사후관리(집행기준 9 - 16 - 1)
국내 모회사와 해외 자회사간 거래와 관련하여 국내 모회사에 대하여 정상가격에 의한 과세조정으로 익금산입하고 동 금액에 대하여 출자의 증가로 유보처분한 금액은 다음과 같이 처리한다.
① 모회사가 해외자회사의 주식을 양도하는 경우에는 양도일이 속하는 사업연도에 주식매각비율에 따라 유보 처분한 금액을 익금불산입한다.
② 당해 해외 자회사가 청산되는 경우에는 출자의 증가로 유보처분한 금액 중 남은 잔액을 익금불산입한다.

⁑ 정상가격 과세조정된 익금산입금액과 손금산입금액 상계시 원천징수 대상금액 산정방법
(국제세원관리담당관실 - 158, 2014.4.30., 국제세원관리담당관실 - 482, 2012.10.22.)
국외특수관계인간의 약정에 따라 익금에 산입되는 금액을 반환받지 아니하고 다수 사업연도의 반환받을 금액(익금산입금액)에서 반환할 금액(손금산입금액)을 차감하는 경우 「국제조세조정에관한법률」 시행령 제16조에 따라 반환이 확인되지 아니한 소득처분 대상금액은 반환받을 금액(익금산입금액)에서 반환할 금액(손금산입금액)을 차감한 금액이며, 반환할 금액(손금산입금액)과 상계되어 반환된 것으로 보는 익금산입금액은 「국제조세조정에관한법률」 시행령 제15조의2에 따라 계산한 반환이자를 가산하여 이전소득금액 반환 확인서를 제출하는 것임.

(4) 임시유보 처분 적용 배제 특례

다음 각 호의 어느 하나에 해당하는 경우에는 내국법인 또는 과세당국이 정상가격 과세조정(국조법 제6조, 제7조, 제9조, 제12조 및 제15조)에 따라 과세표준 및 세액을 신고하거나 결정 및 경정할 당시 익금산입액이 국외특수관계인으로부터 내국법인에 반환된 것임이 확인되지 않은 금액을 임시유보로 처분하지 않고 출자의 증가 또는 배당으로 처분하거나 조정한다(국조령 제25조 제1항). 이 경우 과세당국은 그 사실을 정상가격 과세조정에 따라 과세표준 및 세액을 결정하거나 경정한 날부터 15일 이내에 이전소득금액통지서로 통지해야 한다(국조령 제25조 제3항).

1. 해당 내국법인이 이전소득금액 처분 요청서를 과세당국에 제출하는 경우
2. 해당 내국법인이 폐업한 경우(사실상 폐업한 경우를 포함한다)
3. 과세당국이 정상가격 과세조정에 따라 과세표준 및 세액을 결정하거나 경정한 날부터 4개월 이내에 부과제척기간이 만료되는 경우
4. 내국법인이 과세표준 및 세액을 신고할 당시 익금산입액이 국외특수관계인으로부터 내국법인에 반환된 것임이 확인되지 않은 금액을 임시유보로 처분하지 않고 출자의 증가나 배당으로 처분하거나 조정하기를 원하는 경우

임시유보 처분을 한 후에 해당 내국법인이 이전소득금액 처분요청서를 제출하거나, 해당 내국법인이 폐업하는 경우에는 반환이 확인되지 아니한 금액의 처분 및 조정 등에 대한 규정(국조령 제23조 제1항 각 호)에 따라 다시 처분하거나 조정한다(국조령 제25조 제2항). 이 경우 과세당국은 그 사실을 정상가격 과세조정에 따라 과세표준 및 세액을 결정하거나 경정한 날부터 15일 이내에 이전소득금액 통지서로 통지해야 한다(국조령 제25조 제3항).

임시유보 처분 적용 배제 특례 규정(국조령 제25조 제1항 또는 제2항)에 따른 처분을 한 경우 배당은 다음 각 호의 구분에 따른 날에 지급한 것으로 본다(국조령 제25조 제4항).

1. 내국법인이 처분을 한 경우 : 내국법인이 과세표준 및 세액을 신고한 날
2. 과세당국이 처분을 한 경우 : 내국법인이 제3항에 따라 이전소득금액통지서를 받은 날

임시유보 처분 적용 배제 특례 규정(국조령 제25조 제1항 또는 제2항)에 따라, 납세자가 이전소득금액 통지서를 받은 날부터 90일 이내에 이전소득금액 반환 확인서를 제출한

경우에는 임시유보 처분 적용 배제 특례 규정(국조령 제25조 제1항 또는 제2항)에 따른 처분이나 조정이 없었던 것으로 본다(국조령 제25조 제5항).

| 이전가격 조정에 따른 소득처분 흐름 |

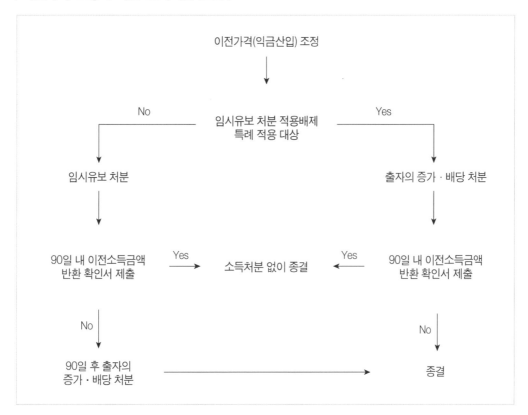

(5) 외국법인의 국내사업장의 경우 소득처분

외국법인의 국내사업장의 각 사업연도의 소득에 대한 법인세의 과세표준을 신고하거나 결정 또는 경정함에 있어서 익금에 산입한 금액이 그 외국법인 등에 귀속되는 소득과 「국제조세조정에관한법률」 제6조, 제7조, 제9조, 제12조 및 제15조에 따라 익금에 산입된 금액이 국외특수관계인으로부터 반환되지 않은 소득은 기타사외유출로 처분한다(법령 제106조 제1항 제3호 차목).

(6) 손금에 산입된 금액의 반환 여부 확인

정상가격 과세조정에 따라 감액 조정된 거주자의 소득금액 중 국외특수관계인에게 반환되지 아니한 금액은 각 사업연도의 소득으로 이미 과세된 소득(법법 제18조 제2호)[52] 에 따라 익금에 산입하지 아니하는 소득으로 보아 내국법인의 익금에 산입하지 아니하거나 거주자(내국법인이 아닌 거주자를 말한다)의 소득금액으로 보지 아니한다(국조법 제13조 제2항).

---

[52] 사후관리 실익이 없기 때문에 실무상 '기타'로 소득처분한다.

이전소득금액 통지서

(앞쪽)

수령인	① 법인명(상호)		② 사업자등록번호	
	③ 대표자(성명)			
	④ 주소			

소득자별 　[　] 　배당
　　　　　 [　] 　출자　　이전소득금액 내용　　　(단위: 원)

⑤ 이전소득 종류 (배당·출자)	⑥ 사업연도	⑦ 귀속연도	⑧ 이전소득금액	소득자		
				⑨ 법인명 (상호)	소재지	
					⑩ 주소	⑪ 국가명

「국제조세조정에 관한 법률 시행령」 제23조 제2항 및 제25조 제3항에 따라 위와 같이 이전소득금액을 통지합니다.

년　　　월　　　일

지방국세청장·세무서장 　직인

과세표준 결정(경정) 내용		
⑫ 결정(경정)기관		
구분	각 사업연도 소득 (단위: 원)	
	신고	결정(경정)
⑬ 각 사업연도 소득		
⑭ 이월결손금		
⑮ 비과세소득		
⑯ 소득공제		
⑰ 차감 과세표준		
⑱ 추계 결정(경정) 기준 수입금액		

210mm×297mm[백상지 80g/㎡ 또는 중질지 80g/㎡]

임시유보 처분 통지서

수령자	① 법인명(상호)		② 사업자등록번호
	③ 대표자(성명)		
	④ 주소		

임시유보 처분 내용   (단위 : 원)

⑤ 귀속 사업 연도	⑥ 이전소득금액	소득자			
		⑦ 법인명(상호)	소재지		
			⑧ 관계	⑨ 주소	⑩ 국가명

「국제조세조정에 관한 법률 시행령」 제24조 제2항에 따라 위와 같이 임시유보 처분 내용을 통지합니다.

년   월   일

지방국세청장·세무서 장 직인

210mm×297mm[백상지 80g/㎡ 또는 중질지 80g/㎡]

이전소득금액 처분 요청서

접수번호		접수일	

신청인	① 법인명(상호)	② 사업자등록번호
	③ 대표자(성명)	④ 전화번호
	⑤ 소재지(주소)	

⑥ 통지번호		⑦ 통지한 날	20 . .
⑧ 세무조사 결과(과세예고) 통지 관서		⑨ 통지받은 날	20 . .

처분 요청 이전소득금액 내용 　　　　　　　　(단위: 원)

⑩ 귀속 사업연도	⑪ 처분 요청 이전소득금액	국외특수관계인		
		⑫ 법인명(상호)	⑬ 관계	⑭ 국가명

　　위 이전소득금액에 대하여 「국제조세조정에 관한 법률 시행령」 제24조 제1항에 따른 임시유보 처분 없이 같은 법 시행령 제23조 제1항 각 호에 따라 처분하거나 조정해 줄 것을 신청합니다.

　　　　　　　　　　　　　　　　　　　　　　　　　　　　　　　년　　　월　　　일

　　　　　　　　　　　제출인　　　　　　　　　　　　　　　　　　(서명 또는 인)

지방국세청장·세무서장　　　귀하

210mm×297mm[백상지 80g/㎡ 또는 중질지 80g/㎡]

이전소득금액 반환 확인서

(단위: 원)

제출인	① 법인명(상호)		② 사업자등록번호
	③ 대표자(성명)		
	④ 업종		⑤ 전화번호
	⑥ 소재지(주소)		

국외 특수관계인	⑦ 법인명(상호)		⑧ 소재 국가
	⑨ 대표자(성명)		⑩ 업종
	⑪ 소재지(주소)		
	⑫ 제출인과의 관계		

총 반환금액	⑬ 반환일
	⑭ 익금에 산입되는 금액
	⑮ 반환이자
	⑯ 총반환금액(⑭ + ⑮)

「국제조세조정에 관한 법률」 제13조 제1항 및 같은 법 시행령 제22조 제1항에 따라 위와 같이 이전소득금액 반환 확인서를 제출합니다.

년   월   일

제 출 인

(서명 또는 인)

지방국세청장·세무서장   귀하

첨부서류	국외특수관계인이 내국법인에 실제로 반환한 금액의 송금 명세서	수수료 없음

210mm×297mm[백상지 80g/㎡ 또는 중질지 80g/㎡]

제3장

거래유형별 정상가격 산출방법

I 판매활동에 대한 정상가격 산출방법

이전가격 세무검증 실무상 일반적으로 판매업자들은 '일반적인 위험을 부담하는 판매업자(fully-fledged[53] distributors)', '제한적인 위험을 부담하는 도매업자(Limited Risk distirbutor, buy&sell distributors)', '중개업자(commissionaires)'등 3가지 유형으로 구분한다. 이들 판매업자들은 각기 다른 기능적 특성을 가지고 있어서 판매활동에서 발생하는 결과에 대해 각기 다른 보상을 기대한다. 이들 판매업자들에 대한 구분은 사회 통념 또는 강학상의 구분으로서, 법령상의 구분은 아니다.[54]

| 판매활동 위험부담 수준과 수익의 능선 |

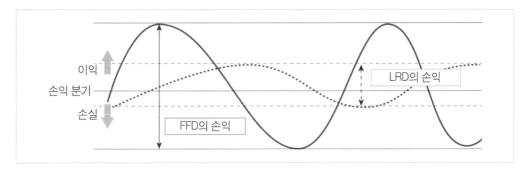

(1) 일반적인 위험을 부담하는 도매업자

일반적인 위험을 부담하는 도매업자는 판매활동과 관련된 모든 중요한 기능을 직접 수행하거나 그 수행에 대해 책임을 지고, 관련된 대부분의 위험을 부담하며, 그러한 기능의 수행에 필요한 가치있는 무형자산을 소유하거나 사용한다.

즉, 일반적인 위험을 부담하는 도매업자는 자발적으로 판매활동을 관리한다. 일반적인 위험을 부담하는 도매업자가 수행하는 기능이나 부담하는 위험이 무형자산을 필요

---

53) Fully-fledged는 새가 날개를 완전히 핀 모습을 의미한다.

54) 일부 다국적기업 그룹의 경우에는 그룹의 자체적인 이전가격 정책(TP Policy)에서 이전가격 분석 목적상 도매업자들의 경제적 특질(Economic Characteristics)을 정의하기도 한다.

로 하지 않는 활동인 경우, 일반적인 위험을 부담하는 도매업자를 검토대상 회사(tested party)로 하여 이전가격을 검증할 수 있으며, 재판매가격방법이나 거래순이익률방법을 사용할 수 있다. 그러나, 일반적인 위험을 부담하는 도매업자가 가치있는 무형자산을 소유하거나 사용하는 경우에는 검증대상회사로 선정하는 것은 적절하지 않다.

만약, 거래상대방이 검증대상회사의 특성을 가지고 있다면, 거래상대방에게 정상가격 보상을 해주고 남은 잔여소득을 일반적인 위험을 부담하는 도매업자가 가져가는 방식으로 이전가격이 결정될 수 있다.

해외현지 판매법인들을 두고 있는 국내 본사 판매법인들과 국내에 진출한 대부분의 외국계 판매법인들의 본사 판매법인들의 활용 유형이 일반적인 위험을 부담하는 판매업자에 해당한다.

(2) 제한적인 위험을 부담하는 판매업자

제한적인 위험을 부담하는 판매업자는 전략적 기능을 수행하고, 중요한 위험을 부담하며, 판매 활동을 통해 형성되는 가치있는 무형자산을 소유하는 공급자를 위하여 상품을 구매한 후 판매하는 재판매업자이다.

제한적인 위험을 부담하는 판매업자는 판매활동을 수행하기 위해 필요한 일정한 기능을 수행하고 일정한 위험을 부담하나, 일반적인 위험을 부담하는 판매업자와는 달리 판매활동에 필요한 마케팅 전략과 같은 핵심 기능을 수행하지 않으며, 시장위험과 같은 중요한 위험을 부담하지 않는다.

제한적인 위험을 부담하는 판매업자는 수행하는 기능과 부담하는 위험의 중요성이 상대적으로 낮고 복잡하지 않기 때문에 대부분의 경우에 검증대상회사로 선정된다. 제한적인 위험을 부담하는 판매업자에 대한 보상수준을 결정하는 가장 적절한 정상가격 산출방법은 재판매가격방법과 거래순이익률방법일 것이다.

제한적인 위험을 부담하는 판매업자는 국내에 본사를 두고 있는 회사들의 대부분의 해외 현지 판매법인들 또는 국내에 진출한 대부분의 외국계 판매법인들의 활동 유형이기도 하다. 국외 장거래 운송 및 관세 등의 문제로 인해 모듈 형식으로 핵심 부품을 만들어 판매하고, 현지법인이 이를 단순히 조립하여 판매하거나, 간단한 끝처리 공정을 거친 후에 판매하도록 하는 경우, 현지법인 비교대상회사로 판매업자를 선정할 것인지 제조업자를 선정할 것인지에 대한 세심한 주의가 필요하다.

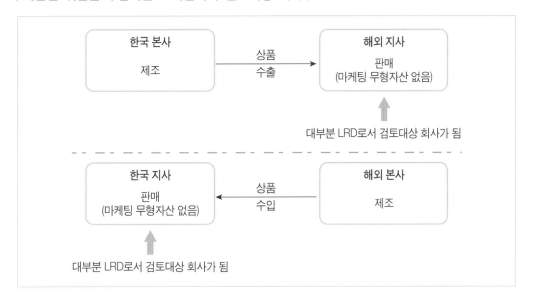

판매업자들에 대한 이전가격 세무검증 쟁점은 대부분 판매기능을 수행하는 검증대상회사가 그룹의 마케팅 무형자산에 대한 개발·향상·유지·보호·활용에 해당하는 기능을 수행하는 지 여부 또는 별도의 보상이 필요한 마케팅 기능을 수행하는 지 여부 등의 쟁점으로 귀결된다. 법률적·회계적 소유권 여부에도 불구하고, 마케팅 무형자산의 개발·향상·유지·보호·활용에 해당하는 기능을 수행하고 있다면, 해당 마케팅 무형자산과 관련된 수익의 일부에 대해서 보상을 받아야 할 것이다.

▪▪ 판매활동에 대한 이전가격 분석 사례 1(OECD이전가격지침 부록 무형자산 관련 이전가격 분석 사례 7 참고)

- P사는 제약업체로서 다국적기업그룹의 모회사이며 미국에서 사업을 영위한다.
- P사는 제품 X와 관련된 무형자산을 개발하여 전세계에서 그 특허를 등록한다.
- P사는 제한된 위험을 가지고 유럽과 중동에 걸쳐 제품 X를 판매하기 위해 한국에 완전자회사 S사를 소유한다. 판매계약은 다음 사항을 포함한다.
  - S사가 아닌 P사가 반품 및 제품 책임 위험을 부담한다.
  - S사가 수행한 제품 X의 판매 기능에 대해 합의된 수준의 대가를 P사가 S사에게 지급한 후 잔여손익은 P사에 귀속된다.
  - 계약에 따라 S사는 제품 X를 P사로부터 구입하고 이를 여러 나라의 제3자 고객에게 재판매한다.
  - 이러한 판매기능을 수행할 때, S사는 P사가 설정한 모든 규제 요건을 따라야

한다.
- 사업 초기 3년 동안 S사는 제한적 위험을 부담하는 판매업자로서 판매기능을 수행하여 수익을 창출하는데, 이는 S사가 아닌 P사가 제품 X와 관련된 무형자산 개발 대가로서 수익을 수취할 권리가 있음을 나타낸다.
- 3년 후 제품 X를 복용하는 환자들에게 심각한 부작용이 발생하여 그 제품에 대해 반품 요구가 있어 제품을 시장에서 전량 수거해야 하는 상황이 발생한다. S사는 제품결함 보상과 관련하여 상당한 비용이 발생하고, P사는 S사에 이러한 반품비용 및 제품 보상청구에 대하여 변상하지 않는다.

이러한 경우, 당사자들의 실질관계가 제한된 위험의 도매계약인 경우, 가장 적절한 이전가격 조정은 반품 및 제품 책임 관련 비용을 S사에서 P사로 배분하는 것이다. 만약, 당사자들의 실질관계에서 S사가 제품 책임과 반품 위험에 대한 통제를 하였다면, 당사자들 간의 실제 위험배분을 반영하여 모든 연도에 S사의 판매이익률은 증액 조정되어야 한다.

:: 판매활동에 대한 이전가격 분석 사례 2(OECD이전가격지침 부록 무형자산 관련 이전가격 분석 사례 8 참고)

- 스위스에 설립되어 있는 P사는 다양한 국가에서 판매되는 R상표의 시계를 제조한다.
- P사는 R상표 및 상호의 법적 소유자이다. P사의 노력으로 R브랜드는 여러 국가들에서 인지도를 얻었으며 이에 따른 경제적 가치도 함께 상승하였다. 다만, R시계는 한국에서는 판매된 적이 없으며, 한국의 시장에 알려져 있지 않다.
- 1차연도에 P사는 한국 시장에 진입하기로 결정하고 한국에서 판매회사 역할을 수행할 S사에 지분 100%를 출자하여 설립하는 동시에, P사는 S사와 장기간 사용료 없는 마케팅계획을 수립하고 이에 대한 계약을 체결한다.
- S사는 향후 5년 및 추가 5년을 옵션으로 한국에서 R상표를 이용하여 마케팅 및 판매를 할 수 있는 독점권을 취득한다.
- S사는 R상표에 대한 다른 권리는 가지지 않으며, 특히 R상표를 달고 시계를 재수출하는 것은 금지된다.
- S사의 유일한 활동은 마케팅과 R상표의 시계를 판매하는 것이며, R시계는 S사가 한국에서 판매하는 유일한 제품이다.
- S사는 최종 고객에게 판매할 수 있는 포장 완제품을 한국으로 수입하며 다른 추가 가공을 하지 않는다
- P사와 S사 사이에서 맺어진 계약에 따르면 S사는 한국에서 R시계의 인지도를 높이는 마케팅 대리인으로서의 역할이 요구된다.
  - S사는 한국에서의 마케팅 전략에 대해 P사에 조언을 구한다.

- P사는 다른 국가에서의 경험에 기초한 전반적 마케팅계획을 세우고 예산 및 최종안을 결정한다.
  - S사는 광고와 관련하여 한국시장 문제들에 대해 조언을 하며 P사의 결정에 따른 마케팅 전략을 수행한다.
  - 이러한 마케팅 지원 활동에 대한 보상으로 S사는 P사로부터 용역대가를 받는데, 이에는 실제 발생한 마케팅비용 수준에 기초하며 적절한 이익 요소들이 포함된다.
- 1차 연도부터 3차 연도까지 S사는 한국에서 해당 시장을 개발하기 위해 P사와의 계약에 기초한 전략을 수행한다.
- 이 과정에서 S사는 마케팅비용을 지출한다.
- S사는 P사로부터 마케팅비용을 보상받으며 그 비용에 대한 가산액에 상당하는 금액도 지급받는다.
- 2차 연도 말에 R상표는 한국에 널리 알려지게 된다. P사를 위해 수행한 마케팅 활동에 대해 S사가 수취하는 대가는 독립된 광고 및 마케팅 대리인에게 지급한 보수 등을 고려하여 정상가격으로 결정된다.

R시계에 대해 S사가 P사에게 지급하는 가격은 S사가 마케팅에 대해 받는 보상과는 별도로 분석되어야 한다. 또한 시계에 대해 지급된 가격은 비교가능 외부거래에 기초한 정상가격이어야 하며, 이러한 정상가격은 정상거래원칙에 따라 S사가 직접 수행한 판매기능 및 관련 자산의 사용, 위험부담 등에 대한 보상수준이어야 한다. 한국 시장에서 R상표와 이름의 사용으로 수취하는 소득 중 S사의 기능에 대한 정상 대가를 초과하는 부분은 P사에게 귀속되고, 마케팅에 대해 받는 보상이 정상가격이라면 이전가격조정은 필요하지 않다.

판매활동에 대한 이전가격 분석 사례 3(OECD이전가격지침 부록 무형자산 관련 이전가격 분석 사례 9 참고)

- 이 사례의 사실관계는 아래의 사항을 제외하고는 사례 2와 같다.
- P사와 S사의 계약에 따라, P사의 구체적 마케팅 계획에 대한 통제없이 S사는 직접 한국에 대한 마케팅 계획을 수립하고 실행할 의무를 부담한다.
- S사는 마케팅활동과 관련한 원가와 위험을 부담한다.
- P사와 S사의 계약에는 S사가 지급하는 마케팅 비용이 구체적으로 명시되지 않았으나 최선을 다하여 손목시계를 마케팅할 것을 명시하였다.
- S사는 발생비용에 대하여 P사로부터 아무런 보상을 받지 않고, 한국의 제3자 고객에게 R브랜드 손목시계를 판매하는 매출로만 보상을 받는다.
- 사례 2에 비하여 P사는 S사의 마케팅 활동에 대해 상대적으로 낮은 통제를 하는 것을 알 수 있는데 이는 마케팅 계획 수립 때 디자인에 대한 세부사항이나 마케팅

예산을 검토하거나 승인하지 않기 때문이다.

- S사가 부담하는 위험은 사례 2에 비하여 훨씬 크나, S사는 마케팅활동에 대하여 아무런 대가를 받지 않는다.
- P사와 S사의 유일한 거래는 상표 있는 손목시계의 거래이다. 그 결과, S사는 제3자 고객에게 R브랜드 손목시계의 판매를 통하여서만 마케팅활동에 대한 보상을 받을 수 있다.

이러한 차이로 인해, P사와 S사는 사례 2에 비하여 낮은 수입가격을 손목시계에 적용하며, 비교가능성 조정과 비교가능 회사를 판단하는 데 다른 기준이 적용된다. 이 때문에 사례 2에 비하여 보다 많은 수익을 창출하게 되는데, 이는 S사의 위험 정도와 폭넓은 수행기능에 기인한다.

- 1차 연도부터 3차 연도까지 S사는 P사와의 계약 내용에 따라, 마케팅 기능을 수행하며 마케팅 비용이 발생한다. 그 결과 S사는 그 기간 동안 많은 영업비용을 지출하고, 영업이익은 감소하였다.
- 2차 연도 말에 S사의 노력으로 한국에서 R상표에 대한 인지도가 높아지게 되었다. 마케팅회사(또는 판매업자)가 마케팅 원가와 위험을 실제로 부담하는 경우, 그 활동에 따른 이익을 P사와 분배할 때 배분 비율이 문제가 된다.

S사가 R손목시계 독점 판매권의 장기계약에 따라 마케팅 활동 원가와 관련위험을 부담하는 경우, S사는 마케팅 및 판매활동을 통하여 이익을 얻을 수 있는 기회를 얻은 것이다.

S사가 얻어야 하는 정상가격은 S사와 비슷한 위험 및 비용을 부담하는 독립 마케팅 회사(또는 판매업자)가 유사한 제품의 비교가능 장기 마케팅(또는 판매) 계약 초기 몇 년 간 얻은 이익과 유사한 수준이어야 한다.

⠿ 판매활동에 대한 이전가격 분석 사례 4(OECD이전가격지침 부록 무형자산 관련 이전가격 분석 사례 10 참고)

- 이 사례의 사실관계는 사례 3과 같다. 다만, S사가 수행하는 시장개발기능은 사례 3의 S사가 수행하는 정도보다 훨씬 그 중요성이 크다.
- S사가 1차 연도에서 5차 연도까지 지출한 마케팅 비용 수준이 식별된 비교가능 제3자 마케팅회사(또는 판매업자)의 비용 수준보다 훨씬 크고, S사가 지출한 높은 수준의 비용은 비교가능 독립 기업들이 수행한 기능보다 훨씬 많은 기능들로 인한 것이며, P사와 S사는 그러한 추가 기능이 보다 많은 이익을 창출하고 제품 매출을 증가시킬 것으로 기대한다.
- S사가 수행하는 시장개발 활동의 정도를 감안할 때, S사는 비교가능 독립 기업들에 비해 시장개발과 마케팅 무형자산에 더 많은 기여를 하였으며 상당히 큰 비용과

위험을 부담하였다(또한 사례 3에 비해 실질적으로 많은 비용과 위험을 부담한다).

이러한 사실을 볼 때, S사는 비교가능 거래에서 독립 마케팅(또는 판매업자)의 기능 및 지출 수준을 사실상 넘는 기능을 수행하고 마케팅 비용을 지출함으로서, R손목시계의 재판매로 수취하여야 할 이익을 제대로 보상받지 못한다. 이러한 상황에서 S사 관할 세무당국은 독립기업들이 비교가능거래에서 벌었을 소득에 부합하게 S사가 수행한 마케팅 활동에 대하여 보상하기 위하여 다음과 같은 이전가격조정을 할 수 있다.

- P사로부터 구매한 R브랜드 손목시계에 대하여 S사가 지급하는 대가를 감액조정한다. 이러한 조정에는 비교대상을 식별할 수 있는 경우 재판매가격방법 또는 거래순이익률방법이 적용될 수 있다.
- 한국에서 R브랜드 손목시계 판매로 인한 결합이익을 분할하는 잔여이익분할방법을 적용할 수 있는데, 우선 S사 및 P사에게 수행기능에 대한 각각의 기본이익을 배분한 다음, R상표 및 상표명의 가치와 소득의 창출에 대한 S사와 P사의 상대적 기여를 감안하여 잔여이익을 배분한다
- 비교가능 독립기업들이 지출한 것 이상으로 S사가 지출한 초과 마케팅비용에 대하여 그 비용에 반영되는 기능 및 위험에 대한 적절한 이익요소를 가산하여 직접 S사에게 보상한다.

이 사례에서 제시된 조정방법은 P사와의 계약에 따라 적절히 보상받지 못한 S사의 수행기능, 부담위험 및 마케팅 무형자산의 개발에 기여한 지출비용에 근거한 것이다. S사와 P사의 계약에서 S사가 판매계약의 잔여기간 동안 추가 투자에 대하여 정상대가를 받을 수 있도록 규정한다면, 다른 결과가 되어야 한다.

⁑ 판매활동에 대한 이전가격 분석 사례 5(OECD이전가격지침 부록 무형자산 관련 이전가격 분석 사례 11 참고)

- 이 사례의 사실관계는 사례 3과 같다. 다만, S사는 한국에서 사용료를 지급하지 않는 마케팅(또는 판매) 계약을 3년간 체결하는데, 이 계약은 갱신되지 않는다

독립기업들이 마케팅(또는 판매)비용을 지출하고, 계약기간 동안 수행기능, 사용자산 및 부담위험에 대한 대가를 수취하는 단기 계약을 체결할 때에, 독립기업들은 재계약을 하지 못할 위험이 있으므로 단기 마케팅(또는 판매) 계약의 경우에는 마케팅(또는 판매) 기반을 개발하기 위하여 많은 자금을 투자하지 않는다. 또한 마케팅(또는 판매) 계약의 단기 성격 때문에 S사는 부담하는 비용에 상응하는 이익을 회수하지 못할 가능성이 크고 장차 S사가 아닌 P사의 이익을 창출할 것이다.

S사가 P사와 체결한 계약은 갱신되지 않는 단기 계약이므로, S사가 부담하는 위험은 사례 3의 경우보다 상당히 높은 수준이며, S사는 이러한 추가 위험부담에 대한 정상대가를 수취하지 못하였다. 이 경우, S사는 유사한 권리를 가진 비교대상 독립

기업들이 자기 이익을 위해 지출한 것 이상의 마케팅 비용을 부담하고 시장개발 활동을 수행하였으며, 결과적으로 독립기업들보다 현저히 낮은 이익을 달성한 것으로 볼 수 있다. 단기 계약의 특성상, S사는 P사와의 단기 계약으로는 적절한 이익을 낼 가능성이 없다고 보아야 한다. 이러한 상황에서 S사는 P사와의 계약기간 동안 R상표와 상표에 대한 위험부담에 대하여 보상받을 권리가 있다.

그러한 보상은 S사의 마케팅 및 시장개발 기능을 통하여 창출된 기대가치를 반영하여 P사로부터 직접 보상받는 방식이 될 수 있다. 또한, S사가 1차연도부터 3차연도까지 P사로부터 R시계를 매입하는 가격을 인하하는 방식으로 조정이 이루어질 수 있다.

··⊙⊙ 판매활동에 대한 이전가격 분석사례 6(OECD이전가격지침 부록 무형자산 관련 이전가격 분석 사례 12 참고)

- 사실관계는 사례 4의 사실관계와 같으며, 다음 사항이 추가된다.
- 3차 연도 말에 R브랜드는 한국 시장에서 성공적으로 자리 잡았으며, P사와 S사는 당초 계약을 재협상하여 새로운 장기 권리허여 계약을 체결하였다.
- 4차 연도에 시작되는 신규 계약은 S사가 원할 경우 5년 연장이 가능한 5년 계약이다. 이 계약에 따라 S사는 P사에 R상표를 부착한 시계의 매출에 근거하여 사용료를 지급한다. 기타사항들의 경우 이전계약과 조건이 같다.
- 사용료를 도입하면서 S사가 브랜드 시계에 대하여 지급하는 가격에 관한 조정은 이루어지지 않았다.
- S사의 4차 연도와 5차 연도의 R브랜드 시계 매출은 사전 예측과 일치하였으나, 4차연도에 사용료를 도입하면서 S사의 이익률은 상당히 감소하였다
- 비슷한 브랜드 제품을 취급하는 제3자 마케팅(또는 판매) 업자가 같은 계약에서 사용료 계약을 체결하였다는 자료는 없으며, 4차 연도 이후에 S사의 마케팅비용 및 마케팅활동의 수준은 비교대상의 수준과 같다

이전가격 목적상, 독립기업거래에서 마케팅(또는 판매) 활동을 하는 회사가 무형자산을 소유하는 다른 회사로부터 무형자산 사용권을 허여받지만 무형자산 사용 목적이 상품 판매에 국한되어 무형자산에 대한 다른 어떠한 권한도 허여받지 않는다면 마케팅(또는 판매) 활동을 하는 회사가 무형자산 소유 회사에게 사용료를 지급할 것으로 예상하지 않는 것이 일반적이다.[55] 또한, 이 상황에서 사용료로 인해 비슷한 기능을 수행하고 비슷한 위험을 부담하며 비슷한 자산을 사용하는 비교대상들의 이익률 보다 S사의 이익률이 더 낮아지는 결과가 된다. 따라서 사용료를 지급하지 않

---

55) 거래당사자 간의 협상력의 차이, 작은 거래규모에 대한 이중과세조정, 과세당국 간의 조세조약 등을 원인으로 판매업자가 무형자산 소유자에게 별도의 로열티를 지급하는 제3자 간 거래도 종종 관찰된다.

는 것으로 이전가격조정을 하여야 한다.

∷ 판매활동에 대한 이전가격 분석 사례 7(OECD이전가격지침 부록 무형자산 관련 이전가격 분석 사례 13 참고)

- 사실관계는 사례 4와 같으며, 다음 사항이 추가된다.
- 3차 연도 말에 P사는 시계 제조를 중단하고 제3자와 하청 제조계약을 체결한다. 이에 따라, S사는 제3자 제조업체로부터 브랜드가 없는 시계를 직접 구매한 후 2차 가공을 통해 R상표 및 로고를 입힌 후 사례 4에서 설명하는 방식으로 최종 소비자에게 판매한다.
- 이에 따라, 4차 연도 초에 P사와 S사는 5년의 새로운 장기계약을 체결한다. 이 계약에 따라, S사는 추가로 5년을 연장할 수 있는 선택권이 있다.
- 신규 계약에 따라 S사는 한국 내에서 R상표를 부착한 시계의 가공, 마케팅(또는 판매)에 대한 독점권을 가지며 P사에게 해당 시계 매출의 일정 부분을 사용료로 지급한다.
- S사는 P사로부터 마케팅 및 도매에 대한 기존 계약내용의 재협상과 관련한 어떤 보상도 받지 않는다.
- 4차 연도부터 S사는 시계를 정상가격으로 구매하며, 해당 가격은 R상표 사용에 대한 대가가 포함된 가격이 아니다.
- 6차 연도에 S사 관할 세무당국의 세무조사에서 수행된 비교가능성 분석에 따르면, 1차 연도에서 3차 연도까지 S사가 부담한 마케팅비용은 제3자 마케팅(또는 판매) 업자가 비슷한 장기 마케팅 판매계약에 따라 부담한 비용보다 훨씬 높은 것으로 나타났다.
- 또한, S사가 수행한 마케팅 활동 수준은 제3자 마케팅 판매업자의 활동보다 훨씬 높은 수준이며 그러한 높은 수준의 마케팅활동은 판매량 및 이익률을 높이는데 기여한 것으로 확인되었다.
- S사가 수행한 시장개발 활동[56] 및 그 활동에 대한 전략적 통제의 정도를 감안할 때, 비교가능성 및 기능 분석을 통해 S사는 비교대상 기업들에 비해 훨씬 높은 수준의 비용 및 위험을 부담한 것으로 파악된다.
- 또한, S사가 실현한 이익률은 유사한 장기 마케팅(또는 판매) 계약의 해당 기간 동안 비교대상 독립 마케팅(또는 판매) 업자들이 실현한 이익률에 비해 상당히 낮은 수준이다.
- 또한, 세무조사에서 4차 연도 및 5차 연도에 S사는 P사와의 새로운 장기 권리허여 계약에 따라 마케팅활동의 비용과 관련위험을 부담하며, 장기계약의 특성상 S사

---

56) 시장 개발 활동 등에 대해서는 본 서 p.42. 경제 여건 및 사업전략 검토시 주의사항(TPG 1.114~1.118)에서 설명한다.

는 그 활동으로 이익(손실)을 볼 기회가 있다.
- 그런데, S사는 시장개발 활동을 하였으며, 비슷한 장기 권리허여 계약을 한 비교가능 독립 사용자들이 지출한 것보다 훨씬 많은 마케팅비용을 지출하여, 결과적으로 S사는 비교대상에 비해 상당히 낮은 이익률을 실현하였다.

이러한 사실관계에 따라, S사는 수행기능, 사용자산 및 부담위험을 고려하여 시장개발 활동에 대한 추가보상을 받아야 한다. 1차 연도부터 3차 연도까지 이러한 조정에 대한 근거는 사례 4에서 설명한다. 4차 연도부터 5차 연도까지의 보상도 비슷한 근거에 따라 산정되지만, 시계 구매가격의 조정이 아닌 S사가 P사에 지급하는 사용료를 감소시켜 조정이 이루어져야 한다. 사실관계에 따라, S사가 3차 연도 말에 이루어진 계약 재협상과 관련하여 대가를 받아야 하는지 생각하여야 한다.

(3) 중개업자

중개업자는 판매업자와 최종소비자 사이에서 중개자의 역할을 수행한다. 즉, 중개업자는 판매업자에게 일정한 용역을 제공하지만, 제한적인 위험을 부담하는 판매업자가 재화에 대한 소유권을 갖는 것과는 달리, 재화에 대한 소유권을 가지지 않는다.

중개업자는 전략적인 기능을 수행하지 않고, 중요한 위험을 부담하지도 않는다. 중개업자에 의해 판매가 이루어지는 전형적인 상황은 판매활동과 관련된 모든 관리와 위험을 부담하는 다국적 기업이 판매 대상 국가 내에 일정한 실체를 가질 필요가 있는 경우이다.[57]

중개업자는 판매업자 등이 제공하는 엄격한 지시(제품 마케팅이나 고객에 대한 가격 할인 등에 대해)에 구속되고, 재화를 소유하지도 않으며, 제한된 위험(주로 마케팅 비용과 같은 자신의 비용)만 부담한다. 제한된 기능만 수행하고 낮은 수준의 위험만 부담하기 때문에, 중개업자에 대한 보상 역시 제한되며, 일반적으로 총원가가산방법 또는 중개액의 일정비율에 의해 보상수준이 결정된다.[58]

---

57) 중개업자에 대한 이전가격 세무검증시에는 간주 고정사업장 구성 여부에 대한 검토가 필요할 수 있다.
58) 공인중개사들의 수수료 책정방법은 직관적인 사례가 될 수 있다. 비교가능제3자가격을 찾을 수 있다면, 당연히 비교가능제3자가격을 우선 적용한다.

Ⅱ 제조활동에 대한 정상가격 산출방법

이전가격 세무검증 실무상 일반적으로 제조업자들은 3가지 유형, 즉, 일반적인 위험을 부담하는 제조업자(fully-fledged manufacturer), 면허생산 제조업자(licensed manufacturer), 계약생산업자(contract manufacturer)로 구분한다. 이들 제조업자들은 각기 다른 기능적 특성을 가지고 있어서 제조활동에서 발생하는 결과에 대해 각기 다른 보상을 기대한다. 이들 제조업자들에 대한 구분은 사회 통념 또는 강학상의 구분으로서, 법령상의 구분은 아니다.[59]

| 제조활동 위험부담 수준과 수익의 능선 |

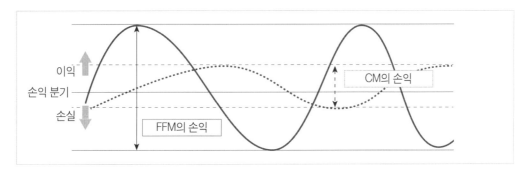

(1) 일반적인 위험을 부담하는 제조업자

일반적인 위험을 부담하는 제조업자는 제조과정의 모든 중요한 부분을 책임지는 제조업자로서, 제조기능을 직접 수행하고, 생산과정을 직접 관리하며, 제조활동과 관련된 모든 위험을 부담한다. 일반적인 위험을 부담하는 제조업자는 제조공정 및 제품과 관련된 무형자산을 소유하며, 무형자산에 귀속되는 소득에 대한 권리를 갖는다.

전형적인 일반적인 위험을 부담하는 제조업자는 자신의 위험부담 하에 연구개발 활동을 수행하여 잠재력 있는 혁신적인 제품을 개발하고, 이를 직접 제조하여 판매업자

---

59) 일부 다국적기업 그룹의 경우에는 그룹의 자체적인 이전가격 정책(TP Policy)에서 이전가격 분석 목적상 제조업자들의 경제적 특질(Economic Characteristics)을 정의하기도 한다.

에게 완제품을 판매하는 제조업자이다.

일반적인 위험을 부담하는 제조업자는 수행하는 기능과 부담하는 위험이 복잡하고 때로는 독특하기 때문에 대부분의 경우에 검증대상회사로 선정되지 않는다. 일반적인 위험을 부담하는 제조업자와 거래하는 상대적으로 덜 복잡한 기능적 특성을 갖는 관계회사가 검증대상회사로 더 적합하다. 이러한 특수관계거래에 적용되는 전형적인 정상가격산출방법은 일상적인 기능을 수행하는 검증대상회사에게 기본소득을 귀속시킨 후 남는 잔여소득을 일반적인 위험을 부담하는 제조업자에게 귀속시키는 것이다. 만약, 일반적인 위험을 부담하는 제조업자가 일상적인 기능 이상의 복잡한 기능을 수행하는 특수관계자와 거래를 한다면 이익분할방법을 사용해야 할 것이다.

일반적인 위험을 부담하는 제조업자는 국내에 본사를 두고 있는 회사들의 본사 또는 국내에 진출한 대부분의 외국계 제조법인들 본사의 활동 유형이다.

(2) 면허생산 제조업자

면허생산 제조업자는 모든 면에서 일반적인 위험을 부담하는 제조업자와 유사하지만, 무형자산을 직접 소유하지 않고 무형자산 소유자로부터 사용허여를 받아 무형자산을 사용한다는 점에서 차이가 있다. 즉, 면허생산 제조업자는 무형자산을 사용할 권리를 그 무형자산 소유자에게 사용료를 지급하고 구입하지만, 제조활동을 자신의 위험부담 하에 직접 수행하거나 그 수행을 감독한다. 일반적으로 면허생산 제조업자는 사용료를 지급하면서 관계회사가 소유한 무형자산을 사용하지만, 자신이 무형자산을 직접 개발하여 소유할 수도 있다.

이전가격 세무검증 관점에서 면허생산 제조업자와 일반적인 위험을 부담하는 제조업자에게 동일한 논리가 적용되나, 한 가지 다른 점은 면허생산 제조업자는 특정 무형자산을 사용하기 위해 무형자산 소유자에게 정상가격원칙에 부합하는 사용료를 지급해야 한다는 점이다. 즉, 면허생산 제조업자는 무형자산 소유자에 대한 사용료와 제조과정에 참여한 다른 관계회사들에 대한 기본보상을 지급하고 난 후 남는 잔여소득을 얻게 된다. 이 관계회사들이 저부가가치 기능을 수행하는 회사라면, 이 회사들을 검증대상회사로 선정하여 기본소득을 보상한다. 그러나, 이 관계회사들이 검증대상회사로 선정될 수 없는 특성을 갖는 복잡한 기능을 수행하고 있다면, 이익분할방법과 같은 정교한 정상가격산출방법을 적용해야 한다.

(3) 계약 제조업자

계약 제조업자는 위에서 설명한 두 가지 형태의 제조업자와 비교할 때 수행하는 역할이 전혀 다르다. 계약 제조업자는 본인이 직접 주도하고 관련 위험을 부담하면서 제조활동을 수행하지 않는다. 대신, 제조활동을 계획하고 위험을 부담하는 본사 등이 위탁한 제조기능을 수수료를 받고 수행한다.[60] 계약 제조업자는 제조기능을 수행하면서 특정 위험을 부담하기도 하지만, 제조공정과 관련된 대부분의 위험은 본사 등이 부담한다. 제조공정과 관련된 전략적 기능도 본사 등이 수행한다. 본사 등은 제조공정과 관련된 중요한 기능을 수행하고 중요한 위험을 부담하기 때문에 계약 제조업자에 비해 제조공정 결과 발생하는 이익(손실) 중 더 많은 부분에 대한 권리를 갖는다. 본사 등이 소유하거나 사용한 무형자산이 있다면, 그 무형자산에 귀속되는 소득도 본사 등의 몫이다. 계약 제조업자도 제조공정과 관련된 무형자산을 소유할 수는 있지만, 제품 무형자산을 소유하지는 못한다.

이와 같이, 계약 제조업자는 제품 무형자산을 소유하지 못하고, 제한된 기능을 수행하면서 제한된 위험만 부담하기 때문에 일반적으로 검증대상회사로 선정된다. 따라서, 계약 제조업자는 낮지만 안정적인 기본소득을 얻는다. 일반적으로 원가가산법이나 거래순이익률방법이 계약 제조업자에 대한 보상수준을 결정하는 가장 적절한 정상가격 산출방법인데, 이 방법들은 발생비용을 모두 보상하면서 가치창출에 공헌한 만큼 이익을 얻게 해 주기 때문이다.

계약 제조업자는 국내에 본사를 두고 있는 회사들 대부분의 해외현지 제조법인들 또는 국내에 진출한 대부분의 외국계 제조법인들의 활동 유형이기도 하다. 국외 장거래 운송 및 관세 등의 문제로 인해 모듈 형식으로 핵심 부품을 만들어 판매하고, 현지법인이 이를 단순히 조립하여 판매하거나, 간단한 끝처리 공정을 거치도록 하는 경우, 현지법인 비교대상회사로 판매업자를 선정할 것인지 제조업자를 선정할 것인지에 대한 세심한 주의가 필요하다.

---

60) 원재료 등을 판매하고, 완성품을 재구매하는 유상사급 거래도 계약 제조의 일종이다.

Ⅲ 용역거래의 정상가격 산출방법

(1) 용역거래의 구분

독립기업은 필요한 용역을 그 분야의 전문 용역업체로부터 제공받거나 자체조달한다. 마찬가지로, 어떤 용역이 필요한 다국적기업들도 다른 기업으로부터 용역을 제공받기도 하고, 자체 조달하기도 한다. 다국적기업들이 그룹 내부에서 제공하거나 제공받는 용역은 상당히 다양하며, 따라서 다국적기업그룹 구성원들에게 제공하는 편익의 정도에도 상당히 큰 편차가 있다(TPG 7.2., 7.4). 이러한 그룹 내부용역에 대한 이전가격분석에는 두 가지 문제가 있다. 하나는 그룹내부용역이 실제로 있었는 지이고, 다른 하나는 그러한 용역의 대가 수준이 정상거래원칙에 부합하는 지 여부이다(TPG 7.5).

그룹의 한 구성원이 다른 구성원을 위하여 어떤 활동을 수행한 경우 용역이 제공되었는지 여부는 그 활동이 다른 구성원의 사업상 지위를 향상시키거나 유지시키는 경제적 또는 상업적 가치를 제공하였는지 여부에 달려 있다(TPG 7.6).

일부 구성원들에게는 그 활동을 필요로 하지 않음에도 불구하고, 어떤 활동이 수행될 수 있다. 그룹의 모회사나 지역지주회사 등이 다른 구성원들에 대하여 주주로서 수행하는 활동이 이러한 활동에 해당된다. 이러한 유형의 활동은 내부용역으로 보지 않으며, 용역을 제공받은 기업에 대가를 청구하는 것도 정당화되지 않는다. 이러한 유형의 활동에 대한 비용은 주주 수준에서 부담되고 배분되어야 한다(TPG 7.9). 구체적으로, 해외모회사 등 국외특수관계인이 내국법인의 주주로서 제공하는 다음의 용역은 경영자문료 등으로 보지 아니한다(국기통 5-6의2…1).

1. 모회사 소재국의 일반 회계원칙에 따른 재무제표의 작성
2. 보고서의 연결 등 모회사의 보고의무와 관련된 활동
3. 회계감사 등 각종 감사나 감독업무

한 기업이 수행하는 활동이 그룹 내 다른 기업이 자체적으로 수행하거나 제3자가 그룹 내의 다른 기업을 위하여 수행하는 용역과 같은 용역에 관계된 경우에는 일반적으

로 내부용역 거래가 있다고 할 수 없다. 다만, 다국적기업그룹이 중앙집중관리를 위해 조직을 재편하는 과정에서 일시적으로 같은 용역이 중복되는 경우와 같이 일시적으로 용역의 중복이 일어나는 경우에는 예외이다. 또한, 사업 결정의 오류위험을 줄이기 위하여 같은 용역이 반복되는 경우도 예외가 된다. 일부 규제분야에서는 통제기능을 지역적으로 수행하거나 모회사가 통합하여 수행하도록 하는데, 이러한 요건을 중복활동이라고 부인하여서는 안 된다(TPG 7.11).

그룹조직개편, 회사인수, 부서폐지 등으로 인한 부수편익은 용역을 제공받는 것으로 취급해서는 안되는데, 그러한 정도의 편익을 주는 활동은 독립기업이 대가를 지급하는 활동이 아니기 때문이다(TPG 7.12). 예를 들면, 관계기업이 받는 부수편익이 특정 활동으로 인한 것이 아니고 단지 그룹의 구성원이라는 사실 때문인 경우에는 그 기업이 내부용역을 제공받는 것으로 보아서는 안 된다(TPG 7.13). 따라서, 다국적그룹의 일원이기 때문에 얻게 되는 부수편익에 대해서는 그룹내 서비스를 받는다고 여겨서도 안 되고 의무적으로 대가를 지급해서도 안된다.

다국적기업그룹 소속기업들에 의한 의도적인 공동행동이나 용역·기타 기능의 수행 없이 순수하게 그룹에 소속됨에 따라 시너지 편익 또는 부담이 발생하는 경우, 그룹에 소속됨에 따른 시너지 편익에 대해서는 다국적기업그룹의 소속기업들 간에 별도로 보상하거나 배분할 필요가 없다(TPG 1.158). 반면에, 그룹 소속으로 인한 시너지 편익 또는 부담은 그룹 차원의 의도적인 공동 그룹 행동으로 인하여 발생할 수 있으며, 그러한 편익 또는 부담으로 인해 다국적기업그룹의 기업이 아니면서 비교가능한 거래를 하는 시장 참여자에 비해 시장에서 다국적기업그룹 소속 기업들에게 매우 중요하고 식별이 가능한 구조적인 유불리 점이 발생할 수 있다(TPG 1.159). 예를 들어, 높은 신용등급이 그룹 내 다른 기업의 보증 때문이거나 그 기업이 전세계적 마케팅이나 광고전략에서 생겨난 그룹 명성으로 인하여 혜택을 보는 경우에는 일반적으로 내부용역이 있는 것으로 본다(TPG 7.13).

그룹 내부 용역	효익 없는 용역					정상거래원칙에 따라 대가지급하지 않음
	효익 있는 용역	주주 활동				정상거래원칙에 따라 대가지급하지 않음
		주주 활동 外	중복활동			정상거래원칙에 따라 대가지급하지 않음
			부수편익			정상거래원칙에 따라 대가지급하지 않음
			대가 지급대상 그룹 내부용역	지급보증 용역		Bench Marking 등 정상거래원칙에 따라 대가지급
				중고 부가가치 용역		Bench Marking 등 정상거래원칙에 따라 대가지급
				저 부가가치 용역	간편법 적용 제외	Bench Marking 등 정상거래원칙에 따라 대가지급
					간편법 적용 대상	Mark up 5%

⁛ 조심-2017-부-1171, 2018.5.16.

이상의 사실관계 및 관련 법령 등을 종합하여 살피건대, 청구법인은 쟁점상표권 사용료가 업무와 관련하여 지급된 비용이라고 주장하나, 그룹CI를 사용하는 목적은 소비자를 대상으로 하는 광고효과, 소비자의 신뢰도 증가에 따른 매출증대이나 청구법인은 수직계열화된 그룹에서 대부분의 매출을 그룹 계열사에게 하고 있어 CI사용에 따른 경제적 효익이 없다 할 것인 점, 청구법인은 그룹사 내부에 대한 매출까지 포함한 총매출액을 대상으로 브랜드 사용료를 산정하였으나 그룹내부 매출은 CI사용 유무와 무관하며, 사용효익이 있는 제3자 매출액을 기준으로 브랜드 사용료를 산정하여야 할 것인 점 등에 비추어 쟁점상표권 사용료를 업무무관비용으로 보아 법인세를 과세한 처분은 달리 잘못이 없는 것으로 판단된다.

⁛ 용역 제공 여부에 따른 이전가격 분석 사례(OECD이전가격지침 부록 무형자산 관련 이전가격 분석 사례 25 참고)

• P사는 다국적기업그룹의 모회사이다. P사는 다수의 대규모 법적 소송에 연루되었으며 사내 법률 부서는 이로 인하여 법적 소송에 대한 숙련도가 생겼다. 이 과정에서 P사는 해당 산업에 특화된 문서관리 소프트웨어를 개발하였다.

• S사는 P사의 관계회사이다. S사가 P사의 법률 부서가 경험한 것과 비슷한 법적

소송에 연루됨에 따라, P사는 사내 법률 부서 직원 2명을 S사에 파견하였다. 이 2명의 인력은 소송과 관련된 서류를 관리하는 책임을 맡았고, 그 과정에서 P사의 소프트웨어를 사용한다. 그러나 P사는 이 소프트웨어를 S사가 다른 소송이나 고객들을 위해 사용할 수 없도록 한다.

이러한 상황에서 P사가 용역계약을 통해 무형자산 사용권을 이전시켰다고 볼 수 없다. 그렇지만, P사의 법률 부서 인력의 경험과 소프트웨어의 사용이 효율적인 용역을 제공할 수 있었다는 점은 비교 대상과 용역수수료를 비교할 때 반영되어야 한다.

(2) 용역거래의 일반적인 정상가격 산출방법과 손금인정 요건[61]

거주자와 국외특수관계인 간의 용역거래(경영관리, 금융자문, 지급보증, 전산지원 및 기술지원, 그 밖에 사업상 필요하다고 인정되는 용역의 거래를 말한다)의 정상가격 산출방법으로 원가가산방법 또는 거래순이익률방법을 적용할 때에는 다음 각 호의 기준에 따라 산정한다(국조령 제12조 제1항).

1. 발생한 원가에는 그 용역 제공을 위하여 직접 또는 간접으로 발생한 비용 모두를 포함시킬 것

2. 용역 제공자가 그 용역을 수행하기 위하여 제3자에게 그 용역의 일부 또는 전부를 대행할 것을 의뢰하고 제3자에게 대금을 한꺼번에 지급한 후 이에 대한 비용을 용역을 제공받는 자에게 재청구하는 경우[62]에는 용역 제공자는 자신이 그 용역과 관련하여 직접 수행한 활동으로부터 발생한 원가에 대해서만 통상의 이윤을 더할 것. 다만, 용역의 내용과 거래 상황 및 관행에 비추어 합리적이라고 인정되는 경우는 제외한다.

거주자와 국외특수관계인 간의 용역거래가 다음 각 호의 요건 중 어느 하나라도 갖추지 않은 경우에는 그 용역거래의 비용을 필요경비 또는 손금에 산입하지 않는다(국조령 제12조 제7항).

1. 용역 제공자가 사전에 약정을 체결하고 그 약정에 따라 용역을 실제로 제공할 것

2. 용역을 제공받는 자가 제공받는 용역으로 추가적인 수익이 발생하거나 비용이 절

---

61) 국제조세법에서는 용어를 정의함에 있어 국제조세법의 다른 규정에서 특별히 정하지 아니한 용어에 관하여는 「조세특례제한법」 제2조 제1항에 따른 용어의 예와 같은 법 제3조 제1항 제1호부터 제12호까지, 제18호 및 제19호에 규정된 법률에 따른 용어의 예에 따르도록 하고 있다(국조법 제2조 제2항).

62) 이른바, 투과비용(pass through cost)이라고 한다.

감되기를 기대할 수 있을 것

3. 용역을 제공받는 자가 제공받는 용역과 같은 용역을 다른 특수관계인이 자체적으로 수행하고 있거나 특수관계가 없는 제3자가 다른 특수관계인을 위하여 제공하고 있지 않을 것. 다만, 사업 및 조직구조의 개편, 구조조정 및 경영의사 결정의 오류를 줄이는 등의 합리적인 사유로 일시적으로 중복된 용역을 제공받는 경우는 제외한다.

4. 제1호 및 제2호의 사실을 증명하는 문서를 보관·비치하고 있을 것

(3) 중·고 부가가치 용역거래[63)에 대한 이전가격 검증

거주자와 국외특수관계인 간의 용역거래 중 후술하는 저부가가치 용역거래 이외의 용역거래, 즉 ⅰ) 거주자와 국외특수관계인의 핵심 사업활동과 직접 관련되는 용역이거나, ⅱ) 용역이 제공되는 과정에서 독특하고 가치 있는 무형자산이 사용 또는 창출되거나, 용역 제공자가 중대한 위험을 부담 또는 관리·통제하는 경우에는 용역 제공 대가에 대한 정상가격 산출방법이 주요한 쟁점이 될 수 있다. 만약, 제공되는 용역이 검증대상회사의 마케팅 무형자산의 개발·활동·유지·보수·활용의 일환인 것으로 확인된다면, 용역제공에 대가는 원가에 특정 이윤을 가산하는 방법이 아니라, 해당 무형자산의 활용으로 인한 수익의 일정 부분이 될 것이다. 법률적·회계적 소유권 여부에도 불구하고, 마케팅 무형자산의 개발·향상·유지·보호·활용에 해당하는 기능을 수행하고 있다면, 해당 마케팅 무형자산과 관련된 수익의 일부에 대해서 보상을 받아야 할 것이다.

:: 용역거래에 대한 이전가격 분석 사례 1(OECD이전가격지침 부록 무형자산 관련 이전가격 분석 사례 14 참고)
- P사는 다국적기업그룹의 모회사이다. P사는 한국에서 설립되어 소비재의 제조 및 판매업을 영위한다.
- 시장점유율의 유지 및 향상을 위해 P사는 기존 제품의 개선 및 신제품 개발을 수행하며 지속적 연구개발 활동도 수행한다.
- P그룹은 2개의 연구개발 센터를 보유한다. 하나는 한국에서 P사가 직접 운영하며

---

63) 본 서에서는 이해의 편의를 위해 그룹 내부 용역 중 저부가가치용역 이외의 용역을 중·고 부가가치 용역으로 구분하였다. 국제조세조정에관한법률이나, OECD이전가격지침서 등에서 사용되는 용어는 아니다.

다른 하나는 일본에서 P사의 자회사인 S사가 운영한다.

- P사 연구개발센터는 P그룹의 전반적 연구개발 프로그램을 담당한다. P사 연구개발센터는 연구프로그램의 개발, 예산의 수립 및 관리, 연구개발 활동의 방향설정, 모든 연구개발 프로젝트의 진행관리를 수행하며 P그룹 운영진의 전략 방향에 따른 연구개발 기능의 관리를 수행한다.
- S사는 P사 연구개발센터가 할당한 특정 프로젝트를 건별로 수행한다.
- S사의 연구개발 인력이 연구개발 프로그램에 대한 수정을 제안할 경우 P사 연구개발센터의 공식 승인을 받아야 한다. S사 연구개발 센터는 한 달에 한번 P사 연구개발 감독 인력에게 연구개발 진행상황을 보고해야 한다.
- S사는 P사가 수립한 예산을 초과하는 경우, P사 연구개발 관리 담당에게 추가 지출에 대한 승인을 받아야 한다.
- P사 연구개발 센터와 S사 연구개발 센터의 계약에 따르면 P사는 S사가 수행하는 모든 연구개발의 위험 및 비용을 부담한다.
- S사 연구인력이 개발한 모든 특허, 디자인 및 무형자산은 계약에 따라 P사가 등록한다.
- P사는 S사에게 연구개발 활동에 대한 용역수수료를 지급한다.

이전가격분석은 P사가 무형자산의 법적 소유자라는 사실에서 출발한다. P사는 연구개발작업을 직접 통제하고 관리한다. 또한, 예산수립, 연구프로그램 선정, 프로젝트 설계, 자금조달 및 지출관리 등의 중요한 기능을 수행한다. 이러한 상황을 고려할 때, P사는 S사가 연구개발을 통해 개발한 무형자산으로부터 창출되는 수익을 수취할 권리가 있다.

S사가 수취할 적정대가를 산정하기 위해 S사가 보유한 연구개발 인력의 상대적인 기술 및 효율성, 수행되는 연구활동의 성격, 무형자산의 가치에 영향을 미치는 다른 사항들을 고려해야 한다. 비교가능 연구개발용역 제공자가 용역에 대하여 수취할 대가를 반영하여 이전가격조정을 하는 경우, 용역을 제공하는 연도에 대하여 조정을 하는 것이 일반적이며, S사의 연구개발 활동으로 얻어지는 무형자산을 사용하여 P사가 수취하는 미래수익에 대한 P사의 권리에는 영향을 미치지 않는다.

용역거래에 대한 이전가격 분석 사례 2(OECD이전가격지침 부록 무형자산 관련 이전가격 분석 사례 15 참고)

P사는 다국적기업그룹의 모회사이다. P사는 미국에서 독점적으로 사업을 영위한다. P그룹은 소비재의 제조 및 판매를 주요 사업으로 한다.

- 시장 지위의 유지 및 향상을 위해 P사는 기존 제품의 개선 및 신제품 개발을 위해 지속적인 연구개발 활동을 수행한다.
- P그룹은 2개의 연구개발센터를 보유하며, 하나는 미국에서 P사가 직접 운영하며

나머지는 한국에서 P사의 자회사인 S사에 의해 운영된다.

- P그룹은 2가지 제품군을 판매한다. A제품군과 관련된 모든 연구개발 활동은 P사가 수행하며 B제품군과 관련된 모든 연구개발 활동은 S사가 수행한다.
- S사는 P그룹의 아시아 · 태평양 지역 내 지역 본사 기능을 수행하며 B제품군의 국제사업에 대한 책임을 진다. 그렇지만 S사의 연구개발 활동으로 취득한 특허는 모두 P사가 소유한다.
- P사는 S사의 연구개발 센터에서 개발된 특허와 관련하여 S사에게 미미한 수준의 대가를 지급하거나 대가를 지급하지 않는다.
- P사와 S사의 연구개발센터는 독자적으로 운영되며 관련 운영비용은 P사 및 S사가 각자 부담한다.
- P사 경영진의 일반 정책에 따라 S사 연구개발센터는 자체 연구프로그램을 개발하고 예산을 수립하며, 연구개발 프로젝트의 중단 및 수정에 대한 결정을 내리고 자체적으로 연구개발 인력을 고용한다.
- S사 연구개발 센터의 보고선은 S사의 B제품군 경영진이며, P사 연구개발 센터에는 보고하지 않는다.
- P사 및 S사의 연구개발팀은 연구방법 및 공통적으로 발생하는 문제에 대해 논의하기 위하여 회의를 한다.

이전가격분석은 S사가 개발한 무형자산의 법적 소유자가 P사라는 전제에서 출발한다. 그렇지만 P사는 연구에 대한 관리, 설계, 예산, 자금과 같은 주요기능을 포함한 S사가 수행하는 연구기능에 대해 어떠한 통제도 하지 않는다. 그러므로 무형자산의 법적 소유자인 P사는 B제품군과 관련된 무형자산으로부터 취득한 소득에 대한 권리를 가질 수 없다. S사 관할 세무당국은 P사가 S사의 연구개발 활동에 따른 결과물의 법적 소유자임은 인정하지만, S사의 수행기능, 사용자산 및 부담위험을 고려하여 S사가 자체 개발한 무형자산의 사용과 관련하여 사용료를 지급하지 않도록 하여 S사가 개발한 무형자산으로 예상되는 미래소득을 P사가 아닌 S사에게 모두 귀속되도록 할 수 있다.

P사가 B제품군 관련 무형자산을 사용하는 경우, P사는 S사에게 무형자산개발과 관련된 수행기능 및 부담위험에 대한 적절한 보상을 지급하여야 한다. S사에 대한 적절한 보상수준을 결정하는데 있어 S사가 무형자산 개발과 관련된 모든 중요역할을 수행하였으므로 연구개발 용역 계약에서 S사를 분석대상으로 선정하는 것은 적절하지 않다.

용역거래에 대한 이전가격 분석 사례 3(OECD이전가격지침 부록 무형자산 관련 이전가격 분석 사례 16 참고)

P사는 나국적기업그룹의 모회사이나. P사는 독일에서 설립되어 사업을 영위한다. P

그룹은 소비재 제조 및 판매를 주요 사업으로 한다. 시장 지위를 유지하고 향상시키기 위해 P사는 기존 제품의 개선 및 신제품 개발을 위한 지속적 연구개발 활동을 수행한다. P그룹은 2개의 연구개발 센터를 보유하며, 하나는 독일에서 P사가 운영하며 나머지는 한국에서 P사의 자회사인 S사가 운영한다.

- 1차 연도에 P사는 새로이 설립된 베트남 내 자회사 T사에게 모든 특허 및 기술관련 무형자산에 대한 모든 권한을 양도하였다.
- T사는 베트남에 생산시설을 설립하고 전세계 P그룹 구성원들에게 제품을 공급하기 시작했다. T사가 지급하는 특허 및 기술관련 무형자산 사용에 대한 대가는 정상가격이다.
- 특허권 및 기술관련 무형자산 이전 당시 T사는 P사 및 S사와 별도의 연구개발 계약을 체결하였다.
  - T사는 향후 연구개발 프로젝트의 실패에 따른 재무위험 및 모든 연구개발 활동 비용을 부담하고, P사와 S사가 수행한 연구개발 활동의 원가에 기초한 용역 수수료를 연구용역에 종사하는 독립회사들이 수취하는 원가가산율을 적용하여 지급하기로 약정한다.
- T사는 연구개발 활동을 수행하거나 감독할 수 있는 기술 인력을 보유하지 않는다.
- P사는 지속적으로 이전된 무형자산의 추가 개발 관련 연구개발 프로그램을 개발하고 설계하며, 자체 예산을 수립하고, 자체 연구개발 인력을 보충하며, 특정 연구개발 프로젝트의 지속 또는 중단 여부를 결정한다. 또한, P사는 사례 1에서 언급된 같은 방식으로 S사의 연구개발 활동에 관여한다.

이 사례에서 중요한 가정은 무형자산과 관련된 모든 개발 활동과 위험관리기능을 P사와 S사가 수행하며, P사가 위험을 통제하고, T사는 제조업자로 기능하며 무형자산의 취득, 개발이나 이용과 관련된 어떤 활동도 수행하지 않으며 무형자산의 취득이나 향후 개발과 관련된 위험을 통제하지 않는다는 것이다. 결론적으로, T사는 제조기능의 보상에 더하여 자금조달 활동에 대하여 무위험대가(risk-free return) 이상을 받을 권리가 없다.

용역거래에 대한 이전가격 분석 사례 4(OECD이전가격지침 부록 무형자산 관련 이전가격 분석 사례 17 참고)

A사는 치료약제의 발견, 개발, 제조 및 판매를 주요 사업으로 영위하는 종합 제약회사이다.

- P사는 한국에서 영업을 수행한다.
- P사는 연구활동을 수행하기 위해 독립적 계약 연구기관에게 다양한 연구개발 활동을 수행하도록 하는데, 이에는 P사가 개발 중인 제품의 임상 실험의 설계 및 수행이 포함된다. 그렇지만, 이 계약 연구기관은 새로운 제약 화합물의 발견이 필요

한 비현실적 연구에는 관여하지 않는다.

- P사는 계약 연구기관에게 임상실험 활동을 하도록 하고, P사 연구직원이 계약 연구기관의 연구활동에 적극적으로 참여하게 하며, 사전연구로 확보한 결과와 정보를 계약 연구기관에 제공하고, 계약 연구기관의 프로젝트에 예산 및 일정을 수립하며, 계약 연구기관의 활동에 대하여 지속적 품질관리를 수행한다.
- 계약 연구기관은 연구용역에 대하여 약정 금액을 지급받고, 연구활동을 통해 개발된 제품판매로 발생하는 이익에는 계속적 권리가 없다.
- P사는 미국 소재 자회사 S사에게 M제품과 관련된 무형자산 및 특허를 이전하였다.
- M제품은 초기 단계의 약제로서 알츠하이머 치료제로 가능성이 있다고 믿어진다. M제품 관련 무형자산 이전에 대한 S사의 지급대가는 정상가격으로 가정한다.
- S사에는 M제품과 관련된 지속적 연구활동을 설계·수행하거나 감독할 수 있는 연구개발인력이 없다. 이에 따라 S사는 무형자산을 이전하기 전과 같은 방식으로 M제품과 관련된 연구프로그램을 수행할 수 있도록 P사와 계약을 체결한다.
- S사는 계속되는 M제품 연구자금을 조달하고, 연구실패의 재무위험을 부담하며, P사가 정기적으로 거래하는 계약 연구기관이 수취하는 원가가산율에 근거하여 P사에게 용역대가를 지급하기로 합의한다.

이전가격 분석은 관련 계약 및 등록에 따라 S사가 M제품 관련 무형자산의 법적 소유자라는 전제에서 시작된다. 그러나 P사는 S사가 소유한 무형자산과 관련된 기능을 수행하고 통제하며 S사가 소유한 무형자산과 관련된 위험을 관리하므로, 그러한 기여에 대한 보상을 받을 권리가 있다. 이러한 경우, P사와 계약 연구기관의 거래는 S사와 P사의 M제품에 대한 계약과 비교할 수 없으며, M제품 관련 무형자산 연구개발 활동에 대한 보상으로 P사에 지급할 대가에 대한 기준으로 사용할 수 없다. S사는 P사와 계약 연구기관의 거래에서 나타나는 A사와 같은 기능을 수행하거나 위험을 부담하지 않는다.

S사는 무형자산의 법적 소유자이지만, 무형자산 이용으로 발생한 전체수익을 수취할 권리는 없다. S사는 연구개발 관련 위험을 제어할 수 있는 능력이 없으므로 A사는 중요기능을 포함한 기능을 수행하고 해당 위험을 부담하는 것으로 보아야 한다. 이러한 경우, P사는 계약 연구기관보다 더 많은 수익을 수취할 권리가 있다.

S사가 조달한 자금은 무형자산의 취득과 지속적 개발의 원가에 해당하는 것으로 S사는 금융수익에 대하여만 권리가 있다. P사는 잔여손익을 취할 권리가 있다.

(4) 저부가가치 용역거래 이전가격 검증에 대한 간편법

거주자가 다음 각 호의 요건을 모두 갖춘 용역거래(이하 "저부가가치 용역거래"라 한다)에 대하여 해당 용역의 원가에 5퍼센트를 가산한 금액을 용역거래의 가격으로 적용한 경우에는 그 금액을 정상가격으로 본다.[64] 이 경우 해당 용역의 원가는 그 용역 제공을 위하여 직접 또는 간접으로 발생한 비용 모두를 포함시키되, 그 용역을 수행하기 위하여 제3자에게 그 용역의 일부 또는 전부를 대행할 것을 의뢰하고 제3자에게 대금을 한꺼번에 지급한 후 이에 대한 비용을 용역을 제공받는 자에게 재청구하는 경우[65]에는 자신이 그 용역과 관련하여 직접 수행한 활동으로부터 발생한 원가만을 포함시킨다(국조령 제12조 제2항).

1. 거래대상 용역은 다음 각 목의 어느 하나에 해당하지 않는 용역으로서 거주자와 국외특수관계인의 핵심사업활동과 직접 관련되지 않는 지원적 성격의 용역일 것
   가. 연구개발
   나. 천연자원의 탐사·채취 및 가공
   다. 원재료 구입, 제조, 판매, 마케팅 및 홍보
   라. 금융, 보험 및 재보험
2. 용역이 제공되는 과정에서 다음 각 목의 어느 하나에 해당하는 사실이 없을 것
   가. 독특하고 가치 있는 무형자산의 사용 또는 창출
   나. 용역 제공자가 중대한 위험을 부담 또는 관리·통제
3. 용역 제공자 및 용역을 제공받는 자는 특수관계가 없는 제3자와 유사한 용역거래를 하지 않을 것

해당 과세연도에 저부가가치 용역거래의 원가에 5퍼센트를 가산한 금액의 합계가 거주자 매출액의 5퍼센트와 거주자 영업비용[66]의 15퍼센트 중 작은 금액을 초과하는 경우에는 상기의 간편법을 적용하지 않는다(국조령 제12조 제3항, 국조칙 제4조).

(5) 저부가가치 용역거래 예시[67]

다음은 저부가가치 용역거래의 예시이다(TPG 7.49).

• 회계 및 감사(예: 재무제표 작성을 위한 자료의 수집검토, 회계기록의 유지관리,

---

64) 엄격히 해석하면, 저부가가치 용역거래에 대한 간편법은 납세자만 사용할 수 있다. 납세자가 간편법을 적용하지 않았다면, 과세당국은 Bench- Marking 등을 통하여 정상 원가가산율을 입증하여야 한다.
65) 이른 바, 투과원가(pass-through cost)를 의미한다.
66) 판매비와 일반관리비를 말한다. 국조령 제8조 제1항 제1호 참고
67) OECD이전가격지침서 7.49

재무제표의 준비, 운영 및 회계감사의 준비·지원, 회계기록의 신뢰성과 안정성 검증, 회계자료 및 정보 수집을 통한 예산수립지원)

- 외상매출금 및 외상매입금의 처리 및 관리(예: 고객 및 고객결제 정보 수집, 신용관리 점검 및 처리)
- 임용 및 채용(예: 채용절차, 지원자 평가 및 선발 지원, 직원 임명, 신입사원 채용, 성과평가 및 경력강화 지원, 해고절차 지원, 정리해고 프로그램 지원), 교육 및 직원 개발(예: 교육수요 평가, 내부 교육 및 개발 프로그램 수립관리 능력 및 경력개발프로그램 수립), 급여지급 용역(예: 의료 및 생명보험, 주식매수선택권, 연금, 근태관리, 세무처리를 포함한 급여용역의 직원보상 및 복지정책에 대한 조언 제공 및 결정), 직원 건강, 고용과 관련된 안전 및 환경기준 개발 및 감시 등의 인적자원 관리활동
- 건강, 안전, 환경 및 기타 사업규제와 관련된 자료수집 및 감시
- 그룹의 주요사업활동이 아닌 정보통신기술 용역(예: 사업상 사용되는 IT시스템의 설치, 유지관리 및 업데이트, 회계, 생산, 고객관계, 인적자원 및 급여, 이메일 시스템과 관련된 정보시스템 포함하는 정보시스템 지원, 정보수집을 위한 장비와 정보시스템 응용프로그램에 대한 사용교육, IT지침개발, 통신용역 제공, IT안내데스크 조직, IT보안시스템 실행 및 유지, 지역네트워크, 광역네트워크, 인터넷 지원, 유지 및 감독 등의 IT네트워크)
- 내·외부 소통 및 홍보지원(주요 정책 수립 및 구체적 광고 및 마케팅활동은 제외)
- 법률 용역. 예를 들면, 계약서, 약정 및 기타 법률서류의 작성 및 검토와 같이 사내변호사가 수행하는 일반법률용역, 법률상담 및 의견제공, 회사의 변호(소송, 중재, 행정절차), 법률연구 및 무형자산의 등록 및 보호에 대한 행정 및 법률업무
- 납세의무와 관련된 활동. 예를 들면, 세무신고(소득세, 판매세, 부가가치세, 재산세, 관세 및 소비세)를 위한 정보수집 및 준비, 세금납부, 세무조사 대응, 과세문제에 대한 조언 제공
- 일반 행정사무지원

(6) 직접청구와 간접청구

용역거래대가 산정방식 중 명백한 대응 기준에 의해 그룹내부간 용역에 대하여 직접

비용배분하는 방법을 직접청구(Direct Charge) 방식이라 하고, 용역 제공자가 국내 또는 국외의 복수 특수관계인들에게 동일 또는 유사한 용역을 제공하고 발생한 비용을 용역을 제공받은 특수관계인들 사이에서 합리적으로 배분 또는 할당하는 방식을 간접청구(In-direct Charge)에 의한 방식이라고 한다.[68]

간접청구방식은 개별사안의 상업특성에 맞춰져야 하고, 자의적 조작을 방지하기 위한 장치가 있어야 하며, 합리적 회계원칙에 부합하여야 하며, 용역수취인의 실제 편익 또는 합리적 기대편익에 상응하는 대가 청구나 원가배분이 이루어져야 한다(TPG 7.23). 제공되는 용역의 성격상 간접청구방식이 불가피한 경우가 있다. 이러한 사례로는 중앙집중 마케팅활동을 수행하거나, 각 용역수취인에 대하여 관련 용역활동을 별도 기록하고 분석하는데 따른 행정부담이 그 용역활동 자체에 비추어 지나치게 큰 경우이다. 이러한 경우에는 다양한 용역의 실제 수혜자에게 특정하여 배분할 수 없는 원가들을 모든 수혜자에게 배분함으로서 대가를 결정할 수 있는데, 이 때에는 정상거래원칙을 충족하기 위해 선택한 배분방법의 적용 결과가 비교가능 독립기업이었다면 받아들였을 수준에 부합하여야 한다(TPG 7.24).

납세자는 거주자와 국외특수관계인 간의 용역거래(경영관리, 금융자문, 지급보증, 전산지원 및 기술지원, 그 밖에 사업상 필요하다고 인정되는 용역의 거래 등)의 정상가격 산출방법으로 원가가산방법 또는 거래순이익률방법을 적용할 때에는 용역 제공을 위하여 발생한 비용의 지출항목별 명세서 등을 제출하여야 하고, 간접 청구방식으로 용역의 대가를 산출하는 경우에는 그 비용 배분 또는 할당에 관한 자료를 제출하여야 한다.

> :: 대법원 2018.5.31. 선고 2018두38479 판결
> 간접청구 방식으로 용역의 대가를 산정하는 경우에는 납세의무자가 먼저, (…) 실제로 사업과 관련한 용역을 제공받았으며, 간접청구 방식에 의해 배부기준이 합리적으로 결정되었다는 점에 관한 사실관계를 밝힐 필요가 있고, 과세관청은 납세의무자가 밝힌 사실관계를 기초로 하여 납세의무자가 신고한 어느 손금의 용도나 지급의 상대방이 허위라거나 손금으로 신고한 금액이 손비의 요건을 갖추지 못하였다는 사정을 상당한 정도로 증명하면 된다.
> 원고가 OOO 계열사들로부터 실제로 소프트웨어 라이선스, 컨설팅, 유지보수, 고급고객서비스, 교육, 마케팅, 일반관리 부문 등에서 원고가 독자적으로 수행할 수 없는 업무 또는 원고가 일부 업무를 수행할 수 있더라도 계열사의 도움이나 협업이 필요

---

68) OECD이전가격지침서 Glosarry, 국조칙 제28조 제1항 제6호

한 업무, 국제적으로 표준화된 품질의 서비스를 제공할 필요가 있는 업무 등을 제공받았음을 알 수 있고, 그와 같은 용역의 제공은 2006 내지 2010 사업연도 기간에 지속적으로 이루어진 것으로 추인되며, (…) ○○○ 계열사들이 원고에게 제공한 용역은 원고의 사업활동을 위한 것으로서 원고의 소득발생과 합리적인 관련이 있다고 봄이 타당하다.

원고가 속한 업종의 다른 회사에 비하여 원고가 상당히 높은 수준의 영업이익률을 기록하고 있어 원고가 과다한 서비스비용을 배부받지는 않고 있는 것으로 보이는 점 등을 종합하여 보면 이 사건 서비스비용 배부기준의 합리성도 인정된다.

용역거래에 대한 정상가격 산출방법 신고서

(앞쪽)

신고인	① 법인명(상호)		② 사업자등록번호		
	③ 대표자(성명)				
	④ 업종		⑤ 전화번호		
	⑥ 소재지(주소)				

국외특수 관계인	⑦ 법인명(상호)			⑧ 소재 국가		
	⑨ 대표자(성명)			⑩ 업종		
	⑪ 신고인과의 관계	지배	피지배	자매	실질 지배	본점·지점 등
	⑫ 소재지(주소)					

⑬ 용역거래의 종류				
⑭ 주된 사업활동				
⑮ 정상가격 산출방법				
⑯ 위의 방법을 선택한 이유				
⑰ 제공 용역	⑱ 특정 용역			
	⑲ 공통 용역			
⑳ 용역 대가 청구 방식 및 금액	㉑ 직접청구			
	㉒ 간접청구			
	㉓ 계			
㉔ 간접청구 배부기준				

「국제조세조정에 관한 법률」 제16조 제2항 제3호에 따라 위와 같이 용역거래에 대한 정상가격 산출방법 신고서를 제출합니다.

년   월   일

신고인

(서명 또는 인)

세무서장 귀하

210mm×297mm[백상지 80g/㎡ 또는 중질지 80g/㎡]

Ⅳ 무형자산거래의 정상가격 산출방법

(1) 이전가격 세무검증 목적상 무형자산의 정의

"무형자산"이란 사업활동에 사용가능한 자산(유형자산 또는 금융자산 외의 것을 말한다)으로서 특정인에 의해 소유 또는 통제가 가능하고 특수관계가 없는 독립된 사업자 간에 이전 또는 사용권 허락 등의 거래가 이루어지는 경우 통상적으로 적정한 대가가 지급되는 것을 말하며, 다음 각 호의 어느 하나에 해당하는 것을 포함한다(국조령 제13조 제1항).

1. 특허법에 따른 특허권
2. 실용신안법에 따른 실용신안권
3. 디자인보호법에 따른 디자인권
4. 상표법에 따른 상표권
5. 저작권법에 따른 저작권
6. 서비스표권, 상호, 브랜드, 노하우, 영업비밀 및 고객정보·고객망
7. 계약에 따른 권리 및 채취권, 유료도로관리권 등 정부로부터 부여받은 사업권
8. 영업권 및 계속기업가치

거주자와 국외특수관계인 간의 무형자산거래에 대한 정상가격을 산출하는 경우에는 다음 각 호의 사항을 고려해야 한다(국조령 제13조 제2항).

1. 해당 무형자산의 법적 소유 여부와 관계없이 해당 무형자산의 개발, 향상, 유지, 보호 및 활용[69]과 관련하여 수행한 기능 및 수익 창출에 기여한 상대적 가치에 상응하여 특수관계가 없는 독립된 사업자 간에 적용될 것으로 판단되는 합리적인 보상을 받았는지 여부

---

69) 통상적으로 DEMPE(Development, Enhancement, Maintenance, Protection, Explore)라고 한다

2. 거래의 특성에 따른 다음 각 목의 요소

　가. 무형자산으로 인하여 기대되는 추가적 수입 또는 절감되는 비용의 크기

　나. 권리행사에 대한 제한 여부

　다. 다른 사람에게 이전하거나 재사용을 허락할 수 있는지 여부

(2) 무형자산의 식별

이전가격 분석 목적상 중요하게 고려되는 무형자산이 언제나 회계 목적상 무형자산으로 인식되는 것은 아니다. 예를 들면, 연구, 개발 및 광고 등의 지출을 통해 만들어지는 내부적으로 개발되는 무형자산과 관련된 원가는 회계 목적상 자본화되지 않고 비용으로 인식되기 때문에 재무상태표 등에서 무형자산으로 인식되지 않는다. 그렇지만, 이러한 무형자산은 상당한 경제가치 창출에 사용되므로 이전가격 분석 목적상 고려되어야 한다. 또한, 상호보완적 특성을 가진 무형자산들은 경제가치를 증대시키지만 항상 재무상태표 등에 반영되는 것은 아니다. 이에 따라, OECD모델조세조약 제9조 주석에서 이전가격 분석 목적상 무형자산으로 보아야 하는지 여부는 회계 목적상 무형자산의 특성을 통해 파악할 수 있지만, 오로지 그러한 회계 목적상 특성의 정의만으로 판단하지 않는다고 설명한다. 또한, 이전가격 분석 목적상 무형자산으로 보는 경우에도 그 특성에 따라 일반 세무 목적상 당연히 비용 처리하거나 감가상각자산으로 인식할 수 있는 것은 아니다(TPG 6.7).

법률적, 계약적 보호 또는 다른 형태의 보호 가능성과 범위는 무형자산의 가치와 그 무형자산에 귀속되는 수익에 영향을 미친다. 그렇지만, 이러한 보호의 존재 유무는 이전가격 분석 목적상 무형자산으로 인정되기 위한 필수조건은 아니다. 마찬가지로, 일부 무형자산은 별도로 식별되고 이전되는 반면, 다른 무형자산은 다른 사업자산과 결합되어 이전되기도 한다. 따라서 별도로 이전할 수 있는지 여부도 이전가격분석 목적상 무형자산으로 인정되기 위한 필수조건은 아니다(TPG 6.8).

시장상황이나 지역시장의 환경과 무형자산은 확실히 구분하여야 한다. 예를 들면, 시장 안에 있는 가정(假定)의 가처분소득, 시장의 크기나 상대적 경쟁력과 같은 지역시장의 특징은 소유되거나 통제될 수 없다. 일부 상황에서, 이러한 정보들은 특정거래에서 정상가격을 산출하는데 영향을 줄 수 있고 비교가능성 분석에서 꼭 반영되어야 하는 부분이지만, 이전가격 분석 목적상 무형자산으로 분류되지 않는다(TPG 6.9).

무형자산 관리용역 거래에 대한 이전가격 분석 사례 1(OECD이전가격지침 부록 무형자산 관련 이전가격 분석 사례 1 참고)

- P사는 다국적기업 그룹의 모회사이고 S사는 P사의 완전 자회사이다. P사는 연구개발자금을 조달한다. P사는 무형자산에 대한 권리를 일괄적으로 관리하기 위하여 S사에게 P사가 개발한 무형자산 사용을 허여하고 모든 특허권도 S사의 명의로 등록한다.
- S사는 특허권 관리를 위하여 3명의 변호사를 고용하며 그 밖의 직원은 없다. S사는 연구개발 활동을 수행하거나 이에 관여하지 않고 연구개발 활동을 위한 개발인력을 고용하거나 관련 비용을 지출하지 않는다.
- 특허권 방어와 관련된 중요한 의사결정은 S사의 조언을 반영한 후 P사 경영진이 수행하며, 계열사와 제3자 간 권리사용 거래에 대한 모든 의사결정은 P사 경영진이 한다.
- P사는 S사에게 특허권에 대한 권리를 이전하면서 S사로부터 이에 대한 대가로 100유로를 지급받고, 동시에 S사는 특허권 등록기간 동안 특허권에 대한 모든 권리를 다시 P사에게 사용료를 수취하지 않고 독점적으로 재허여한다. P사가 S사로부터 지급받은 100유로는 정상가격 수준에 미치지 못한다고 가정한다.
- P사는 제품을 생산하고 국제적으로 판매하기 위하여 특허권을 사용하며, 이를 제3자에게 재허여하기도 한다. 반면, S사는 특허권에 대한 상업활동을 수행하지 않는다.

P사는 특허권 관리용역을 제외한 무형자산의 개발, 향상, 유지, 보호 및 활용과 관련된 모든 기능을 수행한다. P사는 무형자산의 개발 및 사용과 관련된 자산을 보유하고 사용하며, 이와 관련된 모든 위험을 실질적으로 부담한다. 따라서 P사는 무형자산의 개발로 발생한 모든 수익을 수취할 권리가 있다. 이 경우, P사 관할 세무당국은 P사가 S사에게 명목상으로 특허를 이전한 것과 S사가 P사에게 다시 모든 특허에 대한 권한을 재허여한 것을 종합적으로 고려하여, 두 회사들 간에 특허권 관리용역 계약이 있었다는 것을 유추할 수 있다. 따라서 특허권 관리용역에 대한 정상가격이 산정되어야 하며, 이 다국적기업그룹이 특허권 사용을 통하여 얻은 이익에서 관리용역에 대한 정상대가를 제외한 나머지 부분을 P사에 배분하여야 한다.

무형자산 관리용역 거래에 대한 이전가격 분석 사례 2(OECD이전가격지침 부록 무형자산 관련 이전가격 분석 사례 2 참고)

- 특허권 개발 및 관리와 관련된 사실관계는 사례 1과 같다.
- 다만, P사에게 영구적이며 독점적 권리허여를 하지 않고 S사는 P사의 지시와 통제 아래 특허권에 대한 사용권을 계열사 또는 제3자에게 허여하며 이에 대한 사용료를 수취한다. 계열사가 S사에 지급하는 사용료는 정상가격이라고 가정한다.
- S사는 계약상 특허권의 소유주이나 특허권의 개발, 향상, 유지, 보호 및 활용과 관

련된 활동에는 개입하지 않으며, S사가 수행하는 기능은 직원 3명이 수행하는 특허권 등록 및 유지관리 활동으로 제한된다. 이 경우, S사는 단순히 특허권 등록업무를 수행하므로 권리허여 계약으로부터 정상가격을 초과하는 대가를 수익으로 수취할 수 없다.

사례 1에서 보듯이, 거래 관계의 실질 성격은 특허권 관리용역 계약이다. S사가 P사에게 특허권 양도에 대한 대가를 지급할 때 적정 이전가격은 S사가 권리허여를 통하여 벌어들인 총수익에서 S사가 특허권 등록 및 관리 활동에 대한 적정보수를 차감한 금액과 같아야 한다.

▓ 무형자산 관리용역 거래에 대한 이전가격 분석 사례 3(OECD이전가격지침 부록 무형자산 관련 이전가격 분석 사례 3 참고)

- 사실관계는 사례 2와 같다.
- 다만, S사가 계열사 또는 제3자에게 초기 특정연도 동안 특허권 권리를 사용허여한 후, P사의 지시와 통제 아래 이를 제3자에게 양도하고 소유기간 동안의 특허권 가치상승을 반영하여 대가를 수취한다.
- S사의 특허권 소유기간 동안의 기능은 사례 1 및 사례 2에서 언급한 바와 같이 특허권 등록 활동으로 국한한다.

이 경우, S사의 수익은 사례 2와 같다. S사는 특허권 등록 활동에 대해서는 대가를 수취하지만, 특허권의 이용으로 수취하는 소득에 대해서는 권리가 없다.

▓ 무형자산 관리용역 거래에 대한 이전가격 분석 사례 4(OECD이전가격지침 부록 무형자산 관련 이전가격 분석 사례 4 참고)

- 특허권 개발과 관련된 사실관계는 사례 3과 같다.
- 사례 1과 달리, S사는 특허권 사용에 대한 의사결정을 할 수 있는 직원이 있고 이들은 실제로 의사결정을 한다.
- S사 직원들은 권리허여 계획과 관련된 모든 의사결정을 하며, 사용자들과의 모든 협상을 수행하고, 권리허여 조건에 따라 독립 사용자들의 의무준수 여부를 감시한다.
- 특허권에 대하여 S사가 지급하는 가격은 미래 권리허여 프로그램에 대한 당사자들의 계산을 반영하고 S사에게 특허권을 부여한 시점에 특허 사용으로 수취하는 예상소득을 반영한 정상가격이라고 가정한다.
- 특허권이 양도된 후, S사는 몇 년 동안 제3자에게 특허권을 허여한다. 그 이후에 S사에 특허권을 부여할 때 예상하지 못한 외부상황 때문에 특허권 가치가 상당히 증가한다.
- S사는 P사에 지급했던 당초 대가 이상의 금액을 받고 특허권을 제3자에 판매하였

다. S사 직원은 특허권 매각에 대한 모든 결정을 하고 매각조건을 협상하며, 특허
권 매각과 관련된 모든 사항을 관리하고 통제한다.

이 경우, S사는 특허권 매각으로 인해 발생한 수익을 보유할 권리가 있는데, 이에는
예기치 못한 외부상황으로 인한 특허 가치평가에 대한 대가가 포함된다. 만약, S사
가 특허권을 보유하는 기간 동안 예상치 못한 외부상황으로 인해 특허권 가치가 하
락한다면, S사는 특허권 매각으로 인한 손실에 대한 책임을 진다.

▪▪ 무형자산 개발 비용 부담에 대한 이전가격 분석 사례(OECD이전가격지침 부록 무형자산 관련 이전가격 분석 사례 6 참고)

1차연도에 미국 소재 A사 및 한국 소재 B사로 구성된 다국적기업그룹은 새로운 무
형자산을 개발하기로 결정하였다.

- 해당 무형자산은 B사의 현재 무형자산, 과거 실적 및 숙련된 연구개발 직원을 기
반으로 높은 수익창출이 예상된다.
- 이 무형자산을 상품화하려면 약 5년의 개발 기간이 예상되며, 성공적으로 개발되
면 사용 시점부터 약 10년 동안 가치가 지속될 것으로 예상된다.
- A사 및 B사의 개발계약에 의하면 B사는 무형자산의 개발, 향상, 유지, 보호 및
활용과 관련된 모든 활동을 수행하고 관리하며, A사는 개발과 관련하여 5년 동안
연간 1억원의 모든 비용을 조달하고 무형자산의 법적 소유자가 된다.
- 개발 후 무형자산은 6차연도부터 15차연도까지 연간 5억 5천만원의 수익을 창출
할 것으로 예상된다.
- B사는 A사로부터 특허권을 권리허여받고 비교가능한 사용자의 수익창출 수준을
참고하여 무형자산에 대한 사용대가를 A사에게 지급할 예정이다.
- 이러한 추정 사용료를 A사에게 지급한 후 B사는 6차연도부터 15차연도의 10년
동안 무형자산을 기초로 만든 제품판매를 통하여 연간 2억원의 수익을 기대한다.
- P사 관할 세무당국은 A사 및 B사의 수행기능, 사용자산 및 부담위험을 토대로
기능분석을 한 결과 A사의 기능은 연구개발에 대한 자금조달 역할로 이와 관련한
위험만을 부담하는 것으로 파악한다.
- A사는 자체 인력을 통하여 제3자가 연구개발에 대한 자금조달을 하는 경우에 수
반되는 기능과 같은 기능을 수행하는데, 이에는 무형자산으로 인한 기대수익의 분
석, 자금조달관련 위험분석, 추가자금조달 가능성의 분석, 위험관리 가능성의 분석
이 포함된다.

A사의 무형자산에 대한 기여도를 고려하여 A사의 예상대가 또는 수익은 A사가 수
행한 자금조달위험에 대한 조정이 반영된 수익이어야 한다. 이를 연간 약 1억 1천만
원이라고 가정하는데, 이는 위험을 조정한 예상 재무수익 11%와 같다. 이에 따라,

B사는 A사의 기대수익을 계상한 후 나머지 기대수익에 대한 권리가 있는 바, 납세자가 주장하는 연간 2억원이 아니라 연간 4억 4천만원(5억 5천만원 - 1억 1천만원)를 받을 권리가 있다.

⁛ 무형자산 사용 지역에 대한 이전가격 분석 사례(OECD이전가격지침 부록 무형자산 관련 이전가격 분석 사례 18 참고)

P사는 한국에 설립되어 영업활동을 수행한다. S사는 베트남에 설립된 P사의 관계회사이다.

- P사는 X제품에 대한 특허 및 제조 노하우를 소유하며, 모든 국가에서 특허를 보유한다

- P사와 S사는 S사가 베트남에서 X제품을 제조하고 판매할 수 있는 특허 노하우 권리허여 계약을 체결하였다. 또한 P사는 아시아, 아프리카 및 한국 전역에 X제품에 대한 특허권 및 노하우를 소유한다.

- 베트남에서 X제품을 제조하기 위하여 S사는 특허 및 노하우를 사용한다

- S사는 베트남 내 제3자 및 관계회사들에게 X제품을 판매하고, 아시아 및 아프리카 소재의 도매업을 수행하는 관계회사들에게도 X제품을 판매한다.
  - 이 도매법인들은 X제품을 아시아 및 아프리카 고객에게 재판매한다. P사는 S사가 아시아 및 아프리카 내 도매 법인들에게 X제품을 재판매하기 때문에, 아시아와 아프리카에서 보유하는 특허권을 행사하지 않는다.

이러한 경우, 당사자들의 행동에서 P사와 S사의 거래는 베트남 뿐 아니라 아시아 및 아프리카에서의 X제품에 대한 특허권 및 노하우 권리허여 계약이라는 점을 알 수 있다. P사와 S사의 거래에 대한 이전가격 분석에서 당사자들의 행동에 근거하여 S사의 권리허여는 베트남에 국한되지 않고 아시아 및 아프리카로 확대되어야 한다. 아시아 및 아프리카 회사들에 대한 사용료를 포함하여 모든 지역에서 S사의 예상 전체 매출을 고려하여 사용료를 재계산하여야 한다.

⁛ 무형자산 식별에 대한 이전가격 분석 사례(OECD이전가격지침 부록 무형자산 관련 이전가격 분석 사례 19 참고)

한국에 소재하는 P사는 소매업을 영위하며 다수의 백화점을 보유한다.

- 수년에 걸쳐 P사는 백화점 영업을 위한 노하우 및 독특한 마케팅 개념을 개발하였다. 이러한 노하우 및 독특한 마케팅 개념은 이전가격 검토 목적상 무형자산에 해당된다.

- 한국 내에서 성공적 사업운영 후 P사는 베트남 내에 신규 자회사 S사를 설립하였다. S사는 베트남 내 새로운 백화점을 설립하여 운영하고 베트남 내 비교가능 소매회사보다 높은 이윤을 달성하였다.

- 기능분석 결과, S사가 베트남 내에서 사용하는 노하우 및 독특한 마케팅 개념은 S사가 한국 내에서 사용하는 노하우 및 마케팅 개념과 같다.

이러한 경우, 당사자들의 행동을 통해 노하우 및 독특한 마케팅 개념은 P사에서 S사에게로 이전된 것을 알 수 있다. 비슷한 상황에서 제3자의 경우에는 S사에게 베트남에서 해당 노하우 및 마케팅 개념의 사용을 허여하는 권리허여 계약을 체결했을 것이다. 이에 따라, 세무당국은 그 무형자산 사용에 대해 S사가 P사에 사용료를 지급하도록 이전가격조정을 할 수 있을 것이다..

:: **무형자산 구조재편에 대한 이전가격 분석 사례(OECD이전가격지침 부록 무형자산 관련 이전가격 분석 사례 20 참고)**

P사는 미국에 설립되었다. P그룹은 한국에 소재하는 100% 소유 자회사 S1을 통하여 Q제품을 한국 및 싱가포르에서 제조하여 판매한다.
- P사는 Q제품의 디자인에 대한 특허를 보유하며 고유상표 및 마케팅 무형자산을 보유한다.
- 특허 및 상표는 한국 및 싱가포르에서 P사의 명의로 등록된다.
- P사는 한국과는 별도로 싱가포르에 별도 자회사를 설립하여 사업을 영위하는 것이 효율적이라고 판단하였다. 이에 따라, P사는 싱가포르에 자회사 S2를 설립하여, 아래와 같은 거래를 수행한다.
  - S1은 한국에서 사용하던 유형자산 및 마케팅 무형자산을 S2에 양도한다
  - P사와 S1은 싱가포르에서 Q제품과 관련하여 S1에게 싱가포르에서 Q제품 관련 제조 및 판매권, 관련 특허 및 상표의 사용권, 고객관리, 고객명단, 영업권 및 사용권 등 기타사항에 대한 권리를 부여하는 계약을 종료한다.
- P사는 S2와 싱가포르에서 사용권을 허여하는 장기 권리허여 계약을 체결하였다.
- S2는 싱가포르에서 Q제품 관련 사업을 영위하며, S1은 한국에서 Q제품 관련 사업을 영위한다.
- 사업을 영위하는 동안, S1은 독립기업이 S1의 싱가포르 사업을 인수하려 할 만큼 실질적 사업가치를 증가시켰으며, 이러한 사업가치는 S1의 싱가포르 사업을 독립 당사자에게 매각하는 경우, 매각가격에서 영업권으로 취급된다.
- (i) S1의 유·무형자산을 싱가포르의 S2에게 이전하고, (ii) S1이 권리를 포기하고 P사가 이를 S2에게 허여하는 거래가 복합되어 S2로 이전되는 거래는 아래와 같은 3개로 구분된다.
  - S1이 보유한 유형자산을 싱가포르 소재기업 S2로 이전하는 거래
  - S1이 P사로부터 허여받은 권리를 포기하는 거래
  - P사의 권리를 S2에 허여하는 거래

이전가격 목적상, 이 3개의 거래와 관련하여 P사 및 S2가 시급한 대가에는 회계상

영업권에 해당하는 금액을 포함하는 사업가치가 반영되어야 한다.

기타 무형자산 거래에 대한 이전가격 분석 사례(OECD이전가격지침 부록 무형자산 관련 이전가격 분석 사례 21 참고)

P사는 소비재를 취급하는 회사로 한국에 설립되었다.

- 1차 연도 이전에 P사는 Y제품을 한국에서 제조하였고 관계 판매회사를 통하여 전 세계에 판매하였다. Y제품은 경쟁사에 비하여 초과이익이 있으며 P사는 그 초과이익에 대한 영업권 및 상표권의 개발자로서 법적 소유자이다.
- 2차 연도에 P사는 자회사 S사를 싱가포르에 설립하였다. S사는 싱가포르 내에서 도매업을 영위하며 송장도 발행한다. P사는 지속적으로 Y제품을 계열사인 판매회사에 판매하지만, 제품 소유권은 S사에게 귀속되므로 S사는 판매회사들에게 송장을 발행할 권한이 있다.
- 2차 연도 초 S사는 Y제품에 대하여 발생한 판매회사의 마케팅 비용을 보상한다. 판매회사에 대한 마케팅 비용 보상에도 불구하고 판매회사의 영업이익이 일정하게 유지되도록 판매회사의 제품 구매가격(S사가 판매회사에 판매하는 가격)을 상향 조정한다. 이 경우, 판매회사의 영업이익률은 2차연도 전후의 제품가격 정책 및 마케팅 비용 구조변경에도 불구하고 정상가격임을 가정한다.
- S사는 Y제품에 대해 마케팅 기능을 수행하지 않으며, 이에 대한 위험을 부담하지 않는다.
- 3차 연도에 P사가 S사에게 청구하는 제품가격이 낮아진다. 두 회사는 S사가 무형자산과 관련된 소득을 받을 권리가 있기 때문에 제품가격을 낮추는 것이 정당하다고 주장한다. 이 소득은 S사가 부담한 광고비를 통하여 창출된 Y제품 관련 무형자산에 귀속되어야 한다는 주장이다.

실제로, S사는 Y제품 관련 무형자산의 사용으로 발생한 수익에 대해 권리가 없다. S사는 무형자산의 개발, 향상, 유지, 보호 및 활용과 관련하여 어떠한 기능도 수행하지 않고 어떠한 위험도 부담하지 않으며 실제로 어떠한 비용도 지출하지 않기 때문이다. 그러므로 3차연도에 P사의 소득을 상향 조정하는 이전가격조정이 적절하다.

무형자산 통합 거래에 대한 이전가격 분석 사례(OECD이전가격지침 부록 무형자산 관련 이전가격 분석 사례 22 참고)

A사는 채광활동에 대한 정부허가와 철도사용에 대한 정부허가를 보유한다. 채광허가는 20의 시장가치가 있으며, 철도권리 허여는 10의 시장가치가 있다. A사는 다른 자산을 보유하지 않는다.

- A사와 독립관계인 B사는 100에 A사의 지분을 모두 인수한다. 회계 목적상 B사의 인수가격 100은 채광 허가에 20, 철도권리 허여에 10, 채광 허가 및 철도 허가로

창출된 동반 효과로 인한 영업권에 70이 배분된다.

- 인수 직후 B사는 A사의 채광 허가 및 철도권리 허여를 B사의 자회사인 S사에 이전하도록 하였다

- A사와의 거래에 대하여 S사가 지급하는 이전가격을 분석할 경우, 이전된 무형자산을 특정하는 것이 중요하다. B사는 A사로부터 정상가격으로 인수한 대로, S사에게 이전된 권리 허여와 관련된 영업권이 고려되어야 하는데, 일반적으로 영업권 가치는 사라지지 않으며, 내부 사업구조 조정에 따라 훼손되지 않는다고 보아야 하기 때문이다

이와 같이, A사와 S사의 거래에 대한 정상가격은 채광 허가, 철도권리 허여 및 회계 목적상 기표한 영업권 가치를 고려하여야 한다. B사가 A사의 지분을 취득하면서 지급한 100은 정상가격이며, 무형자산의 통합거래에 대한 유용한 정보를 제공한다.

무형자산 인수가격 배분에 대한 이전가격 분석 사례 1(OECD이전가격지침 부록 무형자산 관련 이전가격 분석 사례 23 참고)

- B사는 T사의 지분 100%를 100에 인수하였다.

- T사는 유망한 연구개발을 수행하지만, 매출은 미미한 수준이다. 회사인수 가격은 미래가치에 따라 산정되기도 하는데, 부분 개발된 기술과 미래 신기술을 개발할 T사 인력의 잠재력을 기준으로 산정할 수 있다. B사는 회계 목적상 T사의 인수가격 100 중 20은 유형자산 및 특허를 포함한 무형자산에, 80은 영업권에 배분하였다.

- 인수 직후, B사는 T사의 특허, 기밀사항 및 기술 노하우 등의 무형자산을 B사의 자회사인 S사에게 이전하도록 하였다. S사는 T사와 연구계약을 체결하였으며 계약에 따라 T사의 직원들은 이전된 기술 및 신규 기술개발과 관련된 연구개발 활동을 S사를 위해 수행한다.

- T사는 연구용역에 대하여 원가가산율 기준으로 보상받고, 개발된 무형자산 권리는 S사가 갖는다. 이에 따라, S사는 향후 이루어질 모든 연구활동을 재정적으로 지원하며, 특정 연구개발 활동이 실패하거나 상업적으로 실용 가능하지 않은 경우에는 재무위험을 부담한다.

- S사는 다수의 연구개발 직원을 고용하며 이에는 T사로부터 이전받은 기술을 관리하는 인력이 포함된다. S사의 연구개발 담당 인력은 T사 연구담당 직원을 관리하며 새로운 프로젝트를 실행하고, 예산을 계획하며, S사는 T사가 진행한 모든 프로젝트에 대한 권리가 있다. T사 직원들은 계속 T사의 직원으로 남으며, S사가 실행하는 프로젝트에 지속적으로 투입된다.

- T사가 이전한 무형자산에 대하여 S사가 지급한 정상가격 및 T사가 제공하는 지속적인 연구개발 용역에 대하여 지급되는 대가의 이전가격 분석을 수행할 때, S사에 이전된 무형자산 및 T사가 보유하는 무형자산이 무엇인지 파악하여야 한다.

- 인수가격의 배분[70]에 반영된 무형자산의 정의와 가치 산정은 이전가격 목적상 결정적인 것은 아니다. B사가 T사의 주식에 대하여 지급한 100은 그 회사의 주식에 대한 정상가격에 해당하며, T사의 사업가치와 관련된 유용한 정보를 제공한다. 그 사업의 전체가치는 S사에게 이전된 유·무형자산가치 또는 T사가 취득한 유·무형자산 및 인력에 반영되어야 한다. 사실에 따르면, T사의 영업권으로 인수가격 배분에 기표된 가치 부분이 다른 T사의 무형자산과 함께 S사에 이전되었다. 또한, 영업권으로 인수가격 배분에 기표된 가치의 일부는 T사가 보유하고 있다.
- T사는 그 가치에 대하여 보상받을 권리가 있는데, 이러한 보상은 기술무형자산 권리의 이전에 대하여 S사가 지급하는 대가의 일부로 이루어지거나, 또는 T사 노동력의 연구개발용역에 대한 거래로 T사가 수취하는 보상을 통하여 이루어질 수 있다.

일반적으로, 사업가치는 사라지지 않으며, 내부 사업구조조정으로 훼손되지 않는다고 보아야 한다. S사에 대한 무형자산 이전이 취득 시점과 구분되어 이루어졌다면, 이전된 무형자산의 가치는 감가상각이나 감모상각을 고려하여 평가되어야 한다.

무형자산 인수가격 배분에 대한 이전가격 분석 사례 2(OECD이전가격지침 부록 무형자산 관련 이전가격 분석 사례 26 참고)

- P사는 다국적기업그룹의 모회사로서 소프트웨어 제품의 개발 및 판매를 주요 사업으로 영위한다.
- P사는 P사와 같은 국가에 설립된 상장회사인 S사의 지분 100%를 160에 인수하였다. 인수 당시 S사 주식의 시장거래가격은 총 100이며, 경쟁 입찰자들은 S사의 인수가격으로 120~130을 제시하였다.
- 인수 당시, S사는 매우 제한된 수준의 유형자산을 보유하였다. 사업가치는 대부분 개발이 완성되거나 부분적으로 개발된 소프트웨어 관련 무형자산 및 풍부한 경험을 보유한 인력으로 구성된다. 회계 목적상 P사는 인수가격 160 중 10은 유형자산, 60은 무형자산, 90은 영업권으로 배분하였다. P사는 이사회에서 S사와 P사의 제품은 상호 보완적이라는 이유로 인수가격 160에 대한 타당성을 주장하였다
- T사는 P사의 종속회사이다. P사는 T사에게 유럽과 아시아시장 내에서 무형자산의 독점사용권을 허여하였다. S사를 인수하기 이전에 T사와 P사 간 체결된 유럽 및 아시아 시장의 무형자산 독점사용권과 관련된 계약은 모두 정상가격이라고 가정한다.
- S사 인수 직후, P사는 S사를 청산하고 T사에게 아시아와 유럽시장에서 S사 제품 관련 무형자산의 영구적 독점 사용권을 허여하였다.

---

70) 기업인수가격 배분(Purchase Price Accounting, PPA)은 한 회사가 다른 회사를 인수 또는 합병할 때 취득한 다양한 자산과 부채의 가치를 배분하는 절차이다. 회계목적으로 수행한 합병에 따른 기업인수가격 배분시 산출한 무형자산 평가액은 이전가격 측면에서는 결정적인 것은 아니지만(TPG 6.155), 무형자산 거래에 대한 이전가격 검증시 중요한 참고자료가 될 수 있다.

T사에게 허여된 S사의 무형자산에 대한 정상가격을 산출할 때, S사 지분 인수가격에 포함된 시장거래가격을 초과하는 가산금을 감안하여야 한다. P사가 지급한 가산금이 P사와 S사의 제품의 상호 보완적 성격을 반영한 것이라면, T사는 S사의 무형자산 및 관련 사용권에 대한 대가를 지급할 때, 그 가산금을 반영한 금액을 지급해야 한다. T사의 시장 밖의 상호 보완적 상품에 배타적으로 귀속되는 구매가격 가산금이 있는 경우, T사의 시장 지역과 관련된 무형자산에 대하여 T사가 S사에게 지급하는 정상가격을 결정할 때 그 구매가격 가산금은 제외되어야 한다. 회계 목적상 수행된 인수가격배분에서 무형자산에 귀속된 가치는 이전가격 목적상 결정적인 것은 아니다.

(3) 무형자산거래의 정상가격 산출방법

거주자와 국외특수관계인 간의 무형자산거래에 대한 정상가격 산출방법은 다음 각 호의 어느 하나에 해당하는 방법을 우선적으로 적용해야 한다(국조령 제13조 제3항).
1. 비교가능 제3자 가격방법
2. 이익분할방법

거주자와 국외특수관계인 간의 무형자산거래에 대한 정상가격 산출방법으로 그 밖의 합리적인 방법을 적용할 때에는 해당 무형자산의 사용으로 창출할 수 있는 미래의 현금흐름 예상액을 현재가치로 할인하는 방법에 따른다. 이 경우 미래의 현금흐름 예상액, 성장률, 할인율, 무형자산의 내용연수 및 잔존가치, 조세부담 등 제반 요소들이 객관적이고 합리적인 방법으로 수집 또는 산출되어야 하며, 거주자는 이를 증명할 수 있는 자료를 보관·비치해야 한다(국조령 제13조 제4항).

(4) 미래현금흐름할인방법(이익접근법) 사용 예시

미래현금흐름할인방법은 무형자산 사용자가 해당 사업활동으로부터 달성한 이익에서 그룹 무형자산을 사용하지 않는 사업자들이 달성한 통상의 이익을 차감하여 무형자산 사용자의 통상적인 이익으로 귀속시키고 나머지 업종 통상이익을 초과하는 잔여이익을 무형자산을 사용하는 사용자가 자체적으로 보유하거나 사용 중인 기술 무형자산 및 마케팅 무형자산과 무형자산 소유권자에게 귀속되는 잔여이익으로 분할하여 무형자산 사용 편익으로 인하여 발생한 잔여이익을 무형자산 소유권자에게 지급하여야 할 로열티의 정상가격으로 산정하는 방법이다. 미래현금흐름할인방법의 적용과정은 다음과 같다.

가. 무형자산 사용자의 수정후 영업이익 계산

무형자산 사용자의 초과이익을 산출하기 위해서는 무형자산 사용자의 추정손익 및 무형자산 사용자가 자체적으로 보유하거나 사용 중인 기술 무형자산 및 마케팅 무형자산을 고려한다. 수정 후 영업이익은 이와 같이 고려된 무형자산 사용자의 미래 추정손익에 무형자산의 개발 및 유지관리 활동과 관련하여 투자될 비용을 가산하여 산출한다.

나. 업종 통상이익의 산정

무형자산 사용자가 속해있는 동종 산업에서 그룹무형자산을 보유하지 않으면서 기본적인 영업활동 및 기타 관리활동 등 제한된 기능을 수행하고 제한된 위험만을 부담할 것으로 기대되는 비교가능 회사들이 달성한 영업이익률의 정상범위를 산출하여 무형자산 사용자의 통상의 기능에 대한 이익을 산출한다.

다. 통상 이익을 제외한 잔여이익 산정

각 무형자산 사용자의 수정 후 영업이익에서 업종통상이익을 차감하고 한계세율을 고려하여 연도 별 세후 잔여이익을 산출한다. 그 다음 단계로, 무형자산이 무형자산 사용자의 잔여이익의 달성에 기여한 정도를 고려하여 무형자산에 귀속되는 세후 잔여이익을 산정한다.

라. 무형자산 소유자의 기여도 산정

무형자산 사용자가 무형자산 소유자에게 지급하게 될 정상 로열티율은 무형자산 사용자의 추정 손익으로부터 산출된 잔여이익에서 무형자산의 사용으로 인한 상대적 기여도를 고려하여 산정된다. 무형자산 소유자는 무형자산 사용자의 잔여이익 중 무형자산이 자체적으로 기여한 부분에 대해서만 로열티 청구가 가능하다는 개념에 기초하여 기여도가 산정된다. 무형자산 사용자의 잔여이익은 무형자산이 자체적으로 창출한 잔여이익과 무형자산 사용자가 자체적으로 보유 또는 사용하고 있는 기술 및 마케팅 무형자산이 창출한 잔여이익 부분으로 구분한다.

마. 가중평균 자본이자율(WACC, Weighted average cost of capital)

각 연도 별로 산출된 무형자산의 사용으로 인한 무형자산 사용자의 세후 잔여이익의 현재가치를 계산하기 위하여 가중평균 자본이자율[71]을 산출한다.

---

71) 기업자본을 형성하는 각 자본의 비용을 자본구성비율에 따라 가중 평균한 것

바. 정상 로열티율 범위 산정

그룹무형자산 사용에 대한 효익은 연도 별로 무형자산의 기여도, 무형자산 사용자의 매출액 등 다양한 요소로 인해 매년 크게 변동될 수 있으므로, 예측 가능한 대가의 지급(수령)을 위해 무형자산 사용 효익의 적정대가를 매출액의 일정 비율로 산출되도록 환산하여 정상 사용료율 범위를 산정한다.

| 이익접근법에 의한 로열티율 평가 적용단계 |

상표사용료 공시 현황

공정거래위원회는 자산 규모 5조 원 이상 기업집단 소속회사는 2018년부터 매년 5월 31일까지 직전 사업년도 계열회사와의 상표권 사용 거래 내역을 공시하도록 하고, 「대기업집단 상표권 사용료 수취내역 공개(2018.3.29.)」, 「2019년 공시점검 결과 및 상표권 사용료 수취 현황 정보공개(2019.12.10.)」, 「2020년 대기업집단 공시이행 점검결과 및 상표권 사용료 수취현황 정보공개(2020.12.24.)」등의 보도자료를 발표한 바 있다.[72]

기획재정부 법인세제과-326, 2020.3.24.

「독점규제 및 공정거래에 관한 법률」 제2조 제1의2호에 따른 지주회사가 같은 법 제2조 제2호에 따른 기업집단에, 내부거래가 제외되지 않은 총매출액에 일정 사용료율을 곱하여 산정된 상표권(브랜드) 사용 수수료를 수취하는 경우로서, 동 수수료

---

72) 다른 특수관계거래와 납세자의 특수관계거래를 비교하는 것은 정상가격원칙의 적용과는 상관없으나, 위험평가측면에서 유용하다(TPG 3.25). 대규모 기업집단의 브랜드 사용료 공시자료는 특수관계거래이기는 하나, 브랜드 사용료 거래의 특성을 가늠해 볼 수 있는 의미있는 자료이다.

산정 방식이 다른 제3의 지주회사들과 그 소속 기업집단 간 일반적으로 통용되어 상당한 기간 동안 지속적으로 적용되었고, 건전한 사회통념 및 상거래 관행에 위배되지 않는 등 거래행위의 제반사정을 고려하였을 때 객관적 교환가치를 적정하게 반영하였다면, 그 수취된 수수료는 「법인세법 시행령」 제89조 제1항에 따른 시가에 해당되는 것이며, 상표권(브랜드) 사용료 산정 시 일률적으로 내부거래를 제외한 매출액을 기준으로 산정한 가액만이 시가에 해당된다고 볼 수 없는 것임.

미래현금흐름할인방법에 의한 무형자산 거래에 대한 이전가격 분석 사례 1(OECD이전가격지침 부록 무형자산 관련 이전가격 분석 사례 27 참고)

- A사는 다국적기업그룹의 모회사로서 미국에서 사업을 영위한다. A사는 다국적기업그룹에 의해 생산되고 판매되는 다양한 제품과 관련된 특허, 상표 및 노하우를 소유한다. B사는 A사의 자회사이다. B사의 모든 영업활동은 한국에서 수행되며 B사는 M제품과 관련된 특허, 상표 및 노하우를 소유한다.

- 그룹의 특허 보호 및 불법 복제방지를 위한 사업목적으로, 다국적기업그룹은 A사에 특허의 소유권을 집중화하기로 결정한다. 이에 따라, B사는 A사에 M제품에 대한 특허권을 양도하고 그에 대한 대가를 일시불로 지급받았다.

- A사는 양도 이후 M제품과 관련되어 수행 중인 모든 기능 및 관련 위험을 부담한다. 자세한 비교가능성분석 및 기능분석을 통해 다국적기업그룹은 정상가격을 산출하기 위한 독립거래를 찾는 것은 불가능하다고 판단한다. A사와 B사는 가치평가기법이 거래가격의 정상가격 여부를 판단하기 위해 가장 합리적이라고 판단한다.

- 가치평가 직원은 재산과 특허를 직접 평가하는 평가방법을 사용하여 M제품 특허의 세후 현재가치를 80으로 평가하였다. 이 분석은 사용료율, 할인율 및 M제품이 경쟁하는 산업의 일반적 내용연수를 근거로 한다.

- 그런데, M제품 및 M제품 관련 특허권과 해당 산업의 전형적인 특허권 사이에는 중대한 차이가 있다. 분석에 사용된 사용료 계약은 비교가능제3자가격법 분석에 필요한 비교가능기준을 충족하지 못한다. 가치평가에서 이러한 차이를 조정하여야 한다.

- A사는 또한 현금흐름할인법을 기반으로 M제품 사업 전반을 분석하였다. A사가 예상 인수가치를 평가할 때 통상적으로 사용하는 가치평가기준에 근거한 분석에서, M제품 전체사업의 순현재가치는 100이다. M제품 전체사업의 평가가치 100과 특허의 평가가치 80의 차이 20은 B사가 통상적으로 수행하는 기능에 대한 보상의 순현재가치와 B사가 소유하는 상표와 노하우의 가치에 해당하는 것으로 볼 수 있다.

이러한 상황에서, 특허에 배분된 가치 80의 신뢰성에 대한 추가검토가 필요하다.

⠿ 미래현금흐름할인방법에 의한 무형자산 거래에 대한 이전가격 분석 사례 2(OECD이전가격지침 부록 무형자산 관련 이전가격 분석 사례 28 참고)

- A사는 다국적기업그룹의 모회사이며, 미국에서 사업활동을 영위한다.
- 한국에서 영업을 하는 B사는 다국적기업그룹의 계열사이고, 싱가포르에서 영업을 하는 C사도 다국적기업그룹의 계열사이다.
- 다국적기업그룹은 사업상 이유로 미국 외에서 무형자산과 관련하여 발생하는 모든 사업활동을 한 장소에 집중화 하기로 결정하였다. 이에 따라 B사가 소유하는 특허, 상표, 노하우 및 고객관계 등의 무형자산이 C사에게 양도되었으며, 대금은 일시불로 지급되있다. 동시에 C사는 모든 위험을 부담하는 당사자로서 B사로 하여금 B사가 양도 이전에 제조하고 판매하던 모든 제품들에 대한 계약생산자로서 사업활동을 유지하도록 한다. C사는 인수한 무형자산의 관리와 B사의 사업활동에 필요한 무형자산의 추가개발을 수행할 수 있는 인력 및 자원을 보유한다.
- 다국적기업그룹은 C사가 B사에게 지급하는 대가가 정상가격인지 분석하는데 있어 비교가능거래를 찾을 수 없다고 판단하였다. 비교가능성 분석 및 기능분석을 토대로 다국적기업그룹은 이전된 무형자산들에 대한 분석방법으로 가치평가기법을 가장 합리적인 정상가격 산출방법으로 선택하였다. 가치평가기법을 적용할 때 다국적기업그룹은 모든 무형자산의 현금흐름을 개별적으로 구분할 수 없다.

이러한 경우, B사가 양도한 무형자산의 대가로 C사가 지급해야 하는 정상가격을 결정할 때, 이전된 무형자산을 개별적으로 평가하는 것보다 통합적으로 평가하는 것이 적절하다. 특히 개별적으로 식별되는 무형자산 및 기타자산의 추정 가능 금액의 합계가 전체적인 사업가치 차이와 상당히 차이가 나는 경우 그러하다.

⠿ 미래현금흐름할인방법에 의한 무형자산 거래에 대한 이전가격 분석 사례 3(OECD이전가격지침 부록 무형자산 관련 이전가격 분석 사례 29 참고)

- P사는 다국적기업그룹의 모회사로, 한국에서 설립되어 사업을 영위한다.
- 1차연도 이전 P사는 F제품과 관련된 특허와 상표를 개발하였다. P사는 한국에서 F제품을 제조하여 관계회사인 전세계 도매법인에 판매하였다. 관계회사 도매법인들에게 청구된 금액은 정상가격으로 가정한다
- 1차연도 초에 P사는 베트남에 100% 자회사 S사를 설립하였다. 비용을 절감하기 위해서 P사는 F제품의 생산기능을 모두 S사에 이전하였다. S사 설립당시 P사는 F제품과 관련된 특허와 상표를 S사에게 양도하고 대가를 일시불로 받았다. 이러한 상황에서 P사와 S사는 미래현금흐름할인방법을 무형자산 양도대가에 대한 정상가격 산출방법으로 선택하였다.

- 이 평가방법에 따라, P사는 한국에서 X제품을 생산하면 세후 잔여현금흐름(관계회사들의 수행기능에 대한 정상대가 지급 후) 600을 수취할 수 있다. S사는 제품 생산에 필요한 무형자산을 소유하고 베트남에서 제품을 생산하는 경우 세후 잔여현금흐름 1,100을 수취할 수 있다. P사의 세후 잔여현금흐름 및 S사의 세후 잔여현금흐름의 차이는 몇 가지 요소에 기인한다.
- P사의 다른 대안은 P사가 무형자산을 소유하고, S사 또는 베트남에서 S사를 대신하는 다른 공급회사가 제품을 생산하는 것이다. 이 대안에서 P사는 세후 잔여현금흐름을 875로 추정하였다.

P사가 S사로 이전한 무형자산에 대한 정상가격을 산출할 때, 두 당사자의 관점 및 각 당사자에 현실적으로 가능한 대안 등 특정 사실과 정황을 모두 고려하는 것이 중요하다. P사는 세후 잔여현금흐름의 현재가치가 600(무형자산을 유지하고 과거와 같이 지속적으로 영업을 했을 때 생기는 잔여 현금흐름) 이하라면 무형자산을 이전하지 않을 것이다. 또한, P사가 저비용 환경에서 사업활동을 하는 다른 회사를 통해 생산비용을 절감할 수 있다면 그러한 계약제조업체를 설립하는 것도 대안이 될 수 있기 때문에 P사는 875 이하로는 무형자산을 팔지 않을 것이다. 이러한 대안들도 무형자산의 판매가격을 결정할 때 현실적으로 고려되어야 한다.

모든 사실관계를 고려할 때, S사는 무형자산 거래에 참여하지 않음으로써 얻을 수 있는 수익보다 낮은 세후수익을 발생시키는 가격 이상을 무형자산에 대한 대가로 지급하지 않을 것이다. S사가 미래현금흐름할인방법에 따라 무형자산으로부터 수취할 수 있는 세후 잔여현금흐름의 현재가치는 1,100이다. P사에게 다른 가능한 대안보다 같거나 큰 수익을 낼 수 있고, S사에게 거래 자체에 대한 세금을 포함한 모든 관련사항을 고려하였을 때 수익을 낼 수 있는 가격이 합의될 수 있는 가격이다.

미래현금흐름할인방법을 이용하여 이전가격분석을 수행하는 경우, 독립기업들이 무형자산의 가격을 산출할 때 비용 절감과 세금효과의 예상치를 어떻게 반영하는지를 고려해야 한다. 그렇지만, 그 가격은 P사가 현실적으로 가능한 대안들을 통해 얻게 될 세후 잔여현금흐름과 같은 수준의 가격과 S사가 거래 자체에 대한 세금을 고려하여 그 투자 및 위험에 대한 수익을 낼 수 있는 가격의 사이의 범위 내에 해당하여야 한다.

(5) 가치평가가 어려운 무형자산에 대한 정상가격 산출방법

다음 각 호의 요건을 모두 갖춘 가치측정이 어려운 무형자산의 당초 거래가격과 사후에 평가된 가격의 차이가 당초 거래가격의 20퍼센트를 초과하는 등 현저한 차이가 발생한 경우 과세당국은 당초 거래가격이 합리적이지 않은 것으로 추정하고, 해당 무형자산과 관련하여 실제로 발생한 경제적 편익 등 사후에 변경된 거래 상황 및 경제 여건 등을 바탕으로 정상가격을 다시 산출할 수 있다(국조령 제13조 제5항).

1. 무형자산을 거래할 당시에 비교가능성이 높은 특수관계가 없는 독립된 사업자간 거래가 없을 것
2. 개발 중인 무형자산으로서 상업적으로 활용되기 위하여 많은 기간이 소요되거나 무형자산의 높은 혁신성 등으로 거래 당시에 해당 무형자산으로부터 예상되는 경제적 편익 등에 대한 불확실성이 높을 것

다음 각 호의 어느 하나에 해당하는 경우에는 당초 거래가격의 20퍼센트를 초과하는 등 현저한 차이가 발생한 경우에도 정상가격을 다시 산출하지 않는다(국조령 제13조 제6항).

1. 무형자산의 당초 거래가격과 사후에 평가된 가격의 차이가 당초 거래를 할 때에 거래 당사자가 합리적으로 예측할 수 없는 사유에 기인한 것으로서 거래 당사자가 당초 거래 시 예측을 위하여 고려한 가정이 합리적임을 입증한 경우
2. 무형자산의 당초 거래가격과 사후에 평가된 가격의 차이가 당초 거래가격의 20퍼센트를 넘지 않는 경우
3. 무형자산거래에 대한 정상가격 산출방법에 대하여 체약상대국의 권한 있는 당국과의 상호합의절차에 의한 사전승인을 받은 경우

⁂ **가치평가가 어려운 무형자산에 대한 이전가격 분석 사례 1(OECD이전가격지침 부록 평가 곤란 무형자산 관련 이전가격 분석 사례 1 참고)**

한국에 설립된 A사는 약제 화합물에 대한 특허를 취득했다. A사는 그 화합물에 대한 임상전 시험을 마무리하고 성공적으로 임상 1, 2상을 통과했다. A사는 0년차에 일본에 설립된 계열사 S사에 특허권을 양도한다. S사는 양도 후 3단계 임상을 책임진다. 일부 개발된 약제의 특허 가격을 결정하기 위해 당사자들은 특허의 잔여 존속기간에 걸쳐 완성 약제의 이용으로 얻게 될 기대수익이나 기대현금흐름을 추정하였다. 양도 시점에 산정된 가격은 700으로 0차 연도에 일시불로 지급되었다고 가정한다.

특히, 납세자는 연매출이 1,000을 초과하지 않고 6차 연도까지 상업화가 시작되지 않을 것으로 가정했다. 할인율은 동일한 개발단계에서 유사한 치료 범위의 약제에 대한 실패위험을 분석하는 외부데이터를 참조하여 결정되었다. A사 관할 세무당국이 0차 연도에 특허권 양도와 관련된 이러한 사실을 알고 있었더라도 판매와 관련된 납세자 가정의 타당성을 검증할 수 있는 수단이 거의 없었을 것이다.

○ **상황 A**

4차 연도에 A사 관할 세무당국은 A사의 0~2차 연도에 대한 조사를 하여, 3단계 임상이 예상보다 일찍 완료되었기 때문에 사실상 3차 연도부터 상업화가 시작되었다는 정보를 입수하였다. 3차 연도 및 4차 연도 매출액은 양도 시점에 6차 및 7차 연도에 달성될 것으로 예상한 매출에 해당한다. 납세자는 최초 가치평가에 더 이른 시기에 매출이 발생할 가능성을 고려했다는 것을 입증할 수 없으며, 그러한 발전이 예측가능하지 않았다는 것을 입증할 수 없다.

A사 관할 세무당국은 거래시점에 이루어진 가치평가에서 더 이른 연도에 판매될 가능성을 고려하지 않았다고 판단하기 위해 사후결과로 알려진 추정 증거를 사용한다. 납세자의 당초 가치평가는 적절히 위험 조정된 조기판매 가능성을 포함하도록 수정되어 0차 연도에 700이 아닌 800으로 계약의 순현재가치가 수정된다. 수정된 순현재가치는 또한 거래 전 각 당사자가 평가곤란 무형자산과 관련하여 수행한 기능, 사용한 자산 및 부담한 위험을 고려하고, 거래 당시에 거래 후 각 당사자가 수행, 사용 또는 인수할 것으로 합리적으로 예상되는 기능, 자산 및 위험을 고려한다. 이에 따라, 이 사례 목적상, 0차 연도에 예상되는 정상가격이 1,000이라고 가정한다. 다만, 1,000의 가치가 오로지 실제 결과에 근거한 양도권리의 순현재가치가 되어야 하는 것은 아니다.

평가곤란 무형자산 접근법에 따라, A사 관할 세무당국은 0차 연도에 300의 추가이익을 증액하여 조정한다.

○ **상황 B**

A사 관할 세무당국은, 거래시점에 이루어진 가치평가에서 더 이른 연도에 판매될 가능성을 고려하지 않았다고 판단하기 위해 사후 결과로 알려진 추정 증거를 사용한다. 납세자의 당초 가치평가는 적절히 위험조정된 조기판매 가능성을 포함하도록 수정되어 0차 연도에 700이 아닌 800으로 계약의 순현재가치가 수정된다. 이에 따라, 사례 목적상 0차 연도에 예상되는 독립기업의 정상가격은 800이라고 가정한다. 다만, 800의 가치가 오로지 실제 결과에 근거한 양도권리의 순현재가치가 되어야 하는 것은 아니다.

평가곤란 무형자산 접근법에 따라, 세무당국은 0차 연도에 100의 추가이익을 증액하여 조정할 수 있다. 그런데, 이 사례에서 양도대가에 대한 조정액이 거래시점에 결정된 대가의 20% 이내이므로, A사 관할 세무당국은 당초 거래가격이 합리적인 것으로 추정한다.

:: **가치평가가 어려운 무형자산에 대한 이전가격 분석 사례 2**(OECD이전가격지침 부록 평가 곤란 무형자산 관련 이전가격 분석 사례 2 참고)

사실관계는 사례 1과 같다. 이러한 사실에 기초하여, A사 관할 세무당국은 3차 연도부터 5차 연도에 대해 A사를 조사하여 특허 관련 제품의 5차 연도부터 6차 연도까지 매출이 예상보다 상당히 높았다는 정보를 얻었다고 가정하자. 납세자는 당초 평가에서 1년에 1,000 이상의 매출을 예상하지 않았지만, 5차 연도 및 6차 연도 결과는 각각 1,500의 매출을 보여주었다. 납세자는 당초 평가에서 매출이 이러한 수준에 도달할 가능성을 고려했다는 것을 입증할 수 없으며, 그러한 매출수준에 도달한 것이 예측할 수 없는 발전 때문이라는 것을 입증할 수 없다.

A사 관할 세무당국은 사후결과에 따라 드러난 추정 증거를 사용하여 가치평가에서 더 높은 매출 가능성을 고려해야 한다고 판단한다. 납세자의 당초 가치평가는 초기의 적절히 위험 조정된 판매가능성을 포함하도록 수정되어 700이 아닌 1,300으로 계약의 순현재가치가 수정된다. 수정된 순현재가치는 또한 거래 전에 각 당사자가 평가곤란 무형자산과 관련하여 수행한 기능, 사용된 자산 및 부담한 위험을 고려하며 거래 당시에 거래 후 각 당사자가 수행, 사용 또는 부담할 것으로 합리적으로 예상하는 기능, 자산 및 위험을 고려한다. 이에 따라, 사례 목적상 0차 연도에 계상되는 독립기업의 정상가격은 1,300이라고 가정하자. 다만, 1,300의 가치가 오로지 실제 결과에 근거한 양도권리의 순현재가치가 되어야 하는 것은 아니다.

평가곤란 무형자산 접근법에 따라, A사 관할 세무당국은 0차 연도에 600의 추가이익을 증액하여 조정할 수 있다.

ⅰ) 조정을 하는 한 가지 방법은 0차 연도에 지급된 가격을 증액 경정하는 것이다. 그러나 일시불에 대한 상당한 수정은 무형자산 가치평가의 높은 불확실성으로 인한 위험을 강조하며, 이러한 상당한 불확실성의 관점에서, 대체적 지급구조와 일치하는 조정이 독립당사자들이 행했을 조정과 같을 것인지에 대한 고려를 야기한다.

ⅱ) 0차 연도 가치평가의 높은 불확실성을 해소하기 위해, 비교가능상황에서 무형자산 양도를 위한 가격책정의 증거를 0차 연도에 조정하는 적절한 대안을 제시할 수 있다. 예를 들어, 제약분야에서 특정시장에서 개발단계나 규제승인의 성공적 완료에 따라 초기 일시불과 추가 조건부 지급약정의 조합을 통해 독립당사자들에게 특허권을 양도하는 것이 일반적이라고 가정하자. 이 경우, 최초 시장 판매승인을 3차 연도에 받았다고 가정한다. 이에 따라, A사 관할 세무당국은 3차 연도에 추가지급을 통해 과소지급액을 회복하는 것이 비교가능상황에서 정상 관행과 일치한다고 판단한다. 그런데, 이것은 특정유형의 무형자산에 대한 지급형태와 관련하여, 관련 사업부문의 일반적인 실무관행이 있을 때에만 지급형태의 변경이 가능하다는 의도는 아니며 그런 의미도 아니다.

이 사례에 예시된 원칙은 세무당국이 실제로 0차~2차 연도에 조사를 수행하는지, 3차~5차 연도에 대한 두 번째 조사를 수행하는지 또는 3차~5차 연도에 대해서만 조사를 수행하는지 여부에 관계없이 적용된다. 2가지 상황 모두에서, 당초 평가의 수정은 7차 연도에 나타난 사후증거에 기초하여 정당화되며, 조약이나 국내법의 제한에 따라, 저평가액에 따른 세액 상당액은 평가곤란 무형자산 접근법에 따라 회수된다.

(6) 이전가격 세무검증 목적상 무형자산거래와 조세조약상의 사용료

무형자산거래와 관련한 이전가격 조정금액을 사용료소득으로 구분할 것인지 여부에 대한 쟁점이 있을 수 있다. 한 거래를 이전가격 목적상 어떤 성격으로 규정하느냐는 특정한 대가지급이 조세조약상 사용료 소득 등 원천징수 대상에 해당하는 지 여부와는 아무런 관련이 없다. 이전가격 목적상 무형자산의 개념과 OECD모델조세협약 제12조의 목적상 사용료의 개념은 서로 조율할 필요가 없는 별개의 관념이다(TPG 6.13).

한편, 조세심판원은 외국납부세액공제액 한도액[73] 계산시 분자의 국외원천소득을 산출함에 있어서는 이전소득금액을 국외원천소득에 포함하는 것으로 판단하였다.

$$\text{공제한도} = \text{법인세 등 산출세액} \times \frac{\text{국외원천소득} - \text{국외원천소득중감면액}}{\text{과세표준}}$$

조심 2019서4334, 2020.7.10., 같은 뜻

「법인세법」 제57조 제1항에서 내국법인의 각 사업연도의 과세표준에 국외원천소득이 포함되어 있는 경우를 외국납부세액공제 요건으로 하고 있고, 같은 법 시행령 제94조 제15항에서 국외원천소득은 국외에서 발생한 소득으로서 내국법인의 각 사업연도 소득의 계산에 관한 규정을 준용하여 산출한 금액으로 한다고 규정하고 있으며, 각 사업연도 소득은 「법인세법」에 따른 익금 총액에서 손금 총액을 차감하는 것이므로 쟁점이전소득금액도 익금에 해당되므로 법인세 과세표준에 포함되는 국외원천소득으로 보이는 점, 「법인세법 시행령」 제94조 제15항에서 국외원천소득에 직·간접으로 대응하는 금액이 있는 경우에는 이를 차감한 금액으로 한다고 명시하고 있는 반면, 쟁점이전소득금액과 같이 외국에서 과세되지 아니한 소득을 국외원천소득에서 차감한다는 명문 규정이 없는 점, 외국납부세액 공제한도액 계산시 국외원천소득에 대응하는 직접 또는 간접비용의 경우도 과세표준(분모)에서 제외되는 이유로 국외원천소득(분자)에서 차감하고 있어 쟁점이전소득금액의 경우에도 분모인 과세표준에 포함되므로 분자인 국외원천소득에도 포함하는 것이 계산상 합리적으로 보이는 점, 외국납부세액공제는 소득의 원천지국에서 실제 납부한 세액 중 국내 세율을 적용한 부담세액(공제한도액)까지만 공제되는 것이므로 쟁점이전소득금액을 국외원천소득에 포함하는 경우에도 과다공제 문제는 발생하지 아니하는 것으로 보이는 점(외국에 납부한 세액이 없으면 실제로 공제 가능한 세액도 없음), 쟁점이전소득금액을 국외원천소득에 포함하여 외국납부세액 공제한도액을 늘리는 경우에도 동일한 소득에 대해 우리나라와 외국에서 이중으로 과세하는 경우를 차단하려는 제도의 취지에 벗어나지 아니하는 것으로 보이는 점, 한편 처분청은 청구법인과 OOO 간의 사용료소득 수수 관련 국제거래에서 국제조세조정에관한법률 시행령 제5조 제

---

73) 법인세법 제57조 제1항, 소득세법 제57조에 의한 외국납부세액공제액 한도액

1항 제5호의 거래순이익률방법에 의한 과세조정, 즉 OOO의 영업이익률과 비교대상 기업들의 영업이익률을 비교하여 그 초과이익을 이전소득금액으로 보아 과세한 것이므로, 쟁점이전소득금액은 사업소득과 사용료소득이 혼재되어 국외원천소득에 해당하지 않는다는 처분청의 의견을 수긍하기 어려운 점 등에 비추어 외국납부세액 공제한도액 계산시 쟁점이전소득금액을 국외원천소득에 포함하는 것이 타당하다고 판단된다.

무형자산에 대한 정상가격 산출방법 신고서

(앞쪽)

신고인	① 법인명(상호)		② 사업자등록번호		
	③ 대표자(성명)				
	④ 업종		⑤ 전화번호		
	⑥ 소재지(주소)				

국외특수 관계인	⑦ 법인명(상호)			⑧ 소재 국가		
	⑨ 대표자(성명)			⑩ 업종		
	⑪ 신고인과의 관계	지배	피지배	자매	실질 지배	본점·지점 등
	⑫ 소재지(주소)					

| ⑬ 무형자산의 소유권자 | |
| ⑭ 무형자산의 명칭 | |

사용허락거래		매매거래	
⑮ 사용허락 계약일		㉒ 매매거래일	
⑯ 사용허락 기간		㉓ 매매거래 금액	
⑰ 일시불 사용료			
⑱ 사용료율	의 %	㉔ 매매거래 금액 산정방법	
⑲ 사용료율 적용대상 순매출액 등의 산정방법			
⑳ 정상가격 산출방법			
㉑ 위의 방법을 선택한 이유		㉕ 위의 방법을 선택한 이유	

「국제조세조정에 관한 법률」 제16조 제2항 제3호에 따라 위와 같이 무형자산에 대한 정상가격 산출방법 신고서를 제출합니다.

년   월   일

신고인

(서명 또는 인)

세무서장   귀하

210mm×297mm[백상지 80g/㎡ 또는 중질지 80g/㎡]

V   정상 원가분담액 등에 의한 결정 및 경정

(1) 정상원가분담액 등에 의한 결정 및 경정

과세당국은 거주자와 국외특수관계인이 사전에 원가·비용·위험(이하 "원가 등"이라 한다)의 분담에 대한 약정을 체결하고 이에 따라 무형자산[74]을 공동으로 개발 또는 확보(이하 "공동개발"이라 한다)하는 경우 거주자의 원가 등의 분담액이 정상원가분담액보다 적거나 많을 때에는 정상원가분담액을 기준으로 거주자의 과세표준과 세액을 결정하거나 경정할 수 있다(국조법 제9조 제1항).

(2) 정상원가분담액과 기대편익의 산정

정상원가분담액은 거주자가 국외특수관계인이 아닌 자와의 통상적인 원가 등의 분담에 대한 약정에서 적용하거나 적용할 것으로 판단되는 분담액으로서 무형자산의 공동개발을 위한 원가 등을 그 무형자산으로부터 기대되는 편익(이하 "기대편익"이라 한다)에 비례하여 배분한 금액으로 한다. 다만, 천재지변이나 그 밖의 불가항력적인 사유로 원가 등이 당초 약정대로 분담되지 못하였다고 인정되는 경우에는 해당 사유를 고려하여 재산정한 금액을 정상원가분담액으로 할 수 있다(국조법 제9조 제2항). 정상원가분담액은 그에 대한 약정을 체결하고 원가 등을 분담한 경우에만 거주자의 필요경비 또는 손금에 산입한다(국조령 제17조 제3항).

정상원가분담액을 계산할 때 다음 각 호의 금액은 제외한다(국조령 제17조 제2항).

1. 원가·비용 및 위험(이하 "원가 등"이라 한다)의 분담 약정 참여자가 소유한 무형자산의 사용대가
2. 분담액 차입 시 발생하는 지급이자

---

74) 국제조세법 제9조에 따른 무형자산은 국조령 제13조 제1항에 따른 무형자산을 말한다(국조령 제17조 제1항).

(3) 기대편익 변동에 따른 참여자 지분 및 원가 등의 분담액 조정

무형자산 개발 후 실현되는 총 기대편익에 대한 거주자의 기대편익 비율이 처음 약정 체결 시 예상한 총 기대편익에 대한 거주자의 기대편익 비율에 비해 20퍼센트 이상 증가하거나 감소한 경우에는 원래 결정된 각 참여자의 지분을 변동된 기대편익을 기준으로 조정하여 거주자의 과세표준과 세액을 결정하거나 경정할 수 있다(국조법 제9조 제3항, 국조령 제18조 제1항).

기대편익은 무형자산을 공동개발한 후 실현될 것으로 추정되는 다음 각 호의 어느 하나에 해당하는 편익을 사용하여 산정한다(국조령 제17조 제4항).

1. 원가의 절감
2. 무형자산의 활용으로 인한 다음 각 목의 어느 하나에 해당하는 것의 증가
    가. 매출액
    나. 영업이익
    다. 사용량, 생산량 또는 판매량

과세당국이 참여자인 거주자의 지분을 조정하는 경우 거주자가 부담한 총원가 등의 분담액을 조정된 거주자의 지분에 따라 다시 계산하여 초과 부담한 원가 등의 분담액은 그 변동이 발생한 사업연도의 과세표준을 계산할 때 조정한다(국조령 제18조 제2항).

과세당국이 원가 등의 분담액을 조정한 후 기대편익 변동이 다시 발생한 경우 거주자는 법인세 및 소득세 등 신고기한[75]까지 신고하거나 경정을 청구할 수 있다(국조령 제18조 제3항).

과세당국은 무형자산 개발 후 실현되는 총 기대편익에 대한 거주자의 기대편익 비율이 처음 약정 체결 시 예상한 총 기대편익에 대한 거주자의 기대편익 비율에 비해 20퍼센트 이상 증가하거나 감소한 경우에는 원래 결정된 각 참여자의 지분을 변동된 기대편익을 기준으로 조정하여 거주자의 과세표준과 세액을 결정하거나 경정하려는 경우[76]에는 무형자산을 공동개발한 날이 속하는 과세연도에 대한 과세표준 신고기한의 다음 날부터 5년을 초과하여 거주자의 과세표준과 세액을 결정하거나 경정할 수 없다(국조령 제18조 제4항).

---

75) 국제조세법 제6조 각 호의 어느 하나에 해당하는 기한
76) 국제조세법 제9조 제3항에 따라 경정하려는 경우

(4) 중도 참여자 또는 중도 탈퇴자의 대가 수수에 대한 과세표준 결정 등

과세당국은 원가 등의 분담에 대한 약정에 새로 참여하는 자가 참여함으로써 얻게 되는 기대편익의 대가를 지급하거나 약정에서 중도에 탈퇴하는 자가 탈퇴함으로써 다른 참여자가 얻게 되는 기대편익의 대가를 지급받은 경우로서 그 대가가 정상가격보다 낮거나 높을 때에는 정상가격을 기준으로 거주자의 과세표준 및 세액을 결정하거나 경정할 수 있다(국조령 제19조).

(5) 원가 등의 분담액 조정 명세서 제출

정상원가분담액 등에 의한 결정 및 경정을 적용받으려는 거주자는 종합소득세 신고 및 성실신고 확인서 제출시[77] 또는 법인세 과세표준 등의 신고 및 법인 성실신고확인서 제출시[78] 원가 등의 분담액 조정 명세서를 과세당국에 제출해야 한다(국조령 제20조 제1항).

거주자는 다음 각 호의 어느 하나[79]에 해당하는 사유로 원가 등의 분담액 조정 명세서를 소득세 및 법인세 등의 과세표준 및 세액의 확정신고를 할 때 제출할 수 없는 경우에는 제출기한 15일 전까지 제출기한 연장 신청서에 따라 제출기한의 연장을 과세당국에 신청할 수 있다(국조령 제20조 제2항).

1. 화재 · 재난 및 도난 등의 사유로 자료를 제출할 수 없는 경우
2. 사업이 중대한 위기에 처하여 자료를 제출하기 매우 곤란한 경우
3. 관련 장부 · 서류가 권한 있는 기관에 압수되거나 영치(領置)된 경우
4. 국외특수관계인의 과세연도 종료일이 도래하지 않은 경우
5. 자료의 수집 · 작성에 상당한 기간이 걸려 기한까지 자료를 제출할 수 없는 경우
6. 그 밖에 제1호부터 제5호까지에서 규정한 사유에 준하는 사유가 있어 기한까지 자료를 제출할 수 없다고 판단되는 경우

원가 등의 분담액 조정 명세서 제출기한 연장신청을 받은 과세당국은 1년의 범위에서 그 제출기한의 연장을 승인할 수 있으며, 연장 신청이 접수된 날부터 7일 이내에 연장 여부를 신청인에게 통지해야 한다. 이 경우 7일 이내에 통지하지 않은 경우에는 연장을 신청한 기한까지 제출기한이 연장된 것으로 본다(국조령 제20조 제3항).

---

77) 「소득세법」 제70조 및 제70조의2에 따른 신고시
78) 「법인세법」 제60조 및 제76조의17 제1항에 따른 신고시
79) 국조령 제37조 제1항 각 호의 어느 하나

원가 등의 분담액 조정 명세서

(앞 쪽)

1. 제출인 인적 사항

① 법인명(상호)		② 사업자등록번호	
③ 대표자(성명)		④ 과세연도	
⑤ 소재지(주소)			

2. 원가등의 분담에 대한 약정 내용

⑥ 무형자산의 종류		⑦ 서면 약정일	
⑧ 최초 개발 원가 발생일		⑨ 개발 완료(예정)일	

3. 원가등의 분담 약정 참여자

⑩ 법인명(상호)		
⑪ 국가명		
⑫ 소재지(주소)		
⑬ 업종		
⑭ 제출인과의 관계		

4. 정상원가분담액 산정

참여 법인명					계
해당 연도 무형자산 개발 원가	⑮ 참여자의 과세소득금액 계산 시 비용으로 인정하는 원가등의 분담액				
	⑯ 원가등의 분담 약정 참여자가 소유한 무형자산의 사용대가				
	⑰ 분담액 차입 시 발생하는 지급이자				
	⑱ 해당 연도 참여자의 무형자산 개발 원가등의 분담액 (⑮ − ⑯ − ⑰)				㉠
정상원가 분담액 산정	⑲ 기대편익				㉡
	⑳ 기대편익 비율(⑲의 각 난 ÷ ㉡)				
	㉑ 정상원가분담액(㉠ × ⑳)				
조정액 산정	㉒ 차액(⑱ − ㉑)				

5. 참여자 지분 조정에 따른 원가등의 분담액 조정액 산정

참여 법인명					계
변동된 기대편익 산정	㉓ 변동 전 기대편익				㉢
	㉔ 변동 전 기대편익 비율(㉓의 각 난 ÷ ㉢)	%			
	㉕ 변동 후 기대편익				㉣
	㉖ 변동 후 기대편익 비율(㉕의 각 난 ÷ ㉣)	%			
	㉗ 기대편익 변동비율(㉖/㉔)	%			
재조정액 산정 (㉗이 120%이상 또는 80%이하인 경우)	㉘ 실제 원가등의 분담 총액				㉤
	㉙ 정상원가분담 총액(㉤ × ㉖)				
	㉚ 원가 분담 재조정액(㉘ − ㉙)				

「국제조세조정에 관한 법률 시행령」 제20조 제1항에 따라 위와 같이 원가등의 분담액 조정 명세서를 제출합니다.

년   월   일

제출인

(서명 또는 인)

지방국세청장·세무서장   귀하

210mm×297mm[백상지 80g/㎡ 또는 중질지 80g/㎡]

금전대차거래의 정상가격 산출방법

(1) 금전대차거래의 정상가격 산출방법

거주자와 국외특수관계인 간의 금전대차거래에 대한 정상가격으로서의 이자율(이하 "정상이자율"이라 한다)을 산출하는 경우에는 「채무액·채무의 만기·채무의 보증 여부·채무자의 신용 정도」를 고려해야 한다. 이 경우 거주자와 국외특수관계인 간의 금전대차거래는 통상적인 회수기간 및 지급기간이 지난 채권의 회수 및 채무의 지급 등 사실상의 금전대차거래를 포함한다(국조령 제11조 제1항).

거주자와 국외특수관계인 간의 금전대차거래에 대한 정상이자율의 산출방법으로 그 밖의 합리적인 방법을 적용할 때에는 다음 각 호에서 정하는 이자율을 따를 수 있다(국조령 제11조 제2항).[80] 즉, 국제조세법상 금전대차거래에 대한 정상이자율의 산출방법은 다음 제1호 내지 제2호의 통상적인 자금거래에서 사용될 이자율에 「채무액·채무의 만기·채무의 보증 여부·채무자의 신용 정도」등을 고려하여 산출한 이자율을 적용하는 방법과 제3호의 고시이자율을 적용하는 방법으로 대별할 수 있다.

1. 「자본시장과 금융투자업에 관한 법률」 제5조에 따른 파생상품 및 이와 유사한 해외파생상품 중 채무불이행 등 신용위험에 대비하기 위한 신용부도스왑 거래에서 적용되는 보험료율 성격의 율에 「채무액·채무의 만기·채무의 보증 여부·채무자의 신용 정도」등을 고려하여 산출한 이자율

2. 국제금융시장에서 통용되는 이자율 산정 모형을 기반으로 무위험이자율, 부도위험, 유동성위험, 채무의 만기, 물가상승률 등의 변수를 반영하여 산정한 이자율에 「채무액·채무의 만기·채무의 보증 여부·채무자의 신용 정도」등을 고려하여 산출한 이자율

3. 거래금액 및 국제금융시장의 실세(實勢)이자율 등을 고려하여 기획재정부령으로 정하는 이자율

---

80) 국제조세법에서는 제1호부터 제3호까지의 거래 중 우선순위를 정하지 않았다.

(2) 통상적인 자금거래에서 사용될 이자율에 「채무액·채무의 만기·채무의 보증 여부·채무자의 신용 정도」 등을 고려하여 산정한 이자율

국제금융시장에서 통용되는 이자율 산정 모형을 기반으로 무위험이자율, 부도위험, 유동성위험, 채무의 만기, 물가상승률 등의 변수를 반영하여 산정한 이자율에 「채무액·채무의 만기·채무의 보증 여부·채무자의 신용 정도」 등을 고려하여 산출한 이자율에 대하여 대법원 2018두35896에서는 거래 당시 지표금리(Libor 금리)를 기준금리로 하고 무디스 모형에 따라 가산금리를 산정하여 쟁점 거래의 정상가격을 결정하는 기본구조 자체는 타당한 방법이라고 볼 수 있지만, 사분위값을 적용하여 예상손실률과 그에 따른 정상 가산금리의 범위를 조정하는 것은 합리적이라고 보기 어렵다고 판시하였다.

대법원 2018두35896의 사실관계에서 피고인 과세당국은 정상가격 산출방법으로 그 밖의 합리적인 방법을 적용하면서, 「① 무디스 모형에 의한 차입자의 신용등급과 부도율 산출 → ② 모회사 지원 가능성 등을 고려하여 부도율 범위값 산출 → ③ 차입법인 부도시 대여법인이 입게 될 것으로 예상되는 손실율의 산출 → ④ 차입자의 부도율에 예상손실율 적용하여 가산금리 산출 → ⑤ 지표금리에 가산금리를 가산하여 정상이자율 산출」의 단계로 정상이자율을 산출하였다. 내부거래 혹은 차입거래 데이터 베이스 등을 통하여 검증 대상 거래의 비교가능 제3자 가격을 찾을 수 있다면, 비교가능 제3자 가격방법을 적용함이 타당하다.

> ⠿ 대법원 2018두35896, 2018.6.15.(창원지방법원-2016-구합-50738, 부산고등법원-2017-누-10015)
>
> ① 무디스 모형에 의한 차입자의 신용등급 및 부도율 산정의 타당성
> 앞서 본 증거 및 변론 전체의 취지를 종합하여 보면, Moody's Analytics는 세계 3대 신용평가기관인 Moody's Corporation의 자회사로 전 세계 75개 유수 금융기관과의 제휴로 1,700만 개가 넘는 대출기업의 8,500만 건 이상의 재무제표 자료와 180만 건이 넘는 비상장기업 부도자료가 수록된 방대한 비상장기업 데이터베이스[Credit Research Database(CRDTM)]를 보유, 관리하면서 전 세계 자본차입시장과 신용리스크 관리 전문가들에게 리스크 측정 및 관리에 관한 연구, 데이터, 분석 툴 및 관련 서비스를 제공하고 있는 사실, 무디스 리스크칼크 모델은 위 데이터베이스를 기초로 지역 또는 업종별로 비상장기업의 부도 리스크(EDF, Expected Default Frequency)를 측정하기 위해 2000년경부터 개발되어 온 비상장기업 부도율 모델로서 국가별, 산업별, 규모별 모델을 마련하고 있는 점, 한편,

Moody's Analytics는 특정 국가의 모델이 존재하지 않는 경우에도 개별 국가의 경제개발, 위치, 법률체계, 정치 및 회계시스템 등을 바탕으로 유사한 모델을 추천하고 있는 점을 인정할 수 있고, 그 밖에 무디스 리스크칼크 모델의 설계에 사용된 기본적인 데이터베이스의 특성과 신용평가업계의 이용 현황을 고려할 때, 무디스 리스크칼크모델은 신용등급 및 부도율 추정에 있어 기본적인 합리성을 갖춘 도구로 활용 가능하다.

② 모회사의 지원가능성 등을 고려하여 부도율 범위값 산출

… 한편, 모회사가 해외 자회사의 부도를 막기 위해 지원할 것인지, 실제 어느 정도 지원할 것인지는 지배구조상의 관계, 사업 전략적 관계, 재무적 관계, 지원능력 등에 따라 달라지는데, 피고는 중국회사의 독자 신용 등급을 기준으로 산출한 값을 최대값으로(모회사의 지원가능성이 없다는 전제로 부도율은 최대값이 된다), 모회사의 지원 가능성을 최대한 반영[81]한 3등급 신용등급 상승분(무디스 신용등급별 실제 부도율 누적 결과값의 3등급 차이를 적용하여 산정)을 적용한 부도율을 최소값으로 하여 중국회사의 부도율을 특정값이 아닌 범위로 제시하였는바, 신용평가사나 은행의 신용평가 과정에서 모회사의 지원 가능성을 고려하는 일반적인 정도 등에 비추어 피고가 위와 같이 부도율을 범위로 설정한 것은 합리적으로 인정된다.

③ 차입법인 부도시 대여법인이 입게 될 것으로 예상되는 손실율의 산정

과세관청이 해외 회사의 과세연도별 재무상태와 담보제공 여부 등 구체적인 사정을 정확히 파악하여 부도 시의 예상손실률을 개별적으로 산정하는 것은 현실적으로 어렵다고 인정되므로, 통계적인 자료에 기초하여 예상손실률을 산정하는 것은 불가피하다. 피고가 예상손실률에 관하여 신BIS 협약[82]에서 금융기관에 제시한 기준인 45%(무담보 우선채권의 예상손실률) 내지 75%(무담보 후순위채권의 예상손실률)를 적용[83]한 것은 최선의 노력으로 확보한 자료에 따른 것으로서 합리적이라고 볼 수 있다.

④ 사분위값의 적용 여부

피고는 위와 같은 절차를 거쳐 쟁점 거래에 대한 예상손실률을 0.434% ~ 2.464%로 산정한 다음 사분위값(하위 25%와 상위 25%를 제외)을 적용하여 0.94% ~ 1.96%를 예상손실률로 보아 이를 정상 가산금리로 산출하고 있다. 그러나 다음과 같은 점을 고려하여 보면, 이 사건과 같은 금전거래의 가산금리를 산정함에 있어서 사분위값을 적용하는 것은 타당하지 않다. … 정상가격이 일정

---

81) 다국적기업그룹 및 관계회사들은 비슷한 환경에 있는 다른 독립기업이라면 누릴 수 없는 상호작용 또는 동반효과에 따른 이익(향상된 차입능력 등)을 누린다(TPG 1.177).

82) 국제결제은행(BIS) 바젤위원회가 2006년 10월 개정한 새로운 자기자본규제협약

83) 부도율에 예상손실률을 곱한 것을 의미한다.

한 범위로 나타나는 경우 이러한 사분위값을 적용하여 정상가격을 사분위 범위 내로 조정하는 것은 정규분포도 외곽의 확률이 낮은 값을 배제하기 위한 것이다. 그런데 무디스모형은 모회사의 지원가능성을 반영하여 해외 자회사의 신용등급을 범위로 설정하고, 해외 자회사 부도 시의 예상손실률도 특정한 값이 아니라 범위로 설정하여 결과적으로 가산금리가 일정한 범위로 제시되기는 하나, 무디스모형에서 제시한 정상가격의 범위는 실제로 관측된 비교가능성이 있는 여러 금전대여거래의 가격 범위에 기초한 것이 아니라 실제 데이터를 바탕으로 한 통계자료에 의하여 설정된 것으로서, 예상손실률 범위의 양쪽 끝에 있는 수치라 하여 이를 결과의 왜곡을 방지하기 위하여 배제해야 할 단적인 값이라고 단정하기 어렵다.[84]

(3) 거래금액 및 국제금융시장의 실세이자율 등을 고려하여 정하는 이자율

거래금액 및 국제금융시장의 실세이자율 등을 고려하여 기획재정부령으로 정하는 이자율(국조령 제11조 제2항 제3호)[85]이란 다음 각 호의 구분에 따른 이자율을 말한다(국조칙 제3조).

1. 거주자가 국외특수관계인에게 자금을 대여하는 경우 : 4.6%(법인세법 시행규칙 제43조 제2항에 따른 당좌대출이자율)

2. 거주자가 국외특수관계인에게 자금을 차입하는 경우 : 직전 사업연도 종료일의 다음 표의 구분에 따른 통화별 지표금리에 1.5퍼센트를 더한 이자율. 다만, 다음 표에 없는 통화의 경우에는 다음 표 제2호에 해당하는 지표금리에 1.5퍼센트를 더한 이자율로 한다(국조칙 제3조).

통화	지표금리
1. 한국(KRW)	KOFR(The Korea Overnight Financing Repo rate)
2. 미합중국(USD)	SOFR(Secured Overnight Financing Repo rate)
3. 유럽연합(EUR)	ESTR(Euro Short-Term Rate)
4. 영국(GBP)	SONIA(Sterling Overnight Index Average)
5. 스위스(CHF)	SARON(Swiss Average Rate Overnight)
6. 일본(JPY)	TONA(Tokyo Overnight Average Rate)

---

84) 사분위값 적용이 타당하지 않다는 대법원 2018두35896 판결에 따라, 실무상 평균값·중위값·최소값·최대값 등의 적용 여부는 사안별로 판단할 수 밖에 없다.

85) 2022년 통화별 12개월 만기 LIBOR 금리에서 통화별 지표금리로 개정되었다. 이에 2023.3.20. 이후 개시되는 이자 계산대상 사업연도부터는 통화별 지표금리를 적용한다.

조심-2021-전-1524, 2021.12.20.

처분청은 청구법인의 쟁점 국외특수관계법인에 대한 금전대여의 정상이자율로 「법인세법」상 당좌대출이자율 4.6%를 적용하였으나, 통상적으로 이자율은 기준금리에 채무자의 신용정도 등을 감안한 가산금리를 더하여 산정하는데 이 건과 같은 국제금융거래에서는 런던은행 간 제공금리로서 국제적 기준금리로 통용되는 LIBOR를 기준금리로 하는 것이 타당해 보이고, 가산금리는 채무자가 현지에서 적용받는 신용도나 이자율 등이 감안되어야 할 것인바, (이하 중략) 처분청이 청구법인에 대한 자료제출요구 등을 통해 수집한 자료를 토대로 기준금리인 LIBOR에 적정한 가산금리를 더하는 방법으로 정상이자율을 재조사함이 타당하다고 판단된다.

정상이자가 외국납부세액공제 규정이 적용되는 국외원천소득에 포함되는지 여부(기획재정부 국제조세제도과-33, 2018.10.22.)

내국법인이 해외자회사에 자금을 대여하고 「국제조세조정에관한법률」 제4조에 따라 정상가격에 의한 과세조정으로 같은 법 시행령 제6조 제7항에 따른 정상이자율로 계산하여 익금에 산입한 금액은 「법인세법」 제57조 제1항 및 같은 법 시행령 제94조 제15항에 따라 외국납부세액공제의 규정이 적용되는 국외원천소득에 포함되는 것임.

성공불 조건으로 해외자회사에 정부 자금 및 자체자금을 융자한 경우 정상가격 여부(기획재정부 국제조세제도과-348, 2015.7.31.)

1. 질의서에 따르면 질의법인은 「한국석유공사법」 제4조에 따라 정부가 출자하여 설립된 법인으로 「에너지 및 자원사업 특별회계법 시행령」 제6조에 따라 석유개발사업이 상업적 생산에 이르지 못하고 사업을 종료하는 경우 융자 원리금의 전부 또는 일부를 면제하는 성공불 조건으로 해외자회사에 정부 자금 및 자체 자금을 융자하였고, 관련 법령 및 융자계약서에서 이러한 성공불융자의 거치기간은 상업적 생산이 개시되어 사업수익금을 최초로 받는 날의 직전일까지로 하고 거치기간 중의 이자는 거치기간 만료시 발생하도록 규정되어 있음.

2. 이 경우 질의법인이 해외자회사에 자금을 대여한 시점부터 석유자원 탐사의 성공으로 거치기간이 만료되는 기간까지는 이자가 발생하지 않고 상환의무도 없는 것이므로 그 기간 동안 별도로 이자를 수취하지 아니한 거래는 「국제조세조정에관한법률」 제5조에 따른 정상가격에 해당하는 것임.

(4) 지표금리의 이해[86]

KOFR란 Korea Overnight Financing Repo Rate의 약자로서, 국채·통안증권을 담보

---

86) 한국무위험지표금리(https://www.kofr.kr/intro/RFRinfo.jsp)

로 하는 익일물 RP금리를 사용하여 산출한 우리나라 무위험지표금리(RFR; Risk-Free Reference Rate)이다. KOFR는 국채·통안증권을 담보로 하는 초단기거래이기 때문에 무위험 금리에 가깝고, 실거래에 기반하여 산출되기 때문에 조작 가능성이 없는 것이 특징이다. 무위험지표금리란 주어진 기간 동안 투자자가 신용리스크 없이 얻을 수 있는 이론상의 최소수익률로서, LIBOR금리 조작사건[87] 등 기존 금융거래지표의 신뢰도 하락을 계기로 개발된 대체 지표금리이다. 우리나라는 2021년 2월 RFR로 RP거래금리를 최종 선정했으며, 증권결제 및 장외 RP거래 환매서비스 기관인 한국예탁결제원이 중요 지표 산출기관으로 최종 선정되어 KOFR의 산출·공시 업무를 수행하고 있다.

RP(Repo, Repurchase agreement)란 특정한 증권을 사전에 약정한 가격으로 환매수한다는 조건으로 매도하거나 또는 환매도한다는 조건으로 매수하는 재무계약(Financial Contract)을 의미한다. RP거래금리란 이 때 RP매도자가 매수자에게 자금조달의 대가로 지불하는 이자율을 의미한다.

| 금전대차거래의 정상가격 산출방법 |

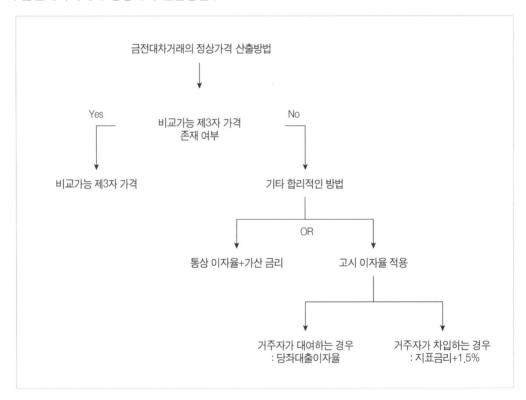

87) 2012년 바클레이즈와 도이체방크, 소시에테제네랄(SG), UBS, 로열뱅크오브스코틀랜드 등 일부 대형 은행들이 허위 자료를 제출해 리보금리를 조작한 사건

VII 자금통합거래의 정상가격 산출방법

(1) 자금통합거래의 정의

"자금통합거래"란 거주자와 국외특수관계인으로 구성된 기업들의 집단(이하 "기업집단")이 유동성을 통합적으로 관리하기 위해 그 구성 기업 중에서 기업집단의 자금을 통합적으로 관리하는 자(이하 "자금통합거래관리자")를 선정하여 각 구성 기업이 개설·보유하고 있는 예금계좌를 기업집단 차원에서 관리함에 따라 기업집단 내부의 거주자와 국외특수관계인 간에 편익(자금거래에 따른 수수료 취득, 이자비용 감소 등의 이익)이 발생하는 거래[88]로서 다음 각 호의 어느 하나에 해당하는 거래를 말한다(국조령 제11조의2 제1항).

1. 기업집단에서 자금통합거래관리자가 아닌 구성기업(이하 "자금통합거래참여자")이 자금통합거래관리자의 예금계좌(이하 "자금통합모계좌")에 자금을 이체하거나 자금통합 모계좌로부터 자금을 이체받음으로써 자금통합거래참여자와 자금통합거래관리자 간에 편익이 발생하는 거래

2. 자금통합거래관리자가 자금통합모계좌를 개설·보유함이 없이 자금통합거래참여자 간의 자금대여를 중개하거나 각 자금통합거래참여자의 예금계좌에 있는 모든 자금을 합산한 금액을 기준으로 금융회사로부터 자금을 조달하는 등 실질적으로 기업집단 내에서 자금을 통합하여 관리함으로써 자금통합거래참여자와 자금통합거래관리자 간 또는 자금통합거래참여자 간에 편익이 발생하는 거래

(2) 자금통합거래의 정상가격 산출방법

자금통합거래에 대해 정상가격의 산출방법을 적용할 때에는 다음 각 호에 따라야 한다(국조령 제11조의2 제2항).

1. 자금통합거래관리자와 자금통합거래참여자가 자금통합거래에서 얻는 편익을 각

---

88) 이른바, 개시 풀링(Cash Pooling)이라 한다.

각 고려할 것

2. 자금통합거래관리자의 편익을 산정할 때에는 다음 각 목의 구분에 따른 산출방법을 적용할 것

　가. 자금통합거래관리자가 기업집단 수준의 자금조달 전략 수립, 유동성 관리, 신용위험·유동성위험·환율변동위험 관리 등 적극적으로 자금을 통합관리하는 경우 : 금전대차거래의 정상가격 산출방법

　나. 가목 외의 경우 : 용역거래의 정상가격 산출방법[89]

3. 자금통합거래참여자의 편익을 산정할 때에는 다음 각 목의 구분에 따른 산출방법을 적용할 것

　가. 기업집단에서 자금통합거래참여자가 자금통합모계좌에 자금을 이체하거나 자금통합 모계좌로부터 자금을 이체받음으로써 자금통합거래참여자와 자금통합거래관리자 간에 편익이 발생하는 거래에 해당하는 자금통합거래의 경우 : 금전대차거래의 정상가격 산출방법. 이 경우 자금통합거래의 기간, 기업집단 수준의 위험관리 정책, 상호보증 여부 등을 고려한 신용 정도 및 자금통합거래에 참여한 각 당사자가 수행한 기능, 사용한 자산 및 부담한 위험의 정도 등을 고려해야 한다(국조칙 제3조의2 제1항).

　나. 자금통합거래관리자가 자금통합모계좌를 개설·보유함이 없이 자금통합거래참여자 간의 자금대여를 중개하거나 각 자금통합거래참여자의 예금계좌에 있는 모든 자금을 합산한 금액을 기준으로 금융회사로부터 자금을 조달하는 등 실질적으로 기업집단 내에서 자금을 통합하여 관리함으로써 자금통합거래참여자와 자금통합거래관리자 간 또는 자금통합거래참여자 간에 편익이 발생하는 거래에 해당하는 자금통합거래의 경우 : 자금통합거래에 참여함에 따라 절감되는 이자비용에 비례하여 산출하는 기대편익과 자금통합거래 참여자의 기여도 등을 고려[90]해야 한다(국조칙 제3조의2 제2항).

---

89) 국조법 시행령 제12조의 방법을 말한다.
90) 투자자와 펀드매니저 간의 손익분배 방법을 참고해 볼 수 있다.

(3) 자금통합거래 분석 사례 1(TPG 10.133~10.137)

X는 다국적기업그룹의 모회사로, 물리적 자금통합에 참여한 자회사 H, J, K, L, M을 두며 M은 자금통합 대표자이다. 모든 참여자들은 같은 통화를 사용하며 이를 기준으로 자금통합이 이루어진다. M은 제3자 은행과 그룹내부 자금통합계약을 체결한다. 계약에 따라, 각 통합 참여자들의 특정 목표잔액을 맞추도록 모든 참여자들은 M의 현금통합계좌로 이체하고 그 계좌에서 인출한다. 자금관리 용역계약에 따라, 은행은 M이 예치한 자금으로 각 참여자의 목표잔액을 맞추기 위해 이체하거나, 또는 은행이 M에게 약정한 당좌대월을 하기 위해 이체한다. M의 당좌대월에 대하여 X가 보증한다. 제3자 은행은 전체적인 통합잔액을 기준으로 이자를 지급하거나 수취한다. 이 사례에서, M은 자회사 H 및 J로부터 잉여자금을 받고 자금이 필요한 K 및 L에게 자금을 제공한다. 통합참여자의 각 잔액에 대한 이자는 통합계약에 따라 청구되거나 지급된다.

계약실행의 결과, M은 통합계약이 없었던 때에 비하여 은행에 더 적은 이자를 지급하고, 은행으로부터 더 많은 이자를 수취한다. 기능분석에서, M은 통합 참여자이지만 단순히 조정자 기능만을 수행하기 때문에 신용위험에 노출되지 않는다는 사실이 확인된다. 또한, M은 은행이 수행하는 기능을 수행하거나 은행이 부담하는 위험을 부담하지 않는다. 그러므로, 은행이 예대출 차액을 수취하는 것과 같은 종류의 보상을 M이 받을 수는 없다. 따라서, M은 통합에 기여하는 용역기능에 상응하는 보상을 받는다.

(4) 자금통합거래 분석 사례 2(TPG 10.138~10.142)

다국적기업그룹 Y의 구성원 T사는 그룹의 재정기업으로 역할하며 그룹 내외에서 다양한 금융거래를 수행한다. T사의 주목적은 그룹의 다른 기업들에게 재정용역을 제공하는 것이며, 이에는 그룹의 유동성 전략수립 및 관리가 포함된다. T사는 채권을 발행하거나 제3자 은행으로부터 자금을 차입하여 그룹 전체에 금융을 제공할 책임을 지며, 필요한 경우 다른 관계회사들의 자금소요에 맞추어 그룹내부대출을 실행한다. 그룹 유동성관리의 일환으로, T사는 자금통합계약을 실행하고 잉여자금을 어떻게 투자할지 또는 부족자금을 어떻게 충당할지 결정한다. T사는 그룹내부 이자율을 정하며, 다른 관계회사들과 약정한 이자율과 독립 대여자와 거래하는 이자율의 차이에 대한 위험을 부담한다. T사는 또한 그룹내부용역에 대한 신용위험, 유동성위험 및 통화위험을 부담하며, 그 위험을 회피할지 또는 어떻게 회피할지 결정한다.

상업·재정 관계를 정확하게 기술하기 위한 분석결과 T사는 자금통합 대표자의 조정역할을 넘어서는 기능을 수행하고 위험을 부담하기 때문에, T사가 수행하는 금융활동의 맥락에서 그룹내부대출로 기술되어야 한다. 특히, 기능분석에서 T사는 계약에 따라 T사에 배분되는 금융위험을 통제하고 그 위험을 부담할 재정능력이 있다는 점을 알 수 있다. 그러므로, T사는 수행기능과 부담위험에 대하여 보상을 받아야 한다. 이에는 T사가 수행하는 차입과 대여 역할로 인한 예대이자율 차액의 일부 또는 전부가 포함된다. T사와 거래하는 다른 관계회사들은 다른 대안보다 더 손해가 나지 않는 경우에만 그 거래를 지속한다는 점을 명심해야 한다.

⁛ 쟁점거래는 청구법인이 사내은행에 금전을 대여한 것이라고 보는 것이 타당하다 할 것이나, 거래의 형태나 목적 등에 비추어 회사채거래가 쟁점거래와 비교가능성이 가장 높은 거래라고 단정하기 어렵다 할 것이므로 처분청이 「국제조세조정에관한법률 시행령」 제5조 제1항 제1호에 따라 쟁점거래와 비교가능성이 가장 높은 거래를 재조사하여 그에 따라 과세표준 및 세액을 경정하는 것이 타당하다고 판단됨(조심 – 2019 – 서 – 3673, 2021.11.24.)

(가) 먼저 쟁점①에 대하여 살피건대, 청구법인은 쟁점거래가 1년 만기의 계약이므로 비교대상거래도 1년 만기를 기준으로 선정하여야 한다고 주장하나, 쟁점거래는 실제로 사내은행이 변경된 경우 외에는 청구법인이 자금을 송금한 후 중도에 반환받은 적이 없는 점, 거래의 실행 여부는 ○○○ 모회사의 정책에 따라 이루어지고 있고, 쟁점거래가 롤오버 될 때마다 청구법인은 모회사의 정책에 따라 형식적인 승인만 수행하고 있어 청구법인에게 자금의 대여 및 회수에 대한 통제권이 있다고 보기 어려운 점, 쟁점거래의 대부분이 장기간 롤오버되고 있고, 청구법인도 그와 같은 상황을 알 수 있었다고 보이는 점 등에 비추어 실

질적인 쟁점거래의 만기는 1년이 아니라 롤오버된 전체기간으로 봄이 타당하다 할 것이므로, 청구주장을 받아들이기 어렵다고 판단된다.

(나) 다음으로 쟁점②에 대하여 살펴본다.

1) 청구법인은 쟁점거래가 금전대여가 아닌 예금거래에 해당하므로 회사채 이자율을 비교대상으로 선정한 것은 위법하다고 주장한다.

2) 그러나 금융감독당국으로부터 재무구조나 채무불이행 위험 등에 대한 규제를 받는 금융기관과는 달리 사내은행은 특별한 규제를 받지 아니하는 일반적인 법인에 불과한바, 쟁점거래는 금융기관과의 거래에 비해 높은 수준의 채무불이행 위험을 부담한다고 보이는 점, 청구법인이 주장하는 예금거래는 금융기관에서 제공하는 금융상품의 일종이나 이 건에서 청구법인이 사내은행의 예금상품에 가입한 사실이 없고, 사내은행은 그러한 예금상품을 판매하는 금융기관도 아닌 점, 사내은행은 잉여자금이 있는 법인으로부터 자금을 직접 차입하여 자금이 필요한 계열사에게 대여하는 계열사간의 자금대차기능을 수행하는 법인으로, 금전의 제공자인 청구법인의 입장에서는 직접적인 거래상대방이자 청구법인에게 금전의 상환의무를 부담하는 사내은행의 신용도를 감안하여 거래조건을 정하는 것이 타당해 보이는 점, 예금거래는 예치하는 측이 자신의 의사에 따라 자금을 맡기는 것이 본질인 반면, 이 건의 경우 청구법인의 의사나 상황이 아닌 모그룹의 필요에 의해 거래가 이루어지는 점 등에 비추어 쟁점거래는 청구법인이 사내은행에 금전을 대여한 것이라고 보는 것이 타당하다 할 것이다.

(5) 외국환거래법상 자금통합거래의 신고의무

자금통합관리를 하고자 하는 자는 자금통합관리 참여법인 및 대출차입한도 등을 자금통합관리 개시 전에 지정거래외국환은행을 경유하여 한국은행총재에게 신고하여야 하며, 자금통합관리 신고를 한 자는 그 운영현황을 매분기별로 익월 20일까지 한국은행총재에게 보고하여야 한다(외국환거래법 제18조, 외국환거래법 시행령 제32조, 외국환거래규정 제7-46조 제3항).

외국환거래법에서는 자금통합거래를 하고자 하는 거주자에 대하여 신고와 분기별 보고의무를 부여한다. 신고의무를 이행하지 않는 경우에는 벌금 뿐만 아니라, 자금통합거래를 통하여 취득한 외화 등을 몰수할 수 있도록 하고, 그 법인의 대표자 및 사용인에 대하여도 벌금형을 과(科)하도록 하고 있는 바, 자금통합거래 이전가격에 대한 세무검증 시에는 외국환거래법에 대하여도 세심한 주의가 필요하다.[91]

---

91) 외국환거래법 제18조(자본거래의 신고 등), 제29조(벌칙), 제30조(몰수·추징), 제32조(과태료)

Ⅷ 지급보증용역거래의 정상가격 산출방법

(1) 지급보증용역거래의 정상가격 산출방법

거주자와 국외특수관계인 간의 용역거래 중 지급보증 용역거래의 정상가격 산출방법으로 그 밖의 합리적인 방법을 적용할 때에는 다음 각 호의 어느 하나에 해당하는 방법에 따른다(국조령 제12조 제4항).

1. 보증인의 예상 위험과 비용을 기초로 하여 정상가격을 산출하는 방법
2. 피보증인의 기대편익을 기초로 하여 정상가격을 산출하는 방법
3. 보증인의 예상 위험 및 비용과 피보증인의 기대편익을 기초로 하여 정상가격을 산출하는 방법

보증인의 예상 위험과 비용을 기초로 하여 정상가격을 산출하는 방법(국조령 제12조 제4항 제1호)에 따른 정상가격은 지급보증에 따른 보증인의 예상 위험에 보증인이 보증으로 인하여 실제로 부담한 비용을 더한 금액으로 한다. 이 경우 보증인의 예상 위험은 피보증인의 신용등급에 따른 예상 부도율과 부도 발생 시 채권자가 피보증인으로부터 채권을 회수할 수 있는 비율(이하 "보증금액 예상회수율"이라 한다)을 기초로 하여 산출한 금액으로 한다(국조칙 제5조 제1항).

피보증인의 기대편익을 기초로 하여 정상가격을 산출하는 방법(국조령 제12조 제4항 제2호)에 따른 정상가격은 지급보증이 없는 경우의 피보증인의 자금조달비용에서 지급보증이 있는 경우의 피보증인의 자금조달비용을 뺀 금액으로 한다. 이 경우 피보증인의 자금조달비용은 보증인과 피보증인의 신용등급을 기초로 하여 보증인의 지급보증 유무에 따라 산출한 차입 이자율 또는 회사채 이자율 등을 고려하여 산출한 금액으로 한다(국조칙 제5조 제2항).

보증인의 예상 위험 및 비용과 피보증인의 기대편익을 기초로 하여 정상가격을 산출하는 방법(국조령 제12조 제4항 제3호)에 따른 정상가격은 보증인의 예상 위험과 비용을 기

초로 하여 정상가격을 산출하는 방법 및 피보증인의 기대편익을 기초로 하여 정상가격을 산출하는 방법에 따라 가격을 각각 산정한 경우로서 피보증인의 기대편익을 기초로 하여 정상가격을 산출하는 방법에 따라 산정된 가격이 보증인의 예상 위험과 비용을 기초로 하여 정상가격을 산출하는 방법에 따라 산정된 가격보다 큰 경우에 적용하되, 정상가격은 보증인의 예상 위험과 비용을 기초로 하여 정상가격을 산출하는 방법 및 피보증인의 기대편익을 기초로 하여 정상가격을 산출하는 방법에 따라 산출한 가격의 범위에서 보증인의 예상 위험 및 비용과 피보증인의 기대편익 및 지급보증계약 조건 등을 고려하여 합리적으로 조정한 금액으로 한다(국조칙 제5조 제3항).

(2) 신용등급, 예상 부도율 및 보증금액 예상회수율의 산출

거주자와 국외특수관계인 간의 용역거래 중 지급보증 용역거래의 정상가격 산출방법으로 기타 합리적인 방법을 적용하여 정상가격을 산출하는 경우 신용등급, 예상 부도율, 보증금액 예상회수율, 차입 이자율, 회사채 이자율 등은 자료의 확보와 이용 가능성, 신뢰성, 비교가능성 등을 고려한 합리적인 자료를 이용해야 한다. 이 경우 신용등급, 예상 부도율 및 보증금액 예상회수율은 다음 각 호의 사항을 고려하여 판정 또는 산출해야 한다(국조칙 제5조 제4항).

1. 신용등급관련 고려사항 : 과거의 재무정보와 합리적으로 예측 가능한 미래의 재무정보, 국가·지역·업종·기술수준·시장지위·보증인과 피보증인이 속한 기업군(이하 "기업군"이라 한다)의 신용위험 등 비재무적 정보 및 기업집단의 구성원으로서 누리게 되는 신용등급 상승 등 부수적 이익
2. 예상 부도율 관련 고려사항 : 피보증인의 신용등급, 기업군의 지원가능성 등
3. 보증금액 예상회수율 관련 고려사항 : 피보증인의 재무상태와 유형자산의 규모, 산업의 특성, 담보제공 여부·시기·만기 등

(3) 금융회사가 산출한 수수료 또는 국세청 모형에 따른 수수료의 인정

거주자가 다음 각 호의 어느 하나에 해당하는 금액을 지급보증 용역거래의 가격으로 적용한 경우에는 그 금액을 정상가격으로 본다(국조령 제12조 제5항).
1. 지급보증계약 체결 당시 해당 금융회사가 산정한 지급보증 유무에 따른 이자율 차이를 근거로 하여 산출한 수수료의 금액(해당 금융회사가 작성한 이자율 차이

산정 내역서에 의해 확인되는 것으로 한정한다)
2. 국세청장이 정하는 바에 따라 산출한 수수료의 금액[92]

:: 내국법인이 국외특수관계인인 외국법인(SPC)의 선박취득자금 차입에 대한 지급보증시 정
  상가격 산정여부 등(서면-2014-서면법규과-690, 2014.7.2.)
  1. 소유권이전조건부 나용선계약거래에 있어, 국내 해운사가 편의치적국에 설립한
     특수목적자회사(SPC)의 선박취득자금 차입에 대해 「국제조세조정에관한법률」
     제2조에 따른 특수관계인에 해당하는 내국법인이 지급보증용역을 제공하는 경우,
     해당 거래는 같은 법 제4조에 따른 정상가격 과세조정 대상에 해당되는 것임.
  2. 지급보증 용역거래의 가격에 대한 정상가격은 「국제조세조정에관한법률 시행령」
     제6조의2 제3항 및 같은 법 시행규칙 제2조의3에 따라 산출하는 것이며, 이때, 피
     보증인이 자신의 재산을 차입금의 담보로 제공한 경우로서 피보증인의 채무불이
     행시 우선적으로 담보 재산가액에서 충당되고 보증인은 보충적인 의무를 부담하
     는 경우에는 차입금액에서 피보증인의 담보재산가액이 총 보증금액에서 차지하
     는 비율을 곱한 금액을 차감한 금액에 정상가격을 적용하는 것임.

:: 국외특수관계인의 차입금에 대하여 수인이 연대보증한 경우 지급보증수수료 정상가격 산
  출방법(서면법규과-88, 2013.1.25.)
  내국법인과 거주자 수인(數人)이 국외특수관계인인 해외관계회사의 차입금액에 대
  하여 연대보증(連帶保證)한 경우 「국제조세조정에관한법률」 제4조에 따른 지급보
  증 대가에 대한 정상가격은 차입금액 총액을 연대보증인 수로 안분한 금액을 기준으
  로 산정하는 것은 아님.
  다만, 이전가격세제의 목적상 수인의 연대보증이 용역의 공동수행으로 인정되는 경
  우 해당 거래에서 발생한 소득을 적정한 배부기준에 따라 보증인간 안분할 수 있는
  것이나 이에 해당하는지 여부는 사실관계를 종합하여 판단하는 것임.

---

92) (조회경로) 국세청 홈택스 〉 조회/발급 〉 기타조회 〉 지급보증 정상가격 조회

■ 국제조세조정에 관한 법률 시행규칙 [별지 제16호 서식(을)] 〈개정 2023.3.20.〉

(앞쪽)

과세 연도	· · · ~ · · ·	지급보증 용역거래 명세서	상호 또는 법인명	

국외특수관계인명		해외현지기업 고유번호	

1. 매출거래

(단위: 원, %)

① 일련 번호	보증(차입)거래 내역									지급보증 정상가격		
	② 채권자	③ 소재 국가	④ 통화	⑤ 보증금액	⑥ 차입금액	⑩ 차입일	⑪ 만기 (상환)일	⑫ 이자율	⑬ 산출 방법	⑭ 정상 요율	⑮ 금액
			⑦ 원화	⑧ 보증금액	⑨ 차입금액						
			KRW								
			KRW								
			KRW								
			KRW								
			KRW								

2. 매입거래

(단위: 원, %)

① 일련 번호	보증(차입)거래 내역									지급보증 정상가격		
	② 채권자	③ 소재 국가	④ 통화	⑤ 보증금액	⑥ 차입금액	⑩ 차입일	⑪ 만기 (상환)일	⑫ 이자율	⑬ 산출 방법	⑭ 정상 요율	⑮ 금액
			⑦ 원화	⑧ 보증금액	⑨ 차입금액						
			KRW								
			KRW								
			KRW								
			KRW								
			KRW								

210mm×297mm[백상지 80g/㎡ 또는 중질지 80g/㎡]

Ⅸ 국내사업장과 본점 등의 거래에 대한 국내원천소득금액의 계산

(1) 외국법인의 국내원천소득금액의 계산

외국법인의 국내사업장의 각 사업연도의 소득금액을 결정함에 있어서 국내사업장과 국외의 본점 및 다른 지점(이하 "본점 등"이라 한다)간 거래(이하 "내부거래"라 한다)에 따른 국내원천소득금액의 계산은 법인세법 및 법인세법 시행령에서 달리 정하는 것을 제외하고는 정상가격에 의하여 계산한 금액으로 한다(법령 제130조 제1항).

정상가격에 의하여 국내사업장과 국외의 본점 등 간의 내부거래에 따른 국내 원천소득을 계산할 때, 내부거래에 따른 비용은 정상가격의 범위에서 국내사업장에 귀속되는 소득과 필수적 또는 합리적으로 관련된 비용에 한정하여 손금에 산입하고, 자금거래에 따른 이자[93] 등 다음의 비용은 이를 손금에 산입하지 않는다. 다만, 자금거래에 따른 이자에 대해 조세조약에 따라 손금에 산입할 수 있는 경우에는 그렇지 않다(법령 제130조 제2항).

1. 자금거래에서 발생한 이자비용(제63조의2 제2항에 따른 외국은행 국내지점의 이자비용은 제외한다)
2. 보증거래에서 발생한 수수료 등 비용

(2) 외국법인의 국내사업장과 국외의 본지점 간 거래시 정상가격

외국법인의 국내사업장과 국외의 본점 등 간 거래(이하 "내부거래"라 한다)에 따른 국내원천소득금액을 계산하는 때 적용하는 정상가격은 외국법인의 국내사업장이 중요한 인적 기능(외국법인 국내사업장의 종업원 등이 자산의 소유 및 위험의 부담과 관련하여 중요하게 수행하는 기능)을 포함한 수행하는 기능, 부담하는 위험 및 사용하는 자산 등의 사실을 고려하여 계산한 금액으로 한다(법칙 제64조 제2항).

국내사업장의 기능 및 사실의 분석은 다음 각 호를 따른다(법칙 제64조 제3항).

---

93) 법령 제129조의3에 따른 이자는 제외한다.

1. 국내사업장이 속한 본점과 독립된 기업들 간 거래로부터 발생하는 권리 및 의무를 국내사업장에 적절하게 배분
2. 자산의 경제적 소유권의 배분과 관련된 중요한 인적 기능을 확인하여 국내사업장에 자산의 경제적 소유권을 배분
3. 위험의 부담과 관련된 중요한 인적 기능을 확인하여 국내사업장에 위험을 배분
4. 국내사업장의 자산 및 위험배분에 기초한 자본의 배분
5. 국내사업장에 관한 중요한 인적 기능 외의 기능을 확인
6. 국내사업장과 본점 및 다른 지점 간 거래의 성격에 대한 인식 및 결정

(3) 본점 공통경비의 배분

외국법인의 국내사업장의 각 사업연도의 소득금액을 결정함에 있어서 본점 등의 경비 중 공통경비로서 그 국내사업장의 국내원천소득의 발생과 합리적으로 관련된 것은 국내사업장에 배분하여 손금에 산입한다(법령 제130조 제3항).

외국법인의 국내사업장에 본점 및 그 국내사업장을 관할하는 관련지점 등의 공통경비를 배분함에 있어 다음 각 호의 어느 하나에 해당하는 본점 등의 경비는 국내사업장에 배분하지 아니한다(법칙 제64조 제5항).
1. 본점 등에서 수행하는 업무 중 회계감사, 각종 재무제표의 작성 또는 주식발행 등 본점만의 고유업무를 수행함으로써 발생하는 경비
2. 본점 등의 특정부서나 특정지점만을 위하여 지출한 경비
3. 다른 법인에 대한 투자와 관련되어 발생하는 경비
4. 기타 국내원천소득의 발생과 합리적으로 관련되지 아니하는 경비

외국법인의 국내사업장에 본점 및 그 국내사업장을 관할하는 관련지점 등의 공통경비를 배분함에 있어서는 배분의 대상이 되는 경비를 경비 항목별 기준에 따라 배분하는 항목별 배분방법에 의하거나 배분의 대상이 되는 경비를 국내사업장의 수입금액이 본점 및 그 국내사업장을 관할하는 관련지점 등의 총수입금액에서 차지하는 비율에 따라 배분하는 일괄배분방법에 의할 수 있다(법칙 제64조 제6항).

공통경비를 배분하는 경우 외화의 원화환산은 당해 사업연도의 「외국환거래법」에 의한 기준환율 또는 재정환율의 평균을 적용한다(법칙 제64조 제7항).

외국기업 본점 등의 공통경비 배분방법 및 제출서류에 관한 고시

제1조(목적) 이 고시는 「법인세법 시행규칙」 제64조 제8항 및 「소득세법 시행규칙」 제86조의4 제8항에서 국세청장에게 위임한 외국기업 국내사업장의 각 사업연도 소득금액을 결정할 때 해당 국내사업장에 배분할 본점 및 지역통할점 등의 공통경비의 구체적인 계산방법 및 관련서류의 제출에 관하여 필요한 사항을 규정함을 목적으로 한다.

제2조(배분대상경비의 범위) 외국기업 국내사업장의 각 사업연도 소득금액을 결정할 때 해당 국내사업장에 배분할 본점 및 지역통할점 등의 공통경비 배분대상경비의 범위는 다음과 같다.

① 외국기업 국내사업장의 본점 및 지역통할점 등에서 발생한 경비 중 공통경비로서 국내사업장의 국내원천소득의 발생과 합리적으로 관련이 있는 경비를 배분대상경비로 한다.

② 국내사업장에서 발생된 경비 중에서 공통경비는 국내사업장의 손금에 직접 포함하지 않고 배분대상경비에 포함한다.

제3조(배분대상경비에 포함되지 않는 경비) ① 「법인세법 시행규칙」 제64조 제5항 및 「소득세법 시행규칙」 제86조의4 제5항의 규정에 열거된 다음 각 호의 경비는 배분대상경비에 포함되지 않는다.

1. 본점 및 지역통할점에서 수행하는 업무 중 회계감사, 각종 재무제표의 작성 또는 주식발행 등 본점 및 지역통할점만의 고유업무를 수행함으로써 발생하는 경비

2. 본점 및 지역통할점의 특정 부서나 특정 지점만을 위하여 지출하는 경비

3. 본점 및 지역통할점에서 다른 법인에 대한 투자와 관련되어 발생하는 경비

4. 그 밖의 국내원천소득의 발생과 합리적으로 관련되지 아니하는 경비

② 공통경비에 해당되는 경우에도 그 경비가 발생된 본점이나 지역통할점 소재지 국가의 조세법령 등에 의하여 소득금액을 계산할 때에 손금으로 포함되지 않는 경비는 배분대상경비에 포함되지 아니한다.

③ 각종 충당금이나 준비금의 전입액 중 실제로 발생하지 아니하여 국내사업장의 적정한 소득을 계산할 때 손금으로 인정될 수 없는 경비는 배분대상경비에서 제외한다.

제4조(경비배분액의 계산방법) 외국기업의 국내사업장이 각 사업연도 소득금액을 계산할 때 손금에 포함할 수 있는 공통경비 배분액은 다음 항에서 규정하는 항목별 배분방법과 일괄 배분방법 중 하나를 선택하여 계산하여야 하며, 그 국내사업장이 선택하여 적용한 배분방법은 특별한 사유가 없는 한 다음 사업연도 이후에도 계속하여 적용하여야 한다.

1. 항목별 배분방법은 다음 각 목에 따라 계산한다.

가. 항목별 배분방법은 배분대상 공통경비를 경비항목별로 구분한 후 해당 경비를 가장 합리적으로 배분할 수 있는 배분기준을 설정하여 그 배분기준에 따라 국내사업장에 귀속되는 공통경비를 계산하는 것을 말한다.

나. 항목별 경비배분기준으로는 수입금액, 매출총이익, 자산가액, 인건비, 그 밖의 해당 경비항목의 성격에 따라 합리적이라고 인정되는 기준을 적용한다.

다. 국내사업장에 귀속되는 공통경비배분액은 배분대상 공통경비를 발생 장소별로 먼저 구분한 후 항목별 배분대상 공통경비에 국내사업장의 배분기준액(자산가액, 인건비 등)이 본점 및 지역통할점의 배분기준액에서 차지하는 비율을 곱하여 계산한다.

2. 일괄 배분방법은 다음 각 목에 따라 계산한다.

가. 일괄 배분방법은 항목별 배분방법을 적용하는 것이 적절하지 않거나 배분대상 공통경비액이 적어 항목별 배분의 실익이 없을 때에 국내사업장에 귀속되는 공통경비 합계액을 수입금액 기준에 의하여 계산하는 방법을 말한다.

나. 일괄 배분방법에 의한 국내사업장에 귀속되는 공통경비 배분액은 배분대상 공통경비총액에 국내사업장의 수입금액이 본점 및 그 국내사업장을 관할하는 지역통할점 등의 총수입금액에서 차지하는 비율을 곱하여 계산한다.

다. 본점 및 지역통할점의 수입금액과 이들 산하 각 지점 등의 수입금액의 합계액은 본점과 지역통할점 및 산하 각 지점별로 수입금액을 계산하여 합계한 금액을 말하며 본점과 지점간 또는 지점간의 거래로 인하여 발생한 수입금액을 상계하지 아니한 금액으로 한다.

라. 나목의 공식을 적용함에 있어서 본점 및 지역통할점의 산하 각 지점이란 본점 및 지역통할점이 업무를 지휘, 관리, 감독 등을 하는 전 세계에 있는 모든 지점·연락사무소를 말한다. 다만, 금융업의 경우에는 해당 본점이 51% 이상 출자한 출자법인으로 그 영업의 성격상 국내사업장의 영업과 같은 금융업을 수행하는 법인을 포함한다.

제5조(외화의 원화환산방법) 공통경비 배분 시 외화의 원화환산은 외국환거래규정에 따른 매매기준율 또는 재정된 매매기준율의 연평균율(해당 사업연도의 월평균 매매기준율의 합계액 / 해당 사업연도의 월수)을 적용하여 원화로 환산한다.

제6조(첨부서류 제출 및 입증) ① 외국기업 국내사업장이 각 사업연도의 국내원천소득금액을 계산할 때 손금에 포함한 공통경비가 있는 경우에는 다음 각 호에 열거하는 서류를 법인세신고 시 또는 법인세수정신고 시에 해당 신고서에 첨부하여 제출하여야 한다.

1. 외국기업 본점 등의 공통경비배분계산서(별지1호 서식)
2. 배분대상 공통경비명세 및 입증자료(손익계산서 등)
3. 본점 및 지역통할점의 수입금액명세 및 입증자료(통합손익계산서 등)

4. 본점 및 지역통할점의 조직도, 부서별 업무분장규정 등 본점 등의 공통경비 배분내역을 입증할 수 있는 자료

② 지방국세청장 또는 세무서장이 외국기업 국내사업장의 소득금액을 계산 할 때에 손금에 포함한 공통경비배분액과 관련하여 그 국내사업장에 필요한 증빙서류의 제출을 요구하거나 경비배분기준의 합리성 및 경비배분계산이 적정함을 입증할 것을 요구하는 경우에는 그 국내사업장은 증빙서류를 제출하거나 경비배분기준의 합리성 및 경비배분계산이 적정함을 입증하여야 한다.

③ 국내사업장이 정당한 사유 없이 위 제1항 및 제2항의 규정에 따른 서류를 제출하지 않거나 경비배분기준의 합리성 및 경비배분계산의 적정함을 입증하지 않은 경우에는, 제출하지 않거나 입증하지 않은 공통경비 배분액은 해당 서류를 제출하거나 입증할 때까지 그 외국기업 국내사업장의 소득금액을 결정하거나 경정할 때 손금에 포함하지 아니한다.

(4) 내부거래명세서 등의 제출

외국법인이 내부거래에 따른 국내원천소득금액을 계산할 때에는 내부거래 명세서, 경비배분계산서 등 기획재정부령으로 정하는 서류를 사업연도 종료일이 속하는 달의 말일부터 6개월 이내 납세지 관할 세무서장에게 제출해야 하고, 그 계산에 관한 증명서류를 보관·비치해야 한다(법령 제130조 제4항).

"내부거래 명세서, 경비배분계산서 등 기획재정부령으로 정하는 서류"란 다음 각 호의 어느 하나에 해당하는 서류를 말한다.

1. 내부거래에 관한 명세서(국제조세조정에관한법률 시행규칙 제27조 제1항에 따른 별지 제16호 서식(갑)[94])

2. 용역거래에 대한 정상가격 산출방법 신고서(국제조세조정에관한법률 시행규칙 제27조 제3항 제1호에 따른 별지 제18호 서식)

3. 무형자산에 대한 정상가격 산출방법 신고서(국제조세조정에관한법률 시행규칙 제27조 제3항 제2호에 따른 별지 제19호 서식)

4. 정상가격 산출방법 신고서(국제조세조정에관한법률 시행규칙 제27조 제3항 제3호에 따른 별지 제20호 서식)

---

94) 국제거래명세서를 뜻한다.

[별지 제15호 서식] 외국기업 본점 등의 공통경비 배분방법 및 제출서류에 관한 고시

외국기업 본점 등의 공통경비 배분계산서

① 사 업 연 도	② 법 인 명	
. . . ~ . . .		
③ 사업자등록번호	④ 본점 소재지국	⑤ 배분방법 1. 일괄 2. 항목별

I. 공통경비 【⑥ 유형 : 1. 본점 2. 본점 및 지역통할점】

발생 부서	⑦ 계정과목	⑧ 화폐단위	⑨ 외화금액	배 분 제 외 ⑩ 사유	배 분 제 외 ⑪ 금 액	⑫ 배분대상공통경비액(⑨-⑪)	⑬ 국내사업장과 관련된 내용
기 타							
합 ⑭ 외화							
계 ⑮ 원화환산액 (⑯ 환율:)							

II. 공통경비배분 【⑰ 유형 : 1. 본점 2. 본점 및 지역통할점】

구 분	⑱ 화폐단위	⑲ 외화금액	⑳ 환율	㉑ 환산액
㉒ 배분대상공통경비합계액 (⑫의 원화환산액)				
㉓ 배분기준 ㉔ 국내지점				
1.수입금액 2.( )항목 ㉕ 본점(통할점) 및 산하 각 지점				
㉖ 계 (㉔+㉕)				
㉗ 배분비율 (㉔/㉖)				
㉘ 공통경비배분액 (㉒×㉗)				

제4장

국제거래 자료 제출 및
가산세 적용 특례

I 이전가격 세무검증을 위한 정기 자료 제출의무

(1) 국제거래통합보고서 제출의무

다음 각 호에 해당하는 납세의무자는 그 구분에 따라 사업활동 및 거래내용 등에 관한 통합기업보고서, 개별기업보고서 및 국가별보고서(이하 "국제거래정보통합보고서"라 한다)를 사업연도 종료일이 속하는 달의 말일부터 6개월 이내에 납세지 관할 세무서장에게 제출하여야 한다(국조법 제16조 제1항).[95]

1. 매출액 및 국외특수관계인과의 국제거래 규모 등이 대통령령으로 정하는 요건을 갖춘 납세의무자 : 통합기업보고서 및 개별기업보고서
2. 매출액 등이 대통령령으로 정하는 요건을 갖춘 납세의무자 : 국가별보고서

"통합기업보고서, 개별기업보고서 및 국가별보고서"란 다음 각 호의 구분에 따른 보고서로서 기획재정부령으로 정하는 보고서를 말한다(국조령 제33조).

1. 통합기업보고서 : 제출의무 있는 납세의무자 및 그 납세의무자와 기획재정부령으로 정하는 특수관계에 있는 법인 전체에 대한 다음 각 목의 사항을 포함하는 보고서
   가. 조직구조
   나. 사업내용
   다. 무형자산 내역
   라. 자금조달 활동
   마. 재무현황
2. 개별기업보고서 : 제출의무 있는 납세의무자에 대한 다음 각 목의 사항을 포함하는 보고서. 다만, 정상가격 산출방법의 사전승인을 받은 경우에는 사전승인이 적용되는 대상기간 동안의 해당 국제거래에 대한 내용을 개별기업보고서에서 제외할 수 있다.

---

95) 사업연도 종료일이 속하는 달의 말일부터 12개월 이내에서 6개월 이내 제출하는 것으로 2023년에 개정되었다.

가. 조직구조

나. 사업내용

다. 국외특수관계인과의 거래내역

라. 다목의 거래에 관한 가격산출정보

마. 재무현황

3. 국가별보고서 : 제출의무 있는 납세의무자 및 그 납세의무자와 기획재정부령으로 정하는 특수관계에 있는 법인 등에 대한 다음 각 목의 사항을 포함하는 보고서

가. 국가별 수익 내역

나. 국가별 세전(稅前)이익 및 손실

다. 국가별 납부세액

라. 국가별 자본금

마. 국가별 주요 사업활동

(2) 통합기업보고서(Master File) 및 개별기업보고서(Local File)의 제출의무

내국법인 또는 국내사업장이 있는 외국법인으로서 다음 각 호의 요건을 모두 갖춘 납세의무자는 통합기업보고서 및 개별기업보고서를 제출하여야 한다. 이 경우 납세의무자가 국내사업장이 있는 외국법인인 경우 다음 각 호의 요건은 그 외국법인의 국내사업장 기준으로 판단한다(국조령 제34조 제1항). 해당 과세연도에 사업을 경영한 기간이 1년 미만인 납세의무자의 매출액 및 거래규모의 합계액은 그 금액을 1년으로 환산하여 계산한다(국조칙 제22조).

1. 해당 과세연도 매출액이 1천억원을 초과할 것

2. 국외특수관계인과의 해당 과세연도 재화거래, 용역거래, 무형자산거래 및 대차거래 규모(이하 "거래규모"라 한다)의 합계액이 500억원을 초과할 것. 이 경우 거래규모의 합계액을 계산할 때 외국법인의 국내사업장의 경우에는 그 외국법인의 본점 및 그 외국법인의 국외에 있는 지점(이하 "본점·지점"이라 한다)과의 거래규모를 포함한다.

둘 이상의 납세의무자가 동일한 통합기업보고서를 작성하는 경우에는 해당 납세의무자 중 다음 각 호의 구분에 따른 납세의무자가 대표로 통합기업보고서를 제출할 수

있다(국조령 제34조 제2항, 국조칙 제23조).

1. 납세의무자 간 지배·종속관계에 있는 경우 : 지배법인
2. 납세의무자 간 지배·종속관계는 없으나 최상위 지배법인과 지배·종속관계상 위치가 다른 경우 : 최상위 지배법인과 지배·종속관계상 가장 가까운 위치에 있는 납세의무자
3. 납세의무자 간 지배·종속관계가 없으며 최상위 지배법인과 지배·종속관계상 위치가 같은 경우 : 납세의무자 중 하나

통합기업보고서 및 개별기업보고서는 한글로 작성하여 「국세기본법」 제2조 제18호에 따른 정보통신망(이하 "정보통신망"이라 한다)을 통해 제출해야 한다(국조령 제34조 제3항).[96] 통합기업보고서는 영문으로 작성하여 제출할 수 있다. 이 경우 제출한 날부터 1개월 이내에 한글로 작성한 통합기업보고서를 추가로 제출해야 한다(국조령 제34조 제4항).

(3) 통합기업보고서 작성 대상 특수관계 법인의 범위

통합기업보고서 작성 대상 범위에 포함하여야 하는 특수관계가 있는 법인이란 국제회계기준(국제회계기준위원회가 공표하는 국제회계기준을 말하며, 그 국제회계기준에 따라 각 국가에서 채택한 국제회계기준을 포함한다)에 따라 그 납세의무자가 포함되는 최상위 연결재무제표 작성 대상에 해당하는 법인을 말한다(국조칙 제20조 제1항).

다만 다음 각 호에 해당하는 경우에는 그 구분에 따른 연결재무제표 작성 대상에 해당하는 법인으로 할 수 있다(국조칙 제20조 제2항).

1. 서로 다른 국가(고유한 세법이 적용되는 지역을 포함한다)에서 과세대상이 되는 사업을 수행하는 집단으로서 소유권 또는 지배력을 통해 관련된 기업들의 집단(이하 "다국적기업그룹"이라 한다)이 수행하는 사업이 2개 이상의 사업군으로 분류되는 경우 : 해당 사업군 내 최상위 연결재무제표
2. 「독점규제 및 공정거래에 관한 법률」 제2조 제1호의2에 따른 지주회사에 의해 지배되는 다국적기업그룹이 자회사별로 수행하는 사업이 서로 다른 경우 : 해당 자회사의 연결재무제표

---

96) 홈택스(www.hometax.go.kr) 접속을 통한 전자제출만 가능하다.

(4) 국가별보고서(Country by Country Report)의 제출

다음 각 호의 구분에 따른 납세의무자는 국가별보고서 제출의무가 있다. 다음 각 호를 적용할 때 연결재무제표의 매출액에는 영업외수익 및 특별수익 등 손익계산서상 수익항목을 모두 포함하고, 직전 과세연도 연결재무제표의 회계기간이 1년 미만인 경우 매출액은 그 금액을 1년으로 환산하여 계산한다(국조령 제35조 제1항, 국조칙 제24조 제1항·제2항, 제25조).

1. 다국적기업그룹의 최상위 지배법인으로서 관련 회계원칙 등에 따라 재무 보고 목적의 최상위 연결재무제표를 작성하는 자(이하 "최종모회사"라 한다)가 국내에 소재하는 경우로서 직전 과세연도 연결재무제표의 매출액이 1조원을 초과하는 경우 : 국내의 최종모회사

2. 최종모회사가 외국에 소재하는 경우로서 직전 과세연도 연결재무제표의 매출액이 다음 각 목의 구분에 따른 금액을 초과하는 경우 : 국내의 관계회사[97](이하 "국내관계회사"라 한다)

    가. 최종모회사가 소재하는 국가의 법령상 국가별보고서 제출의무가 있는 경우 : 해당 법령으로 정한 기준 금액

    나. 최종모회사가 소재하는 국가의 법령상 국가별보고서 제출의무가 없는 경우 : 7억 5천만 유로

국내의 최종모회사 및 국내관계회사는 각 사업연도 종료일이 속하는 달의 말일부터 6개월 이내에 국가별보고서 제출의무자에 대한 자료[98]를 납세지 관할 세무서장에게 제출(정보통신망을 활용한 제출을 포함한다)해야 한다(국조령 제35조 제2항).[99]

국가별보고서 제출의무자에 대한 자료를 제출기한까지 제출한 국내 관계회사는 다음 각 호의 어느 하나에 해당하는 경우 국가별보고서를 제출하지 않을 수 있다(국조령 제35조 제3항).

---

97) 다음 각 호에 따른 관계회사를 말한다(국조칙 제24조 제2항).
   1. 다국적기업그룹의 연결재무제표에 포함되는 법인
   2. 다국적기업그룹 내 지배법인에 종속되지만 규모나 중요성을 이유로 제1호에 따른 연결재무제표에서 제외된 법인
   3. 제1호 또는 제2호에 따른 법인의 고정사업장으로서 별도의 재무제표를 작성하는 경우 해당 고정사업장
98) 국조칙 별지 제15호 서식
99) 홈택스(www.hometax.go.kr) 접속을 통한 제출

1. 최종모회사가 소재하는 국가의 법령상 국가별보고서의 제출의무가 있고 그 국가별보고서가 우리나라와 조세조약에 따라 교환되는 경우
2. 다른 국내관계회사가 국가별보고서를 대표하여 제출하는 경우
3. 최종모회사가 제3국에 소재하는 관계회사로 하여금 해당 소재지국에 국가별보고서를 대리 제출하도록 하고 그 국가별보고서가 우리나라와 조세조약에 따라 교환되는 경우

국가별보고서는 한글 및 영문으로 작성하여 정보통신망을 통해 제출해야 한다(국조령 제35조 제4항).[100]

> ▷▷ 국외특수관계인과 국제거래의 유무가 국가별보고서 제출의무 판단 기준에 영향을 미치는 지 여부(서면-2019-법령해석국조-1637 [법령해석과-1747], 2019.7.5.)
> 내국법인(갑법인)의 국내자회사가 국외손자회사에게 지분투자를 하는 경우 해당거래는 갑법인의 국제거래에 해당하지 않는 것이며, 「국제조세조정에관한법률」(2016.12.20. 법률 제14384호로 개정된 것) 제11조 제1항 단서 규정은 국제거래가 있는 납세의무자에게 적용되는 것임.

---

100) AXIS(조세조약에 따른 정기 금융정보 보고, Automatic eXchange & analysis of foreign Information System)포털(AXIS.go.kr)로 제출

자료의 내용	쪽	미제출·작성 사유
I. 전체 법인의 조직구조		
1. 전체 법인 현황		
2. 전체 법인의 법적 소유구조		
3. 전체 법인의 지배 구조도(그림)		
II. 전체 법인의 사업내용		
1. 중요한 사업 이익 창출 요소		
2. 전체 매출액 기준 상위 5개 재화 또는 용역과 매출의 5%를 초과하는 그 밖의 재화 또는 용역의 공급망에 대한 설명		
3. 전체 법인에 속하는 법인 간의 중요한 용역거래 약정		
4. 상기 2.에서 언급된 재화와 용역의 주요 판매지역에 관한 설명		
5. 전체 법인의 가치 창출분 중 개별 법인들의 기여도를 설명할 수 있는 개별 법인별 기능 분석		
6. 회계연도 중 발생한 중요한 사업구조 재편, 지분 취득, 기업 매각 등에 대한 설명		
III. 전체 법인의 무형자산		
1. 무형자산의 개발·소유 및 이용에 대한 전반적인 전략에 대한 설명		
2. 전체 법인의 무형자산		
3. 특수관계법인 간 주요 연구용역 계약, 라이선스 계약 및 원가분담 약정 등 무형자산 관련 중요 약정		
4. 연구개발 및 무형자산과 관련된 전체 법인 내 이전가격 정책에 대한 일반적인 설명		
5. 사업연도 중 특수관계기업 간의 무형자산거래에 관한 설명		
IV. 전체 법인 간 재무활동		
1. 전체 법인의 자금 조달 방법에 대한 일반적인 설명		
2. 전체 법인을 위한 핵심 자금조달 기능을 수행하는 전체 법인 소속 개별 법인에 관한 설명		
3. 특수관계법인 간 자금조달 약정과 관련된 전체 법인의 일반적인 이전가격 정책에 관한 설명		
V. 전체 법인의 재무 및 세무상 현황		
1. 전체 법인의 해당 사업연도 연결재무제표		
2. 전체 법인의 승인된 일방적 정상가격 산출방법 사전승인(APA)과 국가별 소득 배분과 관련된 세법해석 질의회신		

자료의 내용	쪽	미제출·작성 사유
I. 법인의 개요		
1. 법인에 대한 소개		
2. 경영구조		
3. 경영 관련 보고를 받는 담당자		
4. 법인의 사업 및 사업전략에 대한 자세한 설명		
5. 주요 경쟁업체		
II. 특수관계 거래에 대한 설명		
1. 국외특수관계인 현황		
2. 국외특수관계인의 법적 소유구조		
3. 지배 구조도		
4. 중요한 특수관계 거래에 대한 설명과 거래 발생 배경		
5. 특수관계 거래별 특수관계인 내역 및 특수관계인 간 관계		
6. 특수관계 거래에서 발생하는 지급액 및 수취액		
7. 특수관계 거래와 관련한 납세의무자와 국외특수관계인의 비교가능성 및 기능 분석		
8. 거래 종류별 가장 적합한 정상가격 산출방법 및 해당 방법 선정 이유		
9. 분석대상으로 선정된 기업 및 선정 이유에 대한 설명		
10. 정상가격 산출방법 적용 시 사용된 중요한 가정들의 요약		
11. 다년도 분석을 수행한 이유		
12. 비교가능 제3자 거래(내부 또는 외부) 목록 및 전반적인 설명		
13. 정상가격 산출 시 적용된 비교가능성 차이 조정에 관한 설명		
14. 정상가격 산출 시 사용된 법인의 재무정보		
15. 검토 결과		
III. 재무제표, 계약서 등 참고 자료		
1. 법인의 재무정보와 관련한 보고서		
2. 상기 특수관계거래와 관련하여 다른 과세당국에서 승인받은 일방·쌍방·다자간 정상가격산출방법 사전승인(APA) 승인 및 세법해석 질의회신		
3. 법인이 체결한 주요 특수관계거래 계약서 사본		
4. 정상가격 산출방법에 적용된 재무자료가 해당 사업연도 재무제표와 일치하는지를 보여주는 정보를 담은 표		

개별기업보고서 작성시 주의사항(국조칙 별지 제13호 서식)

- 중요한 특수관계 거래에 대한 설명과 거래 발생 배경
  - 해당 사업연도에 국외특수관계인과의 재화거래 금액의 합계가 10억원 이하이고, 그 밖의 거래금액의 합계가 2억원 이하인 경우에는 그 국외특수관계인과의 거래는 생략할 수 있음.
- 특수관계 거래별 특수관계인 내역 및 특수관계인 간 관계
  - 특수관계 거래가 있는 국외특수관계인의 손익을 요약한 내용은 '별지 제13호 서식 부표 1. 국외특수관계인 요약손익계산서에 작성(해외현지법인 명세서 및 해외현지법인재무상황표를 제출하는 경우에는 작성을 생략할 수 있음)
- 특수관계거래에서 발생하는 지급액 및 수취액
  - 국외특수관계인과의 모든 국제거래에서 발생하는 지급액 및 수취액은 '별지 제13호 서식 부표 2. 국외특수관계인과의 국제거래명세서'에 반드시 작성해야 함.
- 거래 종류별 가장 적합한 정상가격 산출방법 및 해당 방법 선정이유
  - 무형자산거래의 경우에는 거래가격 산정방식, 거래가격에 적용한 정상가격 산출방법(각 거래주체의 수행기능, 부담위험 및 사용자산을 분석), 적용 이유에 대하여 자세히 기재. 특히, 「국제조세조정에 관한 법률」 제8조 제1항 제6호 및 같은 법 시행령 제13조 제4항에 따라 무형자산의 정상가격을 산출한 경우에는 미래의 현금흐름 예상액, 성장률, 할인율, 무형자산의 내용연수 및 잔존가치 등 제반 요소, 정상가격 산출내역 및 산출근거를 구체적으로 기재
  - 무형자산거래에 대해서는 '별지 제13호 서식 부표 3. 무형자산거래 세부 내역'을 반드시 작성
  - 용역거래 중 지급보증 거래의 경우에는 정상가격 산출방법에 대한 선정 사유 및 계산근거를 상세히 적고 관련 첨부서류(계산근거가 나타나는 표, 금융기관 증빙서류 등)를 별도로 제출
  - 지급보증 거래에 대해서는 '별지 제13호 서식 부표 4. 지급보증 용역거래 세부내역'을 반드시 작성
  - 지급보증 용역거래 외에 기타 용역거래에는 아래 사항을 포함하여 자세히 기재
    - 발생원가를 구성하는 세부 항목(용역 제공을 위하여 직접 또는 간접으로 발생한 비용을 구분하여 작성)
    - 직접 청구방식을 적용하는 용역의 경우 그 대상 및 선정 이유
    - 간접 청구방식을 적용하는 용역의 경우 합리적인 배부기준 및 선정 이유
    - 용역 제공자가 해당 용역을 수행하기 위해 제3자에게 용역의 일부 또는 전부를 대행하여 수행할 것을 의뢰하고 대금을 한꺼번에 지급한 후 이에 대한 비용을 용역을 제공받는 자에게 재청구하는 경우 재청구하는 금액 및 산출내역
    - 제공 용역별로 용역 제공자에게 이익을 발생시키는 경우 이에 관한 증명자료

- 용역 제공자가 제공한 용역의 시장가치가 발생원가에 미치지 못하는 경우 그 이유
- 그룹서비스센터를 통하여 용역을 제공하는 경우 용역을 제공받는 자에게 배부할 그룹서비스센터의 부서별 발생원가의 세부 항목·금액과 공통비용의 세부 항목·금액
- 지급보증 용역거래 외에 기타 용역거래에 대해서는 '별지 제13호 서식 부표 5. 기타 용역거래 세부 내역'을 반드시 작성
- 금전대차거래에 대해서는 아래와 같이 세부 사항을 작성
  - 금전대차거래 유형: 하나의 특수관계법인과 여러 유형의 거래 또는 단일 유형의 거래를 여러건 수행하는 경우에는 해당 건별로 작성. 다만, 하나의 거래를 통하여 자금의 차입과 상환이 빈번히 발생하는 경우에는 거래 계약별로 작성
  - 거래 개시일: 자동갱신 또는 연장되는 경우에는 최근 갱신일 또는 연장일을 기재
  - 거래금액(액면): 거래의 액면금액을 적되, 해당 과세연도의 평균환율(최초 고시)을 적용하여 원화로 환산한 금액을 기재 "평균환율"이란 해당 과세연도 매일의 매매기준율 또는 재정된 매매기준율의 합계를 해당 과세연도의 일수로 나눈 값을 말함.
  - 거래금액(연평균): 거래금액의 적수(금액×일수)를 해당 과세연도의 일수로 나눈 값을 기재
  - 보증 관련 정보: 금전대차거래별로 제3자 또는 특수관계인의 보증이 있는 경우, 해당 사항을 구체적으로 기재
  - 이전가격 정책: 이자율 등이 산출된 근거를 상세히 기재. 별도의 근거가 없을 경우 실제 적용된 이자율을 기재
- 법인이 체결한 주요 특수관계거래 계약서 사본
  - 주요 특수관계거래란 해당 사업연도에 국외특수관계인별 재화 거래금액의 합계가 10억원 초과하거나 그 밖의 거래금액의 합계가 2억원 초과인 경우를 의미
  - 동일한 계약 상대방과 동일한 내용의 계약이 일정한 기간에 걸쳐 반복하여 발생하는 경우, 대표적인 계약서 사본과 동일내용 계약 명세(금액 등 내용이 다른 항목 반드시 기재)를 제출할 수 있으나, 추후 과세당국이 제출을 요청하는 경우 즉시 제출하여야 함.

국제조세조정에 관한 법률 시행규칙 [별지 제14호 서식]

국가별보고서

[① 보고기준일:]　　　　　　　　[② 제출구분 :]

1. 제출인 인적 사항

③ 법 인 명 (상 호)	④ 사 업 자 등 록 번 호
⑤ 소 재 지	
⑥ 우 편 번 호	⑦ 제 출 기 업 소 재 지 국 가 코 드
⑧ 다국적기업 그룹명	⑨ 최상위 지배기업 소재지국가코드
⑩ 보 고 회 사 구 분	⑪ 수 취 국 가 코 드

2. 각 조세 관할권별 소득, 세금 및 사업 활동의 배분 내역

[⑫ 통화코드:]

⑬ 조세 관할권의 국가코드	수 익		⑰ 세전이익(손실)	⑱ 납부세액(현금주의기준)	⑲ 납부세액(발생주의기준)	⑳ 법정자본금	㉑ 유보이익	㉒ 종업원수	㉓ 유형자산(현금 및 현금등가물 제외)
	⑭ 계	⑮ 관계회사 ⑯ 비관계회사							

3. 각 조세 관할권별 다국적기업 그룹의 관계회사 목록

㉔ 조세 관할권의 국가코드	㉕ 관계회사명	㉖ 사업자등록번호 또는 현지기업 고유번호	㉗ 현지 납세자번호(TIN)	㉘ 소재지	㉙ 설립 조세관할권의 국가코드	주요 사업활동(하나 또는 하나 이상의 해당되는 곳에 √ 표기)											
						㉚ 연구개발	㉛ 무형자산 소유 또는 운영	㉜ 구매 또는 조달	㉝ 제조 또는 생산	㉞ 영업, 마케팅 또는 유통	㉟ 경영관리, 관리 또는 지원서비스	㊱ 비특수관계자 서비스제공	㊲ 내부재정	㊳ 규제금융서비스	㊴ 보험	㊵ 주주활동 및 기타 주식보유	㊶ 휴면법인

4. 부가정보

210mm × 297mm[백상지 80g/㎡ 또는 중질지 80g/㎡]

국가별보고서 제출의무자에 대한 자료

(앞쪽)

1. 제출인

① 법인명(상호)		② 사업자등록번호	
③ 소재지(주소)		④ 주업종(업종코드)	
⑤ 대표자		⑥ 사업연도(과세기간)	. . . ~ . . .

2. 국가별보고서 제출의무자

⑦ 법인명(상호)		⑧ 사업자등록번호	
⑨ 국가명(국가코드)		⑩ 소재지국 납세자번호	
⑪ 소재지(주소)		⑫ 주업종(업종코드)	
⑬ 대표자(성명)		⑭ 사업연도(과세기간)	. . . ~ . . .
⑮ 전자우편주소			
⑯ 직전 연도 연결 매출액	(통화코드)	(금액)	

⑰ 제출의무자의 지위

[　] 1. 최종모회사가 국내에 소재하는 경우 그 국내의 최종모회사

[　] 2. 최종모회사가 외국에 소재하는 경우로서 그 소재 국가의 법령상 국가별보고서 작성의무가 없는 경우 국내 관계회사

[　] 3. 최종모회사가 외국에 소재하는 경우로서 그 소재 국가와 조세조약이 체결되지 않는 등의 사유로 국가별보고서 교환이 되지 않는 경우 국내관계회사

[　] 4. 최종모회사가 외국에 소재하는 경우 그 외국의 최종모회사

[　] 5. 최종모회사가 외국에 소재하는 경우로서 위 2 또는 3 등의 사유로 제3국에 소재하는 관계회사로 하여금 해당 소재지국에 국가별보고서를 제출하는 경우 그 외국 관계회사(외국 대리모회사)

3. 제출인과 동일한 연결재무제표에 속하는 국내 납세의무자 목록

⑱ 일련번호	⑲ 법인명(상호)	⑳ 사업자등록번호	㉑ 대표자(성명)	㉒ 소재지	㉓ 주업종(업종코드)	㉔ 사업연도(과세기간)

　「국제조세조정에 관한 법률 시행령」 제35조 제2항에 따라 위와 같이 국가별보고서 제출의무자에 대한 자료를 제출합니다.

년　　　월　　　일

제출자

(서명 또는 인)

세무서장 귀하

210mm×297mm[백상지 80g/㎡ 또는 중질지 80g/㎡]

(5) 국제거래에 관한 자료 제출의무의 면제

국외특수관계인과 국제거래를 하는 납세의무자(통합기업보고서 및 개별기업보고서를 제출하여야 하는 납세의무자는 제외한다)는 다음 각 호의 서류를 「소득세법」 제5조에 따른 과세기간 또는 「법인세법」 제6조에 따른 사업연도 종료일이 속하는 달의 말일부터 6개월 이내에 납세지 관할 세무서장에게 제출하여야 한다(국조법 제16조 제2항).

1. 국제거래명세서
2. 국외특수관계인의 요약손익계산서
3. 정상가격 산출방법 신고서

다만, 다음의 요건에 해당하는 경우에는 상기 자료의 제출의무를 면제한다(국조령 제36조).

1. 국제거래명세서의 제출의무를 면제하는 경우 : 해당 사업연도의 국외특수관계인과의 국제거래 유형별 거래금액의 합계가 다음 각 목의 요건을 모두 충족할 것
   가. 재화거래 금액의 합계 : 5억원 이하
   나. 용역거래 금액의 합계 : 1억원 이하
   다. 무형자산거래 금액의 합계 : 1억원 이하
2. 요약손익계산서의 제출의무를 면제하는 경우 : 다음 각 목의 어느 하나에 해당할 것
   가. 해당 사업연도의 국외특수관계인과의 국제거래 유형별 거래금액의 합계가 다음의 요건을 모두 충족할 것
      1) 재화거래 금액의 합계 : 10억원 이하
      2) 용역거래 금액의 합계 : 2억원 이하
      3) 무형자산거래 금액의 합계 : 2억원 이하
   나. 해외현지법인 명세서와 해외현지법인 재무상황표를 제출할 것
3. 정상가격 산출방법 신고서의 제출의무를 면제하는 경우 : 다음 각 목의 어느 하나에 해당할 것
   가. 해당 사업연도의 국제거래 유형별 거래금액의 합계가 다음의 요건을 모두 충족할 것
      1) 재화거래 금액의 합계 : 50억원 이하
      2) 용역거래 금액의 합계 : 10억원 이하

3) 무형자산거래 금액의 합계 : 10억원 이하

나. 해당 사업연도의 국외특수관계인과의 국제거래 유형별 거래금액의 합계가 국외특수관계인별로 다음의 요건을 모두 충족할 것

　　　1) 재화거래 금액의 합계 : 10억원 이하

　　　2) 용역거래 금액의 합계 : 2억원 이하

　　　3) 무형자산거래 금액의 합계 : 2억원 이하

❖ 외국법인 본점과 국내지점 간 거래의 국제거래명세서 제출대상 여부(서면－2021－국제세원－3643 [국제세원관리담당관실－512], 2021.7.8.)

　외국법인 본점이 국내지점의 경비 사용을 목적으로 지급한 금전거래는 국제조세조정에관한법률 제2조 제3호에 해당하는 국제거래로서 같은 법 제16조 제2항에 따라 국제거래명세서 제출의무가 있는 것임.

■ 국제조세조정에 관한 법률 시행규칙 [별지 제16호 서식(갑)] 〈개정 2023.3.20.〉

(3쪽 중 제1쪽)

국제거래명세서

사업연도	. . . ~ . . .	법인명 또는 상호 (성 명)
		사업자등록번호 (주민등록번호)

1. 매출거래

(단위: 원)

① 법인명 (상호)	국외특수관계인						⑧ 제출인과의 관계	⑨ 계	재화		무형자산		용역			금전대차			기타	
	② 소재 국가	③ 현지기업 고유번호	④ 현지 납세자번호	⑤ 사업연도	⑥ 주업종 코드	⑦ 설립일			⑩ 재고 자산	⑪ 기타 유형 자산	⑫ 사용료	⑬ 매매 등	⑭ 지급 보증	⑮ 기타 용역	⑯ 유형 자산 사용료	⑰ 대여금 조수	⑱ 평균 대여금	⑲ 수입 이자	⑳ 가상 자산	㉑ 가상 자산 외
				: : : ~ : : :		년 월 일														
				: : : ~ : : :		년 월 일														
				: : : ~ : : :		년 월 일														
				: : : ~ : : :		년 월 일														
				: : : ~ : : :		년 월 일														
합 계																				

2. 매입거래

(단위 : 원)

㉒ 법인명 (상호)	국외특수관계인						㉙ 제출인과의 관계	㉚ 계	재화		무형자산		용역			금전대차			기타	
	㉓ 소재 국가	㉔ 현지기업 고유번호	㉕ 현지 납세자번호	㉖ 사업연도	㉗ 주업종 코드	㉘ 설립일			㉛ 재고 자산	㉜ 기타 유형 자산	㉝ 사용료	㉞ 매매 등	㉟ 지급 보증	㊱ 기타 용역	㊲ 유형 자산 사용료	㊳ 차입금 적수	㊴ 평균 차입금	㊵ 지급 이자	㊶ 가상 자산	㊷ 가상 자산 외
				: : : ~ : : :		년 월 일														
				: : : ~ : : :		년 월 일														
				: : : ~ : : :		년 월 일														
	.			: : : ~ : : :		년 월 일														
				: : : ~ : : :		년 월 일														
합 계																				

210mm×297mm[백상지 80g/㎡ 또는 중질지 80g/㎡]

3. 주식 등 취득(증자)·양도(감자)

(단위: 주, 원)

국외특수관계인								일련번호	거래 전 주식 등 소유현황		주식 등 거래내역						거래 후 주식 등 소유현황		거래상대방		
													취득(증자)		양도(감자)						
㊸ 법인명(상호)	㊹ 소재 국가	㊺ 현지기업 고유번호	㊻ 현지 납세자번호	㊼ 사업연도	㊽ 주업종 코드	㊾ 설립일	㊿ 제출인과의 관계		(51) 수량(지분율)	(52) 취득 가액	(53) 거래 일자	(54) 거래 방법	(55) 수량(지분율)	(56) 가액	(57) 수량(지분율)	(58) 가액	(59) 수량(지분율)	(60) 취득 가액	(61) 성명(법인명)	(62) 소재 국가	(63) 특수관계유무
				~		년 월		1													
				~		년 월		2													
				~		년 월		3													
				~		년 월		4													
				~		년 월		5													
				~		년 월		6													
				~		년 월		7													
				~		년 월		8													
				~		년 월		9													
				~		년 월		10													

4. 가상자산 거래

(단위: 가상자산의 최소거래단위, 원)

(64) 제출인		(65) 가상자산 종류		(66) 거래 전 잔고	(67) 거래 일자	(68) 거래 구분	(69) 거래 종류	(70) 거래 수량	(71) 단가	(72) 양도 가액 등	(73) 취득 가액 등	(74) 거래 상대방 (국외특수관계인)							(75) 거래 후 잔고
가상자산 주소		코드	심볼									법인명(상호)	소재국가	현지 기업 고유 번호	현지 납세자 번호	제출인과의 관계	가상자산주소		
소재지	주소																소재지	주소	

210mm×297mm[백상지 80g/㎡ 또는 중질지 80g/㎡]

국외특수관계인의 요약손익계산서

(앞쪽)

납세의무자

① 상호 또는 법인명:	② 사업연도: 년 월 일부터
③ 사업자등록번호: ④ 대표자 :	년 월 일까지

국외특수관계인 (⑤단위: 원)

⑥ 명칭				
⑦ 소재지(주소)				
⑧ 사업연도		~	~	~
⑨ 주업종		( )	( )	( )
⑩ 자본금액 또는 출자금액				
⑪ 특 수 관 계 의 구 분				
⑫ 주식등의 소유비율	소유	계: %(직접 %)	계: %(직접 %)	계: %(직접 %)
	피소유	계: %(직접 %)	계: %(직접 %)	계: %(직접 %)
계정과목	코 드			
Ⅰ. 매출액	01			
Ⅱ. 매출원가	02			
Ⅲ. 매출 총손익	03			
Ⅳ. 판매비와 관리비	04			
Ⅴ. 영업손익	05			
Ⅵ. 법인세비용 차감전순손익	06			

유의사항

※ 이 표에서 각 국외특수관계인의 Ⅰ.~ Ⅵ.의 사항을 작성하는 데에 기초가 된 공표된 영업보고서 등의 자료를 별지로 첨부해 주십시오.

210mm×297mm[백상지 80g/㎡ 또는 중질지 80g/㎡]

■ 국제조세조정에 관한 법률 시행규칙 [별지 제20호 서식] 〈개정 2023.3.20.〉

정상가격 산출방법 신고서

(앞쪽)

신고인	① 법인명(상호)		② 사업자등록번호
	③ 대표자(성명)		
	④ 업종		⑤ 전화번호
	⑥ 소재지(주소)		

국외특수 관계인	⑦ 법인명(상호)		⑧ 소재 국가		
	⑨ 대표자(성명)		⑩ 업종		
	⑪ 신고인과의 관계	지배	피지배	자매	실질 지배	본점·지점 등
	⑫ 소재지(주소)				

⑬ 대상 거래

⑭ 정상가격 산출방법

⑮ 위의 방법을 선택한 이유

「국제조세조정에 관한 법률」 제16조 제2항 제3호에 따라 위와 같이 정상가격 산출방법 신고서를 제출합니다.

년　　　월　　　일

신고인

(서명 또는 인)

세무서장　귀하

210mm×297mm[백상지 80g/㎡ 또는 중질지 80g/㎡]

(6) 국제거래에 대한 자료 제출기한의 연장

납세지 관할 세무서장은 납세의무자가 다음 각 호의 부득이한 사유로 법정 기한까지 국제거래정보통합보고서, 국제거래명세서, 요약손익계산서 및 정상가격 산출방법 신고서를 제출할 수 없는 경우로서 납세의무자의 신청을 받은 경우에는 1년의 범위에서 그 제출기한의 연장을 승인할 수 있다(국조법 제16조 제3항, 국조령 제37조 제1항).

1. 화재·재난 및 도난 등의 사유로 자료를 제출할 수 없는 경우
2. 사업이 중대한 위기에 처하여 자료를 제출하기 매우 곤란한 경우
3. 관련 장부·서류가 권한 있는 기관에 압수되거나 영치(領置)된 경우
4. 국외특수관계인의 과세연도 종료일이 도래하지 않은 경우
5. 자료의 수집·작성에 상당한 기간이 걸려 기한까지 자료를 제출할 수 없는 경우
6. 그 밖에 제1호부터 제5호까지에서 규정한 사유에 준하는 사유가 있어 기한까지 자료를 제출할 수 없다고 판단되는 경우

국제거래에 대한 자료 제출기한의 연장을 신청하려는 자는 제출기한 15일 전까지 제출기한 연장 신청서를 과세당국에 제출(국세정보통신망을 활용한 제출을 포함한다)해야 한다(국조령 제37조 제2항).

과세당국은 제출기한 연장 신청이 접수된 날부터 7일 이내에 연장 여부를 신청인에게 통지해야 한다. 이 경우 7일 이내에 통지를 하지 않은 경우에는 연장을 신청한 기한까지 제출기한이 연장된 것으로 본다(국조령 제37조 제3항).

II 이전가격 세무검증을 위한 수시 자료 제출의무

(1) 과세당국이 요구하는 자료의 범위와 제출방법

과세당국은 정상가격 등에 의한 과세조정 규정[101]을 적용하기 위하여 필요한 거래가격 산정방법 등의 관련 자료를 제출할 것을 납세의무자에게 요구할 수 있다(국조법 제16조 제4항).

과세당국이 납세의무자에게 요구할 수 있는 자료의 범위는 납세의무자 또는 그의 국외특수관계인의 자료로서 다음 각 호의 자료로 한다(국조령 제38조 제1항). 다음 각 호의 자료는 한글로 작성하여 제출해야 한다. 다만, 과세당국이 허용하는 경우에는 영문으로 작성된 자료를 제출할 수 있다(국조령 제38조 제3항). 이전가격 세무검증과 관련하여 과세당국이 요구할 수 있는 자료는 납세의무자의 자료로 한정되지 않고, 국외특수관계인의 자료까지 확대된다는 사실에 주의하여야 한다.

1. 법인의 조직도 및 사무 분장표
2. 해당 거래와 관련된 자의 사업활동 내용
3. 특수관계가 있는 자와의 상호출자 현황
4. 자산의 양도·매입 등에 관한 각종 관련 계약서
5. 제품의 가격표
6. 제조원가계산서
7. 특수관계가 있는 자와 특수관계가 없는 자를 구별한 품목별 거래 명세표
8. 용역의 제공이나 그 밖의 거래의 경우에는 제4호부터 제7호까지에서 규정한 자료에 준하는 서류
9. 국제거래 가격 결정자료
10. 특수관계가 있는 자 간의 가격 결정에 관한 내부 지침
11. 해당 거래와 관련된 회계처리 기준 및 방법

---

101) 국제조세법 제7조부터 제9조까지의 규정

12. 용역거래[102]와 관련하여 그 거래 내용을 파악할 수 있는 다음의 자료(국조칙 제28조 제1항)

  가. 용역거래계약서

  나. 거주자와 국외특수관계인 간의 관계도(關係圖)

  다. 용역거래 당사자의 내부 조직도 및 조직별 설명자료

  라. 용역 제공을 위하여 발생한 비용의 지출항목별 명세서(원가가산방법 또는 거래순이익률방법을 적용하여 용역의 대가를 산정하는 경우만 해당한다)

  마. 용역 제공 일정표, 용역공정표, 용역 제공자 및 직원 현황 등 용역을 제공한 사실을 확인할 수 있는 자료

  바. 간접적 청구방식(용역 제공자가 국내 또는 국외의 복수 특수관계인들에게 동일 또는 유사한 용역을 제공하고 발생한 비용을 용역을 제공받은 특수관계인들 사이에서 합리적으로 배분 또는 할당하는 방식을 말한다)으로 용역의 대가를 산출하는 경우에는 그 비용 배분 또는 할당에 관한 자료

13. 정상원가분담액 등에 의한 결정 및 경정과 관련하여 원가분담 약정서 등 다음의 자료

  가. 다음의 사항이 포함된 원가분담 약정서

    ① 계약 참여자의 명단

    ② 계약 참여자가 제공하는 자산의 유형 및 명세

    ③ 계약 참여자 간의 권리관계

  나. 가목 각 사항이 포함된 원가분담 수정약정서(원가 등의 분담에 대한 약정에 새로 참여하거나 중도에 탈퇴하는 경우만 해당한다)

  다. 제공되는 자산의 평가와 관련하여 적용하는 회계원칙 및 평가 명세

  라. 참여자 및 수혜자가 얻을 기대편익의 평가 명세

  마. 실제로 실현된 기대편익(이하 "실제편익"이라 한다)의 측정 명세

  바. 기대편익과 실제편익의 차이에 따른 정산 명세

14. 법인세 및 소득세 신고 시 누락된 서식 또는 항목

자료 제출을 요구받은 납세의무자는 그 요구를 받은 날부터 60일 이내에 해당 자료를 제출하여야 한다. 다만, 대통령령으로 정하는 부득이한 사유로 제출기한의 연장을

---

102) 국조령 제12조에 따른 용역거래

신청하는 경우에는 과세당국은 60일의 범위에서 한 차례만 그 제출기한의 연장을 승인할 수 있다(국조법 제16조 제5항).

(2) 국세기본법상 장부 등의 비치와 보존 의무

납세자는 과세당국이 정상가격 등에 의한 과세조정 규정을 적용하기 위하여 납세의무자에게 제출하도록 요구할 수 있는 자료[103]를 소득세법 또는 법인세법상의 납세지[104]에 각 세법에서 규정하는 바에 따라 모든 거래에 관한 장부 및 증거서류를 성실하게 작성하여 갖춰 두어야 한다(국기법 제85조의3 제1항).

과세당국이 정상가격 등에 의한 과세조정 규정을 적용하기 위하여 납세의무자에게 제출하도록 요구할 수 있는 자료 등은 그 거래사실이 속하는 과세기간에 대한 해당 국세의 법정신고기한이 지난 날부터 5년간(역외거래의 경우 7년간) 보존하여야 한다. 다만, 국세부과의 제척기간이 끝난 날이 속하는 과세기간 이후의 과세기간에 이월결손금을 공제하는 경우[105] 이월결손금을 공제한 법정신고기한으로부터 1년간 보존하여야 한다(국기법 제85조의3 제2항).

납세자는 과세당국이 정상가격 등에 의한 과세조정 규정을 적용하기 위하여 납세의무자에게 제출하도록 요구할 수 있는 자료의 전부 또는 일부를 전산조직을 이용하여 작성할 수 있다. 이 경우 그 처리과정 등을 자기테이프, 디스켓 또는 그 밖의 정보보존장치에 보존하여야 한다(국기법 제85조의3 제3항).

납세자는 과세당국이 정상가격 등에 의한 과세조정 규정을 적용하기 위하여 납세의무자에게 제출하도록 요구할 수 있는 자료를 전자화문서로 변환하여 공인전자문서센터에 보관한 경우에는 장부 및 증거서류를 갖춘 것으로 본다. 다만, 계약서 등 위조·변조하기 쉬운 장부 및 증거서류 등의 경우에는 그러하지 아니하다(국기법 제85조의3 제4항).

(3) 과세당국이 요구하는 자료 미제출에 따른 정상가격 추정

정상가격 등에 의한 과세조정 규정을 적용하기 위하여 자료 제출을 요구받은 납세의무자가 다음 각 호의 부득이한 사유 없이 자료를 기한까지 제출하지 아니하고, 불복신

---

103) 국제조세법 제16조 제4항에 따른 자료
104) 소득세법 제6조 또는 법인세법 제9조에 따른 납세지(소득세법 제9조 또는 법인세법 제10조에 따라 국세청장이나 관할 지방국세청장이 지정하는 납세지를 포함한다)
105) 국기법 제26조의2 제3항에 해당하는 경우를 말한다.

청 또는 상호합의절차 시 자료를 제출하는 경우 과세당국과 관련 기관은 그 자료를 과세 자료로 이용하지 아니할 수 있다(국조법 제16조 제6항, 국조령 제37조).

1. 화재·재난 및 도난 등의 사유로 자료를 제출할 수 없는 경우
2. 사업이 중대한 위기에 처하여 자료를 제출하기 매우 곤란한 경우
3. 관련 장부·서류가 권한 있는 기관에 압수되거나 영치(領置)된 경우
4. 국외특수관계인의 과세연도 종료일이 도래하지 않은 경우
5. 자료의 수집·작성에 상당한 기간이 걸려 기한까지 자료를 제출할 수 없는 경우
6. 그 밖에 제1호부터 제5호까지에서 규정한 사유에 준하는 사유가 있어 기한까지 자료를 제출할 수 없다고 판단되는 경우

통합기업보고서 및 개별기업보고서를 제출하여야 하는 납세의무자와 정상가격 산출에 관한 자료의 제출을 요구받은 납세의무자가 부득이한 사유 없이 자료를 기한까지 제출하지 아니하는 경우 과세당국은 유사한 사업을 하는 사업자로부터 입수하는 자료 등 과세당국이 확보할 수 있는 자료에 근거하여 합리적으로 정상가격 및 정상원가분담액을 추정하여 정상가격 등에 의한 과세조정을 할 수 있다(국조법 제16조 제7항, 국조령 제38조 제2항).

(4) 법인세법 및 소득세법상의 질문·조사 규정에 의한 자료제출 요청

법인세에 관한 사무에 종사하는 공무원은 그 직무수행에 필요한 경우에는 납세의무자 또는 납세의무가 있다고 인정되는 자 및 그와 거래가 있다고 인정되는 자에 대하여 질문하거나 해당 장부·서류 또는 그 밖의 물건을 조사하거나 그 제출을 명할 수 있는 바(법법 제122조, 소법 제170조 제1항), 정상가격 등에 의한 과세조정과 관련하여 국제조세법상 규정되어 있는 과세당국이 요청할 수 있는 자료 이외의 자료에 대하여, 과세당국은 법인세법 및 소득세법에 따라 필요 자료들을 요청할 수 있다.

⁞⁞ 납세자의 입증책임(대법원 2001.10.23. 선고 99두3423 판결 참고).
국제조세조정에관한법률 제11조, 제13조, 국제조세조정에관한법률 시행령 제7조, 제23조 등에 의하면, 국외 특수관계자와 국제거래를 행하는 납세의무자는 국제거래명세서를 제출할 의무, 가장 합리적인 정상가격 산출방법을 선택하고 선택된 방법 및 이유를 과세표준 및 세액의 확정신고 시 제출할 의무, 정상가격 산출방법과 관련하

여 필요한 자료를 비치·보관할 의무 등을 부담한다, 따라서 과세관청이 스스로 위와 같은 정상가격의 범위를 찾아내 고려해야만 하는 것은 아니므로, 국외 특수관계자와의 이전가격이 과세관청이 최선의 노력으로 확보한 자료에 기초하여 합리적으로 산정한 정상가격과 차이를 보이는 경우에는 비교가능성이 있는 독립된 사업자 간의 거래가격이 신뢰할 만한 수치로서 여러 개 존재하여 정상가격의 범위를 구성할 수 있다는 점 및 당해 국외 특수관계자와의 이전 가격이 그 정상가격의 범위 내에 들어 있어 경제적 합리성이 결여된 것으로 볼 수 없다는 점에 관한 증명의 필요는 납세의무자에게 돌아간다

III 국제거래에 대한 자료 제출의무 불이행에 대한 과태료

(1) 당초 자료제출 불이행에 대한 과태료

다음 각 호의 어느 하나에 해당하는 자가 부득이한 사유[106] 없이 자료를 기한까지 제출하지 아니하거나 거짓의 자료를 제출하는 경우에는 1억원 이하의 과태료를 부과한다(국조법 제87조 제1항).

1. 국제거래정보통합보고서 또는 국제거래명세서를 제출할 의무가 있는 자
2. 정상가격 등에 의한 과세조정 등을 위하여 자료[107] 제출을 요구받은 자

자료 전부 또는 일부를 제출하지 않거나 거짓으로 제출하는 경우에 대한 과태료의 부과기준은 다음 각 호의 구분에 따른다(국조령 제144조 제2항).

1. 통합기업보고서, 개별기업보고서 또는 국가별보고서 : 보고서별 3천만원
2. 국제거래명세서 : 국외특수관계인별 500만원
3. 국조령 제38조 제1항에 따라 과세당국이 요구한 자료 : 다음의 구분에 따른 금액

---

106) 국조령 제37조 제1항 자료 제출기한 연장 사유를 말한다.
107) 국제조세법 제16조 제4항에 따른 자료

| 미제출 자료 별 과태료 부과액 |

과세당국이 요구한 자료	과태료
1. 법인의 조직도 및 사무 분장표	3천만원
2. 해당 거래와 관련된 자의 사업활동 내용	
3. 특수관계가 있는 자와의 상호출자 현황	
4. 자산의 양도·매입 등에 관한 각종 관련 계약서	5천만원
5. 제품의 가격표	
6. 제조원가계산서	
7. 특수관계가 있는 자와 특수관계가 없는 자를 구별한 품목별 거래 명세표	
8. 용역의 제공이나 그 밖의 거래의 경우에는 제4호부터 제7호까지에서 규정한 자료에 준하는 서류	
9. 국제거래 가격 결정자료	
10. 특수관계가 있는 자 간의 가격 결정에 관한 내부 지침	
11. 해당 거래와 관련된 회계처리 기준 및 방법	
12. 제12조에 따른 용역거래와 관련하여 그 거래 내용을 파악할 수 있는 자료로서 기획재정부령으로 정하는 자료	
13. 법 제9조에 따른 정상원가분담액 등에 의한 결정 및 경정과 관련하여 원가분담 약정서 등 기획재정부령으로 정하는 자료	
14. 법인세 및 소득세 신고 시 누락된 서식 또는 항목	7천만원

(2) 시정요구 불이행에 대한 추가 과태료

과세당국은 국제거래통합보고서 미제출 또는 정상가격 과세조정을 위한 자료 미제출 등으로 인하여 과태료를 부과받은 자[108]에게 30일의 이행기간을 정하여 자료의 제출 또는 거짓 자료의 시정을 요구할 수 있으며, 그 기간 내에 자료 제출이나 시정 요구를 이행하지 아니하는 경우에는 지연기간에 따라 2억원 이하의 과태료를 추가로 부과할 수 있다(국조법 제87조 제2항).

추과 부과하는 과태료는 다음 계산식에 따라 산정한다. 이 경우 과태료의 상한 2억원을 넘을 수 없다(국조령 제144조 제3항).

---

108) 국제조세법 제87조 제1항에 따라 과태료를 부과받은 자

$$\left(1 + \frac{\text{지연기간}}{30}\right) \times \text{제1항 각 호에 따른 금액}$$

※ 지연기간(과세당국이 정한 30일의 이행기간의 말일 다음 날부터 자료 제출이나 시정요구를 이행하는 날까지의 기간)을 30으로 나눈 결과 소수점 이하는 버린다.

과태료는 그 위반행위의 정도, 위반 횟수, 위반행위의 동기와 결과 등을 고려하여 해당 과태료의 50퍼센트 범위에서 줄이거나 늘릴 수 있다. 다만, 과태료를 늘리는 경우에는 국제조세법 제87조 제1항에 따른 상한 1억원 및 같은 조 제2항에 따른 과태료의 상한 2억원을 넘을 수 없다(국조령 제144조 제4항).

다음 각 호의 경우에는 과태료를 해당 호에서 정하는 비율만큼 감경하여 부과한다. 다만, 납세의무자가 과세당국의 과태료 부과를 미리 알고 자료를 제출한 경우는 제외한다(국조령 제144조 제5항).

1. 제출기한(이하 "제출기한"이라 한다)이 지난 후 누락한 자료를 추가하거나 거짓된 자료를 정정하는 등 보완하여 제출한 경우 : 다음 표의 구분에 따른 비율

보완 제출일	경감비율
가. 제출기한 후 6개월 이내	90퍼센트
나. 제출기한 후 6개월 초과 1년 이내	70퍼센트
다. 제출기한 후 1년 초과 2년 이내	50퍼센트
라. 제출기한 후 2년 초과 4년 이내	30퍼센트

2. 제출기한이 지난 후에 자료를 제출한 경우 : 다음 표의 구분에 따른 비율

보완 제출일	경감비율
가. 제출기한 후 1개월 이내	90퍼센트
나. 제출기한 후 1개월 초과 6개월 이내	70퍼센트
다. 제출기한 후 6개월 초과 1년 이내	50퍼센트
라. 제출기한 후 1년 초과 2년 이내	30퍼센트

(3) 경미한 착오에 대하여 과태료 부과 제외

과태료를 부과할 때 자료를 제출하는 자가 경미한 착오로 자료의 일부를 제출하지 않거나 일부 항목에 오류를 발생시킨 경우[109]에는 과세당국은 보정 자료를 받고 과태료를 부과하지 않을 수 있다(국조법 제87조 제6항).

(4) 국세기본법상 직무집행 거부 등에 대한 과태료

관할 세무서장은 세법의 질문·조사권 규정에 따른 세무공무원의 질문에 대하여 거짓으로 진술하거나 그 직무집행을 거부 또는 기피한 자에게 5천만원 이하의 과태료를 부과·징수한다(국기법 제88조 제1항). 국제조세법에서 규정하는 자료미제출 등에 대한 과태료 부과 대상 자료 이외의 자료에 대하여는 국세기본법상 직무집행 거부 등에 대한 과태료 규정이 적용될 수 있다.

> ∷ 하나의 세무조사 과정에서 위반자가 단일한 고의 하에 질문·조사를 거부한 행위는 하나의 행위에 해당함(서울중앙지방법원 2019과171, 2021.9.28.)
> 상기 ○○건의 위반행위는 하나의 세무조사 과정에서 세무공무원이 행한 수 개의 자료제출 요구 중 일부를 위반자가 단일한 고의 하에 거부한 것으로 하나의 행위로 봄이 상당하므로, 1건에 대한 과태료를 부과함이 타당함.

(5) 필요 최소한의 범위 내에서 자료제출 요청

세무공무원은 세무조사를 하기 위하여 필요한 최소한의 범위에서 장부 등의 제출을 요구하여야 하며, 조사대상 세목 및 과세기간의 과세표준과 세액의 계산과 관련 없는 장부 등의 제출을 요구해서는 아니 된다(국기법 제81조의4 제3항).

거래의 정확한 기술을 위해서는 궁극적으로 어떠한 정상가격산출이 가장 적절한 방법으로 여겨질지에 관계없이 거래당사자 모두에 대한 분석이 요구된다(TPG 2.125). 따라서, 거래당사자 중 분석대상의 선정과 최적의 정상가격 산출방법을 선정하기 위하여 거래상대방에 대한 자료는 필요최소한 범위내의 자료에 해당하는 것으로 볼 수 있다.[110] 그러나, 특정한 일방적 분석방법이 최적의 방법으로 선정되고 검증대상기업이

---

109) 제출 또는 시정 요구 후 짧은기간(15일 등) 내에 제출되거나 시정되는 경우 경미한 착오로 보기도 한다.
110) 예를 들어, 검증대상회사는 낮은 위험을 부담하는 도매업자로서의 경제적 특질을 갖지만, 거래상대방인 국외특수관계인은 단순히 송장만 발행하는 등, 낮은 위험을 부담하는 도매업자 보다도 단순한 기능

자국 납세자라면, 과세당국은 국가별보고서 혹은 통합기업보고서 보고 요건의 일환으로 요청하는 범위를 넘어서 국외 특수관계기업의 재무자료를 추가적으로 요구할 이유가 없다(TPG 3.22).

(6) 과태료 부과시 질서위반행위규제법의 준수

국제조세법 제87조와 국세기본법 제88조에 따른 과태료 등의 부과·징수 및 재판 등에 관한 사항은 질서위반행위규제법에 규정된다.[111] 질서위반행위규제법에서는 고의 또는 과실이 없는 질서위반행위에 대하여는 과태료를 부과하지 않는 것으로 정하고, 자신의 행위가 위법하지 아니한 것으로 오인하고 행한 질서위반행위는 그 오인에 정당한 사유가 있는 때에 한하여 과태료를 부과하지 않는 것으로 정하고 있다(질서위반행위규제법 제6조 및 제7조).

> **개별기업보고서 부표 중 요약손익계산서 미제출에 따른 과태료 부과 여부**(기획재정부 국제조세제도과-393, 2022.11.2.)
>
> 개별기업보고서 제출의무가 있는 납세의무자가 「국제조세조정에관한법률 시행규칙」 별지 제13호 서식 개별기업보고서를 제출하였으나 동 서식 부표1 국외특수관계인 요약손익계산서를 제출하지 않은 경우 개별기업보고서 제출의무 불이행 과태료 부과대상에 해당하지 않는 것임.

을 수행한다면 이론적으로 거래상대방인 국외특수관계인을 검증대상으로 하는 것이 비교가능성을 제고할 수 있는 방법이 될 것이다.

111) 질서위반행위 규제법 제1조 및 제2조 참고

Ⅳ 가산세 적용의 특례

과세당국은 이 절의 규정을 적용할 때 다음 각 호의 어느 하나에 해당하는 경우에는 과소신고가산세[112]를 부과하지 아니한다(국조법 제17조 제1항).

1. 납세의무자가 신고한 거래가격과 정상가격의 차이에 대하여 납세의무자의 과실이 없다고 상호합의절차의 결과에 따라 확인되는 경우

2. 납세의무자가 일방적 사전승인을 받은 경우로서 신고한 거래가격과 정상가격의 차이에 대하여 납세의무자의 과실이 없다고 국세청장이 판정하는 경우

3. 납세의무자가 소득세나 법인세를 신고할 때 적용한 정상가격 산출방법에 관하여 증명자료를 보관·비치하거나 개별기업보고서를 기한까지 제출하고, 합리적 판단에 따라 그 정상가격 산출방법을 선택하여 적용한 것으로 인정되는 경우

(1) 상호합의 또는 사전승인 사안에 대한 납세의무자의 과실여부 판정

다음 각 호의 요건을 모두 갖춘 경우에는 상호합의 또는 사전승인 사안과 관련하여 납세의무자가 신고한 거래가격과 정상가격의 차이에 대하여 납세의무자의 과실이 없는 것으로 본다(국조령 제39조 제1항).

1. 납세의무자가 과세표준 및 세액의 확정신고를 할 때 작성한 서류를 통하여 가장 합리적인 방법[113]을 선택한 과정을 제시할 것

2. 납세의무자가 제1호에 따라 선택된 방법을 실제로 적용할 것

3. 제1호 및 제2호의 정상가격 산출방법과 관련하여 필요한 자료를 보관·비치할 것

정상가격 산출방법의 사전승인을 받은 거주자가 국세청장이 발급한 사전승인 통지서를 첨부하여 통지서를 받은 날부터 3개월 이내에 법인세 과세표준 및 세액을 수정신고하는 경우에는 과소신고가산세를 부과하지 않는다(국조령 제39조 제4항).

---

112) 국세기본법 제47조의3에 따른 과소신고가산세
113) 국제조세법 제8조 제1항 각 호에 따른 방법 중 가장 합리적인 방법

(2) 상호합의 또는 사전승인 이외의 사안에 대한 납세의무자의 과실여부 판정

납세의무자가 보관·비치하여야 하는 정상가격 산출방법에 관한 증명자료는 다음 각 호의 자료를 말하며, 납세의무자는 과세당국이 해당 자료를 요구하는 경우 그 요구를 받은 날부터 30일 이내에 그 자료를 제출해야 한다(국조령 제39조 제2항).

1. 사업에 관한 개략적 설명자료(자산 및 용역의 가격에 영향을 미치는 요소에 관한 분석자료를 포함한다)

2. 이전가격(移轉價格)에 영향을 미칠 수 있는 국외특수관계인 및 관련자와의 구조 등을 설명하는 자료

3. 신고할 때 적용한 정상가격 산출방법을 선택하게 된 경위를 확인할 수 있는 다음 각 목의 자료

    가. 신고할 때 적용한 정상가격 산출방법을 선택한 근거가 되는 경제적 분석 및 예측 자료

    나. 정상가격을 산출하기 위하여 사용된 비교대상 수치와 수치의 비교평가 과정에서 조정된 내용에 대한 설명자료

    다. 대안으로 적용될 수 있었던 정상가격 산출방법 및 그 대안을 선택하지 않은 이유에 대한 설명자료

    라. 과세기간 종료 후 소득세 또는 법인세 신고를 할 때 정상가격을 산출하기 위하여 추가된 관련 자료 등

납세의무자가 소득세나 법인세를 신고할 때 적용한 정상가격 산출방법에 관하여 증명자료를 보관·비치하거나 개별기업보고서를 기한까지 제출하고, 합리적 판단에 따라 그 정상가격 산출방법을 선택하여 적용한 것인지 여부는 다음 각 호의 요건을 고려하여 판정한다(국조령 제39조 제3항).

1. 과세기간 종료 시점을 기준으로 수집된 비교대상 수치들이 대표성 있는 자료여야 하며, 반드시 포함되어야 할 특정 비교대상 수치가 누락되어 납세자에게 유리한 결과가 도출되지 않았을 것

2. 수집된 자료를 체계적으로 분석하여 정상가격 산출방법을 선택·적용했을 것

3. 이전 과세연도 사전승인 시 합의되었거나 과세당국이 세무조사 과정에서 선택한 정상가격 산출방법이 있음에도 불구하고 다른 정상가격 산출방법을 선택·적용한

경우에는 다른 방법을 선택·적용한 타당한 이유가 있을 것

납세자가 수집된 자료를 체계적으로 분석하여 정상가격 산출방법을 선택·적용했는지 여부에 대해서는 국조령 제14조(정상가격 산출방법의 선택)와 국조령 제15조(정상가격 산출방법의 적용)를 참고하여 판단할 수 있다.

신고 시점에는 확인할 수 없었던 정상가격 산출방법 관련 중요 자료가 신고기한이 지난 후 확인된 경우로서 그 사실을 알게 된 때부터 60일 이내에 법인세 과세표준 및 세액을 수정신고하는 경우에는 납세의무자에게 과실이 없는 경우에 과소신고 가산세를 부과하지 않는다.[114]

---

[114] 이 경우 수정신고에 관하여는 국조령 제39조 제2항 및 제3항을 준용한다(국조령 제39조 제5항).

제5장

정상가격 산출방법의 사전승인

I 사전승인의 신청 및 승인

거주자는 일정 기간의 과세연도에 대하여 일정한 정상가격 산출방법을 적용하려는 경우에는 그 정상가격 산출방법을 적용하려는 일정 기간의 과세연도 중 최초의 과세연도 개시일의 전날까지 국세청장에게 사전승인을 신청할 수 있다(국조법 제14조 제1항).

국세청장은 거주자가 정상가격 산출방법에 대한 사전승인을 신청하는 경우 체약상대국의 권한 있는 당국과의 상호합의절차를 거쳐 합의하였을 때에는 정상가격 산출방법을 사전승인할 수 있다. 다만, 납세자의 신청이 있는 등의 경우[115])에는 상호합의절차를 거치지 아니하고 정상가격 산출방법을 사전승인(이하 "일방적 사전승인"이라 한다)할 수 있다(국조법 제14조 제2항).

국세청장은 거주자가 승인신청 대상 기간 전의 과세연도에 대하여 정상가격 산출방법을 소급하여 적용해 줄 것을 사전승인 신청과 동시에 신청하는 경우 7년[116])(일방적 사전승인의 경우 5년[117]))이 지나지 아니한 범위에서 소급하여 적용하도록 승인할 수 있다(국조법 제14조 제3항). 정상가격 산출방법 소급적용 가능 기한은 2020년 5년(일방적 사전승인의 경우 3년)에서 7년(일방적 사전승인의 경우 5년)으로 개정되어 2021.1.1. 이후 최초로 신청하는 분부터 적용한다.

최초 APA가 체결된 1997년부터 2022년까지, 일방 APA의 경우 접수일부터 종결일까지 평균 1년 9개월이 소요되었으며, 쌍방 APA의 경우는 개시일부터 종결일까지 평균 2년 7개월이 소요되었다.[118])

---

115) 국조령 제29조 제1항에 해당하는 경우를 말한다.
116) 국세기본법 제26조의2 제1항 단서에 따른 국세부과의 제척기간
117) 국세기본법 제45조의2 제1항 각 호 외의 부분 본문에 따른 기한
118) 국세청 APA 연차보고서

(1) 정상가격 산출방법의 사전승인 신청

정상가격 산출방법을 사전승인하여 줄 것을 신청하는 거주자(이하 "신청인"이라 한다)는 국제거래의 전부 또는 일부에 대하여 정상가격 산출방법의 사전승인 신청서에 다음 각 호의 서류를 첨부하여 정상가격 산출방법 사전승인 신청 대상기간의 최초 과세연도 개시일의 전날까지 국세청장에게 제출해야 한다. 이 경우 제3호에 해당하는 서류는 이동식 저장장치 등 전자적 정보저장매체에 수록하여 제출할 수 있다(국조령 제26조 제1항).

1. 거래 당사자의 사업 연혁, 사업 내용, 조직 및 출자관계 등에 관한 설명자료
2. 거래 당사자의 최근 3년 동안의 재무제표, 세무신고서 사본, 국제거래에 관한 계약서 사본 및 이에 부수되는 서류
3. 신청된 정상가격의 세부 산출방법을 구체적으로 설명하는 다음 각 목의 자료
   가. 비교가능성 평가방법 및 요소별 차이 조정방법[119]
   나. 비교대상 기업의 재무제표를 사용하는 경우 적용된 회계처리기준의 차이와 그 조정방법
   다. 거래별로 구분한 재무자료 또는 원가자료를 사용하는 경우 그 작성기준
   라. 두 개 이상의 비교대상 거래를 사용하는 경우 정상가격으로 판단되는 범위와 그 도출방법
   마. 정상가격 산출방법의 전제가 되는 조건 또는 가정에 대한 설명자료
4. 국제거래의 거래가격과 정상가격의 차이를 조정하는 방법에 관한 설명자료
5. 승인 신청된 정상가격 산출방법에 관하여 관련 체약상대국과의 상호합의를 신청하는 경우에는 상호합의절차 개시 신청서
6. 그 밖에 사전승인 신청된 정상가격 산출방법의 적정성을 증명하는 자료

신청인은 체약상대국의 권한 있는 당국에 제출한 서류가 정상가격 산출방법의 사전승인 신청서에 첨부하여 제출한 서류와 다른 경우에는 체약상대국의 권한 있는 당국에 제출한 서류를 추가로 제출해야 한다(국조령 제26조 제2항).

정상가격 산출방법의 사전승인 신청 대상기간은 납세자가 정상가격 산출방법의 사전승인을 받으려는 기간으로 한다(국조령 제26조 제3항).

신청인은 국세청장의 사전승인을 받기 전까지는 처음의 사전승인 신청 내용을 변경

---

119) 국조령 제14조 제2항 및 제15조 제4항

하거나 사전승인 신청을 철회할 수 있다. 이 경우 국세청장은 신청이 철회되었을 때에는 정상가격 산출방법의 사전승인 신청과 관련하여 제출된 모든 자료를 신청인에게 반환해야 한다(국조령 제26조 제4항). 국세청장은 사전승인 신청이 부적절하다고 판단하여 사전승인을 하지 않는 경우에도 정상가격 산출방법의 사전승인 신청과 관련하여 제출된 모든 자료를 신청인에게 반환해야 한다(국조령 제28조 제1항).

국세청장은 정상가격 산출방법의 사전승인 신청과 관련하여 제출된 자료를 사전승인의 심사, 사후관리 및 체약상대국의 권한 있는 당국과의 정보교환 외의 용도로는 사용할 수 없다(국조령 제26조 제5항).[120]

> 📑 조심 2021인1908·1402, 2022.5.25.
>
> 국조법 제6조 제1항에 따라 APA를 신청하려는 자는 국제거래에 대하여 국조법 시행령 제9조 제1항 각 호의 서류를 국세청장에게 제출하여야 하고, 국세청장은 국조법 시행령 제9조 제5항에 따라 제출된 자료를 사전승인의 심사, 사후관리 및 체약상대국의 권한 있는 당국과의 정보교환 외의 용도로는 사용하여서는 아니되는 것인데, 조사청이 이 건 과세처분을 하면서 위 〈표5〉와 같이 청구법인에게 쟁점 APA 신청자료 및 신청서상의 5개 비교대상기업에 관한 자료 등을 요구하였고 이를 근거로 하여 이 건 과세처분을 하였음이 조사청의 조사종결보고서 등으로 확인된다 할 것인바, 이 건 처분은 국조법상의 APA 신청자료의 용도 외 사용금지 규정을 위반한 것이어서 그 자체로 위법하다 할 것이고 설령 처분청이 쟁점 APA 신청자료를 배제하고서도 동일한 과세처분을 할 수 있었다고 주장하더라도 달리 볼 것은 아니므로(대법원 2017.12.13. 선고 2016두55421 판결, 같은 뜻임) 이 건 처분은 취소하는 것이 타당하다고 판단된다.

거주자 또는 국외특수관계인이 체약상대국의 권한 있는 당국에 정상가격 산출방법의 사전승인을 신청한 경우로서 우리나라와 상호합의절차를 개시할 필요가 있는 경우에는 그 거주자는 국세청장에게 지체 없이 정상가격 산출방법의 사전승인을 신청해야 한다(국조령 제26조 제6항).

국세청 국제조사과장은 세무조사 사전통지서를 수령하기 전에 우리나라 국민·거주자 또는 내국법인과 비거주자 또는 외국법인(국내에 사업장을 둔 비거주자 또는 외국

---

[120] 사전승인은 특정 과세기간에 한정하므로, 사전승인대상 과세기간 이외의 과세기간에 대하여는 효력이 없다. 또한, 사전승인은 비과세관행에 해당하지도 않는다. 따라서, 납세자가 과거의 사전승인내용을 정상가격의 증거자료로 활용하는 것은 적절하지 않다. OECD이전가격지침에서도 경험칙(a rule of thumb)은 기능분석 및 비교가능성분석의 적절한 대안이 될 수 없음(TPG 2.10)을 명확히 하고 있다.

법인에 한한다)으로부터 국외특수관계자와의 거래의 전부 또는 일부에 적용할 정상가격산출방법에 대하여 사전승인 신청이 있어 국세청 상호합의담당관으로부터 정상가격산출방법의 사전승인 신청내용을 통보받은 경우에는 지방국세청장(조사국장, 서울청은 국제거래조사국장) 또는 세무서장에게 사전승인 신청대상기간에 대한 이전가격부분의 조사를 하지 아니하게 할 수 있다(국세청 훈령 제2494호).[121]

(2) 사전승인 신청의 심사

국세청장은 사전승인 신청을 심사할 때 신청인의 납세지 관할 세무서장 및 지방국세청장의 검토의견을 참고할 수 있다(국조령 제27조 제1항).

국세청장은 사전승인 신청을 심사할 때 신청인이 동의하는 경우에는 신청인과 중립적 관계에 있는 전문가를 지정하여 신청된 정상가격 산출방법에 관한 전문가의 검토의견을 참고할 수 있다. 이 경우 국세청장은 신청인이 동의하는 경우에는 그 비용의 일부를 신청인에게 부담하게 할 수 있다(국조령 제27조 제2항). 전문가는 사전승인 신청과 관련된 정보를 신청인 및 그 대리인과 국세청장을 제외하고는 타인에게 제공하거나 공개해서는 안 된다(국조령 제27조 제3항).

(3) 상호합의절차에 의한 사전승인 절차

국세청장은 신청인이 사전승인 신청을 할 때 상호합의절차의 개시 신청을 한 경우에는 체약상대국의 권한 있는 당국에 상호합의절차 개시를 요청하고 요청 사실을 신청인에게 통지해야 한다(국조령 제28조 제2항).

국세청장은 상호합의절차에서 체약상대국과 합의가 이루어진 경우에는 상호합의절차 종료일의 다음 날부터 15일 이내에 합의 내용을 신청인에게 통지해야 한다(국조령 제28조 제3항).

신청인은 합의 내용 통지를 받은 날부터 2개월 이내에 그에 대한 동의 여부를 국세청장에게 서면으로 제출해야 한다(국조령 제28조 제4항).

신청인이 상호합의절차에 의한 합의 내용에 동의하는 경우에는 처음의 사전승인 신청내용과 다르더라도 신청인이 그 내용을 처음부터 신청한 것으로 본다(국조령 제28조 제5항).

---

121) 사전승인신청은 과세당국이 이전가격 세무조사를 「유예할 수 있는 사유」에 해당하는 것이지, 「유예해야하는 사유」가 아니다.

국세청장은 상호합의 내용에 대한 동의서를 신청인으로부터 받은 경우에는 받은 날부터 15일 이내에 정상가격 산출방법에 대하여 사전승인하고 그 사실을 신청인에게 통지해야 한다(국조령 제28조 제6항).

신청인이 합의 내용 통지를 받은 날부터 2개월 이내에 동의 여부를 국세청장에게 통보하지 않은 경우에는 동의하지 않은 것으로 보며, 처음의 사전승인 신청은 신청인이 철회한 것으로 본다(국조령 제28조 제7항).

국세청장은 다음 각 호의 어느 하나에 해당하는 경우에는 각 호의 경우에 해당하게 된 날부터 15일 이내에 상호합의절차의 중단을 신청인에게 통지해야 한다(국조령 제28조 제8항).

1. 사전승인 신청 접수일부터 3년이 지날 때까지 상호합의가 이루어지지 않아 국세청장이 직권으로 상호합의절차를 중단하는 경우
2. 상호합의절차에 의한 합의가 불가능하여 체약상대국과 상호합의절차를 종료하기로 한 경우

(4) 일방적 사전승인 절차

다음 각 호의 경우에는 상호합의절차를 거치지 아니하고 정상가격 산출방법을 사전승인(이하 "일방적 사전승인"이라 한다)할 수 있다(국조법 제14조 제2항, 국조령 제29조 제1항).

1. 신청인이 정상가격 산출방법의 사전승인 신청을 할 때 상호합의절차를 거치지 않고 정상가격 산출방법을 사전승인(이하 "일방적사전승인"이라 한다)해 줄 것을 신청하는 경우[122]
2. 다음 각 호의 어느 하나에 해당하는 사유[123]로 정상가격 산출방법의 상호합의절차가 중단된 경우
   1) 사전승인 신청 접수일부터 3년이 지날 때까지 상호합의가 이루어지지 않아 국세청장이 직권으로 상호합의절차를 중단하는 경우
   2) 상호합의절차에 의한 합의가 불가능하여 체약상대국과 상호합의절차를 종료하기로 한 경우

신청인이 제2호에 해당되어 일방적 사전승인을 받으려는 경우에는 상호합의절차 중단의 통지를 받은 날부터 15일 이내에 국세청장에게 일방적사전승인을 서면으로 신청

---

122) 통상적으로 거래상대방 국가가 다수인 경우 일방적 사전승인절차를 신청한다.
123) 국조령 제28조 제8항 각 호의 어느 하나에 해당하는 경우

해야 하며, 그 신청을 하지 않았을 때에는 처음의 사전승인 신청은 신청인이 철회한 것으로 본다(국조령 제29조 제2항).

국세청장은 신청인이 일방적사전승인을 신청하는 경우에는 신청일부터 2년 이내에 사전승인 여부를 결정해야 한다. 이 경우 국세청장은 상호합의절차가 개시되는 경우에는 일방적사전승인이 취소될 수 있다는 내용의 조건을 붙일 수 있다(국조령 제29조 제3항).

일방적 사전승인에 관하여 제출된 서류의 반환, 사전승인의 결정 내용 통지 및 그에 대한 동의 여부, 동의에 따른 승인신청 내용 변경, 사전승인의 통지 및 사전승인 신청의 철회에 관하여는 상호합의절차에 의한 사전승인절차[124] 규정을 준용한다(국조령 제29조 제4항).

◦◦ 상호합의에 따른 정상가격산출방법 사전승인 절차[125]

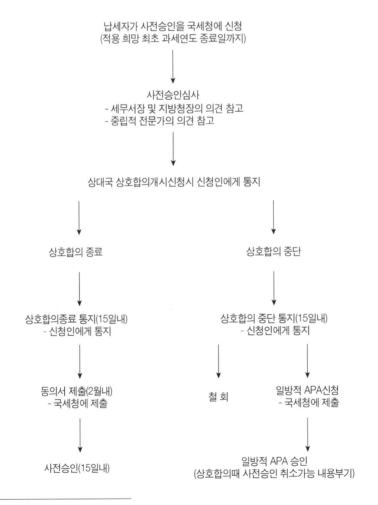

---

124) 국조령 제28조 제1항 및 제3항부터 제7항까지의 규정
125) 국제조세 집행기준 6-0-1

정상가격 산출방법의 사전승인 신청서
([　]상호합의절차에 의한 사전승인 [　]일방적 사전승인)

접수번호			접수일	

신청인	① 법인명(상호)		② 사업자등록번호	
	③ 대표자(성명)			
	④ 업종		⑤ 전화번호(휴대전화번호)	
	⑥ 소재지(주소 또는 거소)			

대리인	⑦ 법인명(상호)		⑧ 사업자등록번호	
	⑨ 성명		⑩ 구분 [　]세무사, [　]공인회계사, [　]변호사	
	⑪ 생년월일		⑫ 전화번호 (사업장) (휴대전화)	

관련 기업	⑬ 법인명(상호)		⑭ 소재 국가	
	⑮ 대표자(성명)		⑯ 업종	
	⑰ 소재지(주소 또는 거소)			
	⑱ 신청인과의 관계	[　]모자관계(지분율: 　%) [　]기타(관계: 　)	[　]본점·지점 관계	

⑲ 대상 거래	
⑳ 정상가격 산출방법	
㉑ 적용기간	

「국제조세조정에 관한 법률」 제14조 제1항 및 같은 법 시행령 제26조 제1항에 따라 위와 같이 정상가격 산출방법 사전승인 신청서를 제출합니다.

년　　　월　　　일

신청인　　　　　　　　　　　　　　　　　(서명 또는 인)

대리인　　　　　　　　　　　　　　　　　(서명 또는 인)

국세청장　귀하

첨부서류	「국제조세조정에 관한 법률 시행령」 제26조 제1항 제1호부터 제6호까지 및 같은 조 제2항에 따른 다음의 서류 1. 거래 당사자의 사업 연혁, 사업 내용, 조직 및 출자관계 등에 관한 설명자료 2. 거래 당사자의 최근 3년 동안의 재무제표, 세무신고서 사본, 국제거래에 관한 계약서 사본 및 이에 부수되는 서류 3. 정상가격의 세부 산출방법의 구체적 설명자료(전자적 정보저장매체로 제출할 수 있습니다) 4. 국제거래의 거래가격과 정상가격의 차이를 조정하는 방법에 관한 설명자료 5. 상호합의절차 개시 신청서(승인 신청된 정상가격 산출방법에 관하여 체약상대국과의 상호합의를 신청하는 경우에만 제출합니다) 6. 그 밖에 사전승인 신청된 정상가격 산출방법의 적정성을 증명하는 자료 ※ 체약상대국의 권한 있는 당국에 제출한 서류가 위 제1호부터 제6호까지의 구비서류와 다른 경우에는 체약상대국의 권한 있는 당국에 제출한 서류를 추가로 제출합니다.	수수료 없음

210mm×297mm[백상지 80g/㎡ 또는 중질지 80g/㎡]

Ⅱ 사전승인 방법의 준수 등

거주자와 국세청장은 정상가격 산출방법이 승인된 경우 그 승인된 방법을 준수하여야 한다. 다만, 사전승인의 취소 사유에 해당하는 경우에는 그 승인된 방법을 준수하지 아니할 수 있다(국조법 제15조 제1항).

거주자는 정상가격 산출방법이 승인된 경우 매년 소득세 및 법인세 등 신고기한[126]까지 그 승인된 방법에 따른 과세표준 및 세액을 납세지 관할 세무서장에게 신고하여야 하며, 필요한 경우 수정신고 또는 경정청구를 하여야 한다(국조법 제15조 제2항).

거주자는 정상가격 산출방법이 승인된 경우 이에 따라 산출된 정상가격 및 그 산출과정 등이 포함된 연례보고서를 매년 과세기간 또는 사업연도[127] 종료일이 속하는 달의 말일부터 12개월 이내에 국세청장에게 제출하여야 한다(국조법 제15조 제3항).

(1) 사전승인의 취소 등

국세청장은 다음의 경우에는 정상가격 산출방법이 승인된 경우에도 그 승인된 방법을 준수하지 않을 수 있으며, 사전승인을 취소하거나 철회할 수 있다(국조령 제30조 제1항·제2항).

1. 정상가격 산출방법 사전승인 신청시 제출한 자료 또는 사전승인에 따른 연례보고서[128]의 중요한 부분이 제출되지 않거나 거짓으로 작성된 경우
2. 신청인이 사전승인 내용 또는 그 조건을 준수하지 않은 경우
3. 사전승인된 정상가격 산출방법의 전제가 되는 조건이나 가정의 중요한 부분이 실현되지 않은 경우
4. 관련 법령 또는 조세조약이 변경되어 사전승인 내용이 적절하지 않게 된 경우

---

126) 소득세법 제70조·제70조의2·제71조·제73조·제74조 또는 법인세법 제60조 제1항·제76조의17 제1항에 따른 신고기한
127) 「소득세법」 제5조에 따른 과세기간 또는 「법인세법」 제6조에 따른 사업연도
128) 국조령 제26조 제1항·제2항 또는 제32조에 따른 자료

국세청장은 사전승인을 취소하거나 철회하는 경우에는 관련된 체약상대국의 권한 있는 당국에 그 사실을 지체 없이 통보해야 한다(국조령 제30조 제3항).

신청인은 사전승인된 정상가격 산출방법의 전제가 되는 조건이나 가정의 중요한 부분이 실현되지 않은 경우[129] 또는 관련 법령 또는 조세조약이 변경되어 사전승인 내용이 적절하지 않게 된 경우[130]에 해당하는 경우에는 그 사유가 발생한 과세연도의 과세표준 및 세액의 확정신고기한까지 해당 과세연도를 포함한 그 이후의 잔여 대상기간에 대하여 처음 사전승인 내용의 변경을 신청할 수 있다. 이 경우 사전승인의 신청·심사·절차·사전승인에 따른 과세표준 및 세액 조정 신청·사전승인에 따른 연례보고서 제출 등의 내용[131]을 준용하되, 사전승인 신청서와 첨부 서류 등의 제출자료[132]는 변경된 부분으로 한정한다(국조령 제30조 제4항).

(2) 사전승인에 따른 과세표준 및 세액 조정 신청

정상가격 산출방법이 승인에 따라 과세표준 및 세액을 조정받으려는 신청인은 소득금액 계산특례 신청서에 국세청장이 발급한 사전승인 통지서를 첨부하여 통지서를 받은 날부터 3개월 이내에 납세지 관할 세무서장에게 수정신고 또는 경정청구(국세정보통신망을 활용한 청구를 포함한다)를 해야 한다(국조령 제31조 제1항).

경정청구를 받은 납세지 관할 세무서장은 경정청구를 받은 날부터 2개월 이내에 과세표준 및 세액을 경정할 수 있다. 이 경우 경정해야 할 이유가 없을 때에는 그 사실을 경정청구를 한 자에게 통지해야 한다(국조령 제31조 제2항).

(3) 사전승인에 따른 연례보고서 제출

정상가격 산출방법의 사전승인을 받은 신청인은 국세청장에게 다음 각 호의 사항이 포함된 연례보고서를 제출(국세정보통신망을 통한 제출을 포함한다)해야 한다. 이 경우 소득세 또는 법인세 신고기한[133]이 지난 과세기간의 연례보고서는 사전승인 이후

---

129) 국조령 제30조 제1항 제3호
130) 국조령 제30조 제1항 제4호
131) 국조령 제26조부터 제29조까지, 제31조 및 제32조
132) 국조령 제26조 제1항에 따른 제출 자료
133) 소득세법 제70조·제70조의2·제71조·제73조·제74조 또는 법인세법 제60조 제1항·제76조의17 제1항에 따른 신고기한

최초로 연례보고서를 제출할 때 함께 제출한다(국조령 제33조 제1항).

1. 사전승인된 정상가격 산출방법의 전제가 되는 근거 또는 가정의 실현 여부
2. 사전승인된 정상가격 산출방법을 적용하여 산출된 정상가격 및 그 산출 과정
3. 국제거래 거래가격과 정상가격이 다른 경우에는 그 차이에 대한 처리 내용
4. 그 밖에 사전승인 시에 연례보고서에 포함하도록 정한 사항

국세청장은 연례보고서를 검토할 때 추가적인 자료가 필요한 경우에는 해당 신청인에게 자료를 요구할 수 있다(국조령 제33조 제2항).

소득금액 계산특례 신청서

접수번호		접수일		처리기간　2개월	

신청인	① 법인명(상호)		② 사업자등록번호	
	③ 대표자(성명)			
	④ 업종		⑤ 전화번호	
	⑥ 소재지(주소)			

국외 관련 기업	⑦ 법인명(상호)		⑧ 소재 국가
	⑨ 대표자(성명)		⑩ 업종
	⑪ 소재지(주소)		
	⑫ 신청인과의 관계	[　] 모자관계(지분율:　　%)　　　　[　]　본점·지점 관계 [　] 기타(관계:　　)	

⑬ 상호합의 종결일		⑭ 결과 통지서 수령일	

⑮ 신청인의 소득금액 조정명세	사업연도 조정항목					계
	계					

「국제조세조정에 관한 법률 시행령」 제21조 제1항 및 제31조 제1항에 따라 위와 같이 소득금액 계산특례 신청서를 제출합니다.

년　　　월　　　일

신청인　　　　　　　　　　(서명 또는 인)

세무서장　　귀하

첨부서류	1. 국세청장이 발급한 상호합의 종결 통보서 사본(「국제조세조정에 관한 법률 시행령」 제21조 제1항에 해당하는 경우에 제출합니다) 2. 국세청장이 발급한 사전승인 통지서 사본(「국제조세조정에 관한 법률 시행령」 제31조 제1항에 해당하는 경우에 제출합니다)	수수료 없음

210mm×297mm[백상지 80g/㎡ 또는 중질지 80g/㎡]

제**6**장

상호합의절차

I 상호합의절차의 개시 요건

(1) 상호합의절차의 개시 신청

거주자 또는 내국법인과 비거주자 또는 외국법인은 다음 각 호의 구분에 따른 자에게 상호합의절차의 개시를 신청할 수 있다(국조법 제42조 제1항).

1. 조세조약의 적용 및 해석에 관하여 체약상대국과 협의할 필요성이 있는 경우 : 기획재정부장관
2. 체약상대국의 과세당국으로부터 조세조약의 규정에 부합하지 아니하는 과세처분을 받았거나 받을 우려가 있는 경우 : 국세청장
3. 조세조약에 따라 우리나라와 체약상대국 간에 조세조정이 필요한 경우 : 국세청장

기획재정부장관이나 국세청장은 상호합의절차 개시를 신청받은 경우에는 다음 각 호의 어느 하나에 해당하는 경우를 제외하고는 체약상대국의 권한 있는 당국에 상호합의절차 개시를 요청하여야 하고, 상호합의절차의 개시 신청을 한 거주자 또는 내국법인과 비거주자 또는 외국법인(이하 "신청인"이라 한다)에 그 요청 사실을 통지하여야 한다(국조법 제42조 제2항).

1. 국내 또는 국외에서 법원의 확정판결이 있는 경우. 다만, 체약상대국의 과세조정에 대한 대응조정이 필요한 경우 등 대통령령으로 정하는 경우는 제외한다.
2. 조세조약상 신청 자격이 없는 자가 신청한 경우
3. 납세자가 조세 회피를 목적으로 상호합의절차를 이용하려고 하는 사실이 인정되는 경우
4. 과세 사실을 안 날부터 3년이 지나 신청한 경우

"체약상대국의 과세조정에 대한 대응조정이 필요한 경우 등 대통령령으로 정하는 경우"란 다음 각 호의 경우를 말한다(국조령 제83조 제2항).

1. 체약상대국이 거주자(내국법인과 국내사업장을 포함한다)와 국외특수관계인의

거래가격을 정상가격으로 조정한 것에 대응하여 과세당국이 각 사업연도 과세표준 및 세액을 조정하여 계산할 필요가 있는 경우

2. 과세당국이 거주자와 국외특수관계인의 거래가격을 정상가격으로 조정한 것에 대응하여 체약상대국이 국외특수관계인의 각 사업연도 과세표준 및 세액을 조정하여 계산할 필요가 있는 경우

(2) 직권에 의한 상호합의절차의 개시 요청

기획재정부장관은 조세조약의 적용 및 해석에 관하여 체약상대국과 협의할 필요성이 있는 경우에는 직권으로 체약상대국의 권한 있는 당국에 상호합의절차 개시를 요청할 수 있다(국조법 제42조 제3항).

국세청장은 체약상대국의 과세당국으로부터 조세조약의 규정에 부합하지 아니하는 과세처분을 받았거나 받을 우려가 있는 경우 또는 조세조약에 따라 우리나라와 체약상대국 간에 조세조정이 필요한 경우에는 직권으로 체약상대국의 권한 있는 당국에 상호합의절차 개시를 요청할 수 있다(국조법 제42조 제4항).

국세청장은 상호합의절차의 개시 신청을 받거나 직권으로 상호합의절차 개시를 요청한 경우에는 기획재정부장관에게 보고하여야 하며, 기획재정부장관은 필요한 경우 상호합의절차와 관련된 지시를 할 수 있다(국조법 제42조 제5항).

(3) 상호합의절차의 개시 신청시 제출 서류

상호합의절차의 개시를 신청하는 거주자 또는 내국법인과 비거주자 또는 외국법인 (이하 "신청인"이라 한다)은 상호합의절차 개시 신청서에 다음 각 호의 서류를 첨부하여 기획재정부장관 또는 국세청장에게 제출해야 한다(국조령 제82조).

1. 상호합의절차의 개시 신청과 관련된 결산서 및 세무신고서
2. 국내 또는 국외에서 이의신청·심사청구·심판청구 또는 소송제기 등의 불복절차를 신청했거나 신청 예정인 경우 그 신청서
3. 상호합의절차 개시 신청 사유에 대한 신청인 의견서 등 그 밖에 기획재정부령으로 정하는 다음의 자료(국조칙 제48조 제2항)

    가. 권한 있는 당국이 상호합의 신청대상 과세내역을 확인할 수 있는 서류

    나. 적용대상 조세조약 및 관련 조항에 관한 설명자료

다. 과세내용 요약, 과세대상 기간에 대한 체약상대국 부과제척기간 도과 여부, 과세대상 거래의 사실관계, 납세자가 해당 과세처분이 조세조약에 부합하지 않는다고 판단하는 근거 및 해당 과세처분에 대한 신청인 또는 관련 기업의 입장에 대한 설명자료를 포함한 납세자 의견서

라. 상호합의 대상이 되는 과세의 고지세액을 납부한 경우 그 납부확인서

마. 체약상대국의 권한 있는 당국에 상호합의를 신청했거나 신청 예정인 경우 그 신청서 사본

바. 국내 또는 국외에서 상호합의 외의 권리구제절차를 신청했거나 신청 예정인 경우 그 신청서와 결정서 사본(불복신청서 외의 서류에 한정한다) 및 권리구제절차 신청 시 제출한 증명자료 사본

사. 국내 또는 국외에서 사전분쟁 해결절차를 경유하였거나 진행 중인 경우 그 신청서 및 결정서 등 관련 자료의 사본

(4) 상호합의절차의 개시 신청의 처리

기획재정부장관 또는 국세청장은 상호합의절차의 개시를 신청받은 경우에는 다음 각 호의 사항을 고려하여 신청을 받은 날부터 3개월 이내에 체약상대국의 권한 있는 당국에 상호합의절차 개시를 요청할 것인지 여부를 결정해야 한다(국조령 제83조 제1항). 기획재정부장관 또는 국세청장은 검토 결과 상호합의절차 신청 요건을 갖추지 못한 경우에는 신청인에게 이를 보완하여 다시 신청하도록 요구할 수 있다(국조령 제83조 제3항).

1. 상호합의 절차 개시 요건[134]에 해당하는지 여부
2. 과세당국이 상호합의절차를 개시하지 않고도 필요한 조치를 함으로써 합리적인 조정을 할 수 있는지 여부

기획재정부장관 또는 국세청장은 상호합의절차 개시 신청을 받은 이후에도 신청인이 동의하는 경우에는 체약상대국의 권한 있는 당국에 상호합의절차 개시를 요청하지 않거나 개시된 상호합의절차를 중단할 수 있다(국조령 제83조 제4항).

기획재정부장관 또는 국세청장은 상호합의절차 개시 신청을 거부하는 경우 그 사실을 신청인 및 체약상대국의 권한 있는 당국에 통지해야 한다(국조령 제83조 제5항).

---

134) 국제조세법 제42조 제1항 제1호부터 제3호까지의 규정 및 같은 조 제2항 제1호부터 제4호까지의 규정

국세청장은 법 제42조 제5항에 따라 상호합의절차의 종료일까지 매 분기 경과 후 15일 이내에 기획재정부령으로 정하는 분기별 상호합의절차 진행 현황 보고서를 기획재정부장관에게 제출해야 한다. 이 경우 진행 현황에는 체약상대국으로부터 개시 요청을 받은 상호합의절차의 진행 현황을 포함해야 한다(국조령 제84조).

(5) 상호합의절차 신청의 협조의무

기획재정부장관이나 국세청장은 신청인에게 상호합의절차의 진행에 필요한 자료의 제출을 요구할 수 있다(국조법 제44조 제1항).

기획재정부장관이나 국세청장은 신청인이 자료 제출 요구에 성실하게 협조하지 아니하는 경우에는 상호합의절차를 직권으로 종료할 수 있다(국조법 제44조 제2항).

상호합의절차 개시 신청서

※ 바탕색이 어두운 난은 신청인이 작성하지 아니하며, [ ]에는 해당되는 곳에 √표시를 합니다. (앞쪽)

접수번호			접수일자	

1. 신청인 인적 사항

① 법인명(상호)		② 소재국가	
③ 대표자(성명)		④ 사업자등록번호	
⑤ 업종		⑥ 전화번호	
⑦ 소재지(주소)			

⑧ 복수 신청인 여부	[ ]여 [ ]부	⑨ 복수 신청인 간 관계	[ ]모자관계 (지분율: %) [ ]본점·지점 관계 [ ]기타 (관계:)

2. 관련 기업 인적 사항

⑩ 법인명(상호)		⑪ 소재국가	
⑫ 대표자(성명)		⑬ 사업자등록번호	
⑭ 업종		⑮ 전화번호	
⑯ 소재지(주소)			

⑰ 신청인과의 관계	[ ]모자관계 (지분율: %) [ ]본점·지점 관계 [ ]기타 (관계:)

3. 상호합의 신청 내용

⑱ 상호합의 신청사유	[ ]「국제조세조정에 관한 법률」 제14조 제2항 본문 [ ]「국제조세조정에 관한 법률」 제42조 제1항 제1호 [ ]「국제조세조정에 관한 법률」 제42조 제1항 제2호 [ ]「국제조세조정에 관한 법률」 제42조 제1항 제3호
⑲ 과세처분(예정) 사실을 안 날	
⑳ 관련 조세조약	

㉑ (예상)소득금액 또는 세액 변동내역	일련 번호	귀속연도	세목	소득금액	세액	[ ]납부		[ ]미납부
						납부세액	납부일	사유
	1							
	2							
	합계							

㉒ 과세처분(예정)사실에 대한 납세자 의견 및 근거	

㉓ 체약상대국의 권한 있는 당국에 대한 상호합의 신청(예정) 여부	[ ]여 [ ]부	㉔ 체약상대국의 당국		
		㉕ 연락처	전화번호 ( ) 전자우편주소( )	㉖ 제출(예정)일

210mm×297mm[백상지 80g/㎡ 또는 중질지 80g/㎡]

㉗ 상호합의 이외의 권리구제절차 신청(예정) 여부	[ ]여 [ ]부	㉘ 기관명			
		㉙ 연락처	전화번호 ( ) 전자우편주소( )	㉚ 제출(예정)일	

㉛ 사전분쟁해결절차 경유 여부	사전답변제도			이전가격사전승인			기타 ( )		
	경유[ ]	진행[ ]	미경유[ ]	경유[ ]	진행[ ]	미경유[ ]	경유[ ]	진행[ ]	미경유[ ]

「국제조세조정에 관한 법률 시행령」 제26조 제1항 제5호 및 제82조에 따라 위와 같이 상호합의절차 개시 신청서를 제출합니다.

신청인은 상호합의절차 개시 신청서에 작성된 모든 내용이 사실임을 확인하며 작성된 내용이 미비하거나 제출서류를 제출하지 않은 경우 보정요구가 있을 것임을 알고 있습니다. 신청인은 개시 신청서에 작성된 내용이나 제출서류가 사실과 다른 경우 상호합의절차가 개시되지 않거나 지연될 수 있음을 알고 있습니다. 신청인은 당국 간 분쟁해결을 적극 지원할 것을 확인합니다.

년   월   일

신청인

(서명 또는 인)

기획재정부장관·국세청장   귀하

첨부서류	1. 상호합의절차의 개시 신청과 관련된 신청인 및 관련 기업의 결산서 및 세무신고서 2. 신청인 또는 신청인의 관련 기업이 국내 또는 국외에서 이의신청·심사청구·심판청구 또는 소송 제기 등의 불복절차를 신청했거나 신청 예정인 경우 그 신청서 3. 과세예고통지서, 납세고지서, 경정청구 거부 시 경정청구서 및 거부처분 통지 서류 등 권한 있는 당국이 상호합의 신청대상 과세내역을 확인할 수 있는 서류 4. 적용대상 조세조약 및 관련 조항에 관한 설명자료 5. 과세내용 요약, 과세대상 기간에 대한 체약상대국 부과제척기간 도과 여부, 과세대상 거래의 사실관계, 납세자가 해당 과세처분이 조세조약에 부합하지 않는다고 판단하는 근거 및 해당 과세처분에 대한 신청인 또는 관련 기업의 입장에 대한 설명자료를 포함한 납세자 의견서 6. 상호합의 대상이 되는 과세의 고지세액을 납부한 경우 그 납부확인서 7. 체약상대국의 권한 있는 당국에 상호합의를 신청했거나 신청예정인 경우 그 신청서 사본 8. 국내 또는 국외에서 상호합의 외의 권리구제절차를 신청했거나 신청 예정인 경우 그 신청서와 결정서 사본(불복신청서 외의 서류에 한정한다) 및 권리구제절차 신청 시 제출한 증명자료 사본 9. 국내 또는 국외에서 사전분쟁해결절차를 경유하였거나 진행 중인 경우 그 신청서 및 결정서 등 관련 자료의 사본	수수료 없음

작성방법

1. 신청인이 여러 명인 경우 신청인별로 상호합의절차 개시 신청서를 각각 작성합니다.
2. ④, ⑬ : 신청인이 외국법인인 경우로서 사업자등록번호가 없는 경우에는 소재지국의 납세자 식별번호를 적습니다.
3. 2. 관련 기업 인적 사항 : 과세표준 및 세액조정의 상대방 기업에 관한 사항을 적습니다.
4. ⑲ : 과세예고통지서 등을 통하여 조세조약에 맞지 않는 과세처분(예정)이 있음을 안 날을 적습니다.
5. ⑳ : 납세자가 한쪽 혹은 양쪽 과세당국에서 잘못 적용하고 있다고 판단되는 조세조약과 그 개별 조항을 적습니다.
6. ㉑ : 다음과 같이 작성합니다.
   * 세목, 소득금액, 세액의 경우에는 귀속연도별로 구분하여 적습니다.
   ※ 소득금액과 세액은 상호합의 신청대상금액에 대해서만 적되, 한국측의 과세표준이나 세액이 증가하는 경우에는 양수(+), 한국측의 과세표준이나 세액이 감소하는 경우에는 음수(−)로 표기합니다.
   * 납부여부와 관련하여 관련 세액을 이미 납부한 경우에는 납부일을 적고 납부확인서를 제출하며, 징수유예 등으로 납부하지 않은 경우에는 미납부를 선택하고 그 사유를 적습니다.
7. ㉒ : 상호합의 신청대상에 대한 납세자 의견을 말하며 별지로 작성이 가능합니다.
8. ㉓ : 동일한 과세처분에 대하여 체약상대국의 권한있는 당국에 상호합의를 신청했거나 신청예정인 경우에는 '여'를 선택하고 ㉔란부터 ㉖란까지를 작성하며 제출된 상호합의 신청서 사본을 제출합니다.
9. ㉕, ㉙ : 전자우편주소를 알 수 없는 경우에는 빈칸으로 처리합니다.
10. ㉗ : 납세자가 국내 또는 국외에 상호합의 외의 권리구제절차를 신청했거나 신청 예정인 경우에는 '여'를 선택하고 ㉘란부터 ㉚란까지를 작성하며 권리구제절차 신청서와 결정서의 사본 및 권리구제절차 신청 시 제출한 증명자료 사본을 제출합니다.
11. ㉛ : "경유"와 "진행"을 선택한 경우에는 사전분쟁조정절차 관련 자료의 사본을 제출합니다.

210mm×297mm[백상지 80g/㎡ 또는 중질지 80g/㎡]

분기별 상호합의절차 진행 현황 보고서

(년 분기)

1. 기본사항

신청인	① 법인명(상호)		② 대표자(성명)	
	③ 소재지(주소)		④ 업종	
관련인	⑤ 법인명(상호)		⑥ 대표자(성명)	
	⑦ 소재지(주소)			
	⑧ 업종		⑧ 상대국	
	⑨ 관계	[ ] 모자관계(지분율 %) [ ] 본점·지점 관계 [ ] 기타(관계:)		
⑩ 신청일		⑪ 신청 유형	[ ] 「국제조세조정에 관한 법률」 제42조 제1항 제2호 [ ] 「국제조세조정에 관한 법률」 제42조 제1항 제3호	
⑫ 상호합의 개시일		⑬ 상호합의 종결일		

2. 신청 사유

⑭ 과세처분 내용	
⑮ 관련 조문	※ 내국세법 및 조세조약 관련 조문
⑯ 신청내용	

3. 진행 현황(내용이 많을 경우 별지로 작성)

날짜	조치사항
. . .	
. . .	

4. 향후 진행계획(상호합의 종결내용)

「국제조세조정에 관한 법률」 제42조 제5항 및 같은 법 시행령 제84조에 따라 분기별 상호합의절차 진행 현황 보고서를 제출합니다.

년 월 일

기획재정부장관 귀하

210mm×297mm[백상지 80g/㎡ 또는 중질지 80g/㎡]

Ⅱ 상호합의에 따른 중재

신청인은 상호합의절차 개시 이후 조세조약에서 정한 기간이 지날 때까지 우리나라와 체약상대국의 권한 있는 당국 사이에 합의가 이루어지지 못한 경우 조세조약에서 정하는 바에 따라 권한 있는 당국이 각각 선정한 중재인단을 통하여 분쟁을 해결(이하 "중재"라 한다)하는 절차의 개시를 기획재정부장관이나 국세청장에게 요청할 수 있다(국조법 제43조 제1항).

상호합의 중재절차(이하 "중재절차"라 한다)의 개시 신청을 하려는 자(이하 "중재신청인"이라 한다)는 기획재정부령으로 정하는 중재절차 개시 신청서를 기획재정부장관 또는 국세청장에게 제출해야 한다(국조령 제85조 제1항).

기획재정부장관 또는 국세청장은 상호합의 중재절차의 개시 신청을 받은 경우에는 중재신청인에게 중재절차의 진행에 필요한 서류를 제출하도록 요구할 수 있다(국조령 제85조 제2항).

중재의 신청 대상, 신청 시기, 적용 가능 사건의 범위, 중재인의 구성, 의사결정 방법, 중재 결정의 효력 등 중재에 관한 구체적인 사항은 조세조약에서 정하는 바에 따른다(국조법 제43조 제2항).

중재 신청 절차, 중재인 임명, 비용의 부담 등 중재에 관한 구체적인 사항을 정하고 있는 조세조약을 시행하기 위한 구체적인 절차는 대통령령으로 정한다(국조법 제43조 제3항).

중재신청인은 조세조약에서 정하는 바에 따라 중재절차의 개시일부터 종료일까지의 기간 동안 조세조약의 해석 및 적용, 소득금액의 조정, 중재인 선정 및 그 밖에 중재절차의 진행 등에 관한 의견을 기획재정부장관 또는 국세청장에게 제출할 수 있다(국조령 제86조 제1항).

중재신청인은 조세조약에서 정하는 바에 따라 중재절차에서 직접 서면으로 의견을 제출하거나 구두(口頭)로 의견을 개진할 수 있다. 이 경우 의견제출 등과 관련하여 발생하는 비용은 모두 중재신청인이 부담한다(국조령 제86조 제2항).

기획재정부장관 또는 국세청장은 조세·법률·회계분야에 관한 전문지식과 경험이 풍부하게 있는 등 기획재정부장관이 정하는 기준을 충족하는 사람으로서 중재절차의 공정성 및 독립성을 확보할 수 있는 사람을 중재인으로 임명해야 한다. 다만, 중재신청인 및 상호합의 대상 과세처분 등과 관련하여 이해관계가 있는 자 등 기획재정부장관이 정하는 사람은 제외한다(국조령 제87조).

중재절차 개시 신청서

※ 바탕색이 어두운 난은 신청인이 작성하지 않으며, [ ]에는 해당되는 곳에 "√" 표시를 합니다.

접수번호		접수일	

1. 신청인 인적 사항

① 법인명(상호)		② 소재 국가	
③ 대표자(성명)		④ 사업자등록번호	
⑤ 업종		⑥ 전화번호	
⑦ 소재지(주소)			
⑧ 복수 신청인 여부	[ ]여 [ ]부	⑨ 복수 신청인 간 관계	[ ]모자관계 (지분율: %) [ ]본점·지점 관계 [ ]기타 (관계:)

2. 관련 기업 인적 사항

⑩ 법인명(상호)		⑪ 소재 국가	
⑫ 대표자(성명)		⑬ 사업자등록번호	
⑭ 업종		⑮ 전화번호	
⑯ 소재지(주소)			
⑰ 신청인과의 관계	[ ]모자관계 (지분율: %) [ ]본점·지점 관계 [ ]기타 (관계:)		

3. 중재 신청내용

⑱ 관련 조세조약	
⑲ 당초 상호합의절차 개시일	

「국제조세조정에 관한 법률 시행령」 제85조 제1항에 따라 위와 같이 중재절차 개시 신청서를 제출합니다.

신청인은 중재절차 개시 신청서에 작성된 모든 내용이 사실임을 확인하며 작성된 내용이 미비하거나 제출 서류를 제출하지 않은 경우 보정요구가 있을 것임을 알고 있습니다. 신청인은 개시 신청서에 작성된 내용이나 제출서류가 사실과 다른 경우 중재절차가 개시되지 않거나 지연될 수 있음을 알고 있습니다. 신청인은 당국 간 분쟁해결을 적극 지원할 것을 확인합니다.

년   월   일

신청인   (서명 또는 인)

기획재정부장관·국세청장   귀하

210mm×297mm[백상지 80g/㎡ 또는 중질지 80g/㎡]

Ⅲ 상호합의의 개시와 종료

(1) 상호합의절차의 개시일

상호합의절차의 개시일은 다음 각 호의 어느 하나에 해당하는 날로 한다[135](국조법 제45조).

1. 체약상대국의 권한 있는 당국으로부터 상호합의절차 개시 요청을 받은 경우 : 이를 수락하는 의사를 체약상대국의 권한 있는 당국에 통보한 날

2. 체약상대국의 권한 있는 당국에 상호합의절차 개시를 요청한 경우 : 체약상대국의 권한 있는 당국으로부터 이를 수락하는 의사를 통보받은 날

(2) 상호합의절차의 종료일

상호합의절차의 종료일은 우리나라와 체약상대국의 권한 있는 당국 간에 문서로 합의가 이루어진 날로 한다. 다만, 상호합의가 이루어지지 아니한 경우에는 개시일의 다음 날부터 5년이 되는 날을 상호합의절차의 종료일로 한다(국조법 제46조 제1항).

우리나라와 체약상대국의 권한 있는 당국 간에 상호합의절차를 계속 진행하기로 합의하는 경우에는 상호합의 개시일의 다음 날부터 5년이 경과하여도 상호합의절차가 종료되지 아니한다. 이 경우 상호합의절차의 종료일은 개시일의 다음 날부터 8년을 초과할 수 없다(국조법 제46조 제2항).

국제조세법 제46조 제1항 및 제2항에도 불구하고 다음 각 호의 어느 하나에 해당하는 경우에는 그 구분에 따른 날을 상호합의절차의 종료일로 한다. 다만, 체약상대국의 과세조정에 대한 대응조정이 필요한 경우 등 대통령령으로 정하는 경우에는 제1호를 적용하지 아니한다(국조법 제46조 제3항).

1. 상호합의절차 진행 중 법원의 확정판결이 있는 경우 : 확정판결일

2. 상호합의절차 진행 중 신청인이 상호합의절차 개시 신청을 철회하는 경우 : 신청

---

135) 상호합의절차가 개시된 경우에는 이전소득금액 반환기한 90일의 기산일이 임시유보처분통지일이 아닌 상호합의 결과를 통보받은 날로 변경된다.

철회일

3. 기획재정부장관이나 국세청장이 상호합의절차를 직권으로 종료하는 경우 : 신청인이 상호합의절차가 종료되었음을 통지받은 날

"체약상대국의 과세조정에 대한 대응조정이 필요한 경우 등 대통령령으로 정하는 경우"란 다음 각 호의 경우를 말한다(국조령 제83조 제2항).

1. 체약상대국이 거주자(내국법인과 국내사업장을 포함한다)와 국외특수관계인의 거래가격을 정상가격으로 조정한 것에 대응하여 과세당국이 각 사업연도 과세표준 및 세액을 조정하여 계산할 필요가 있는 경우

2. 과세당국이 거주자와 국외특수관계인의 거래가격을 정상가격으로 조정한 것에 대응하여 체약상대국이 국외특수관계인의 각 사업연도 과세표준 및 세액을 조정하여 계산할 필요가 있는 경우

(3) 상호합의절차의 개시와 세무조사 중지

상호합의절차 개시에 따라 외국 과세기관과의 협의가 필요한 경우 세무조사를 진행하기 어려운 경우에는 세무조사를 중지할 수 있다. 이 경우 그 중지기간은 세무조사기간 및 세무조사 연장기간에 산입하지 아니한다(국기법 제81조의8 제4항, 국기령 제63조의9).

국제조세조정에관한법률 및 조세조약에 따른 국외자료의 수집·제출 또는 상호합의절차 개시에 따라 외국 과세기관과의 협의가 진행 중인 경우, 조사를 마친 날부터 20일[136] 이내에 조사결과를 통지할 수 없는 부분이 있는 경우에는 납세자가 동의하는 경우에 한정하여 조사결과를 통지할 수 없는 부분을 제외한 조사결과를 납세자에게 설명하고, 이를 서면으로 통지할 수 있다(국기법 제81조의12 제2항 제1호).

상호합의절차 종료하는 때에는 그 사유가 종료된 날부터 20일[137] 이내에 세무조사결과를 통지하지 않은 부분에 대한 조사결과를 납세자에게 설명하고, 이를 서면으로 통지하여야 한다(국기법 제81조의12 제3항).

---

136) 공시송달 사유에 해당하는 경우(국기법 제11조 제1항 각 호의 어느 하나에 해당하는 경우)에는 40일
137) 공시송달 사유에 해당하는 경우(국기법 제11조 제1항 각 호의 어느 하나에 해당하는 경우)에는 40일

Ⅳ 상호합의 결과의 시행

국세청장은 상호합의절차가 종결된 경우에는 그 결과를 기획재정부장관에게 보고하여야 한다(국조법 제47조 제1항).

국세청장은 상호합의절차가 종결된 경우에는 지체 없이 상호합의서 사본을 기획재정부장관에게 제출해야 한다(국조령 제88조 제1항).

기획재정부장관이나 국세청장은 상호합의절차가 종결된 경우에는 과세당국, 지방자치단체의 장, 조세심판원장, 그 밖의 관계 기관 및 신청인에게 그 결과를 상호합의절차 종료일의 다음 날부터 15일 이내에 통보하여야 한다. 이 경우 기획재정부장관은 합의 내용을 즉시 고시하여야 한다(국조법 제47조 제2항).

상호합의절차의 종결 통보는 상호합의 종결 통보서에 따른다(국조령 제88조 제2항).

기획재정부장관이나 국세청장은 상호합의절차를 개시하여 문서로 합의에 도달하고 다음 각 호의 요건을 모두 갖춘 경우에는 지체 없이 그 합의를 이행하여야 한다(국조법 제47조 제3항).

1. 신청인이 상호합의 내용을 수락하는 경우
2. 상호합의절차와 불복쟁송(不服爭訟)이 동시에 진행되는 경우로서 신청인이 상호합의 결과와 관련된 불복쟁송을 취하하는 경우

과세당국이나 지방자치단체의 장은 상호합의 결과에 따라 부과처분, 경정결정 또는 그 밖에 세법에 따른 필요한 조치를 하여야 한다(국조법 제47조 제4항).

과세당국 및 지방자치단체의 장은 상호합의 결과에 따라 부과처분, 경정결정 또는 그 밖에 세법상 필요한 조치를 한 경우에는 그 조치를 한 날의 다음 날부터 15일 이내에 기획재정부장관 또는 국세청장에게 그 사실을 통보해야 한다(국조령 제88조 제3항).

기획재정부장관 또는 국세청장은 체약상대국과 문서로 합의가 이루어진 경우에는 상호합의절차 종료일의 다음 날부터 15일 이내에 합의 내용을 신청인에게 통보해야 한다(국조령 제89조 제1항).

신청인은 상호합의 내용을 통보받은 경우 상호합의 내용에 대한 수락 여부 및 관련 불복쟁송의 취하 여부를 그 통보를 받은 날부터 2개월 이내에 기획재정부장관 또는 국세청장에게 서면으로 제출해야 한다(국조령 제89조 제2항).

신청인이 상호합의 내용 통보를 받은 날부터 2개월 이내에 합의 내용에 대하여 동의하지 않는다는 의사를 제출하거나 관련 쟁송을 취하하지 않는 경우 또는 수락 여부나 관련 불복쟁송의 취하 여부를 서면으로 제출하지 않는 경우에는 해당 상호합의절차 개시의 신청은 철회한 것으로 본다(국조령 제89조 제3항).

체약상대국	상호합의 종결 통보서(Ⅰ) [한국 처분용]		

상호합의 신청인	① 법인명(상호)		② 사업자등록번호
	③ 대표자(성명)		
	④ 업종		⑤ 소재지(주소)

국외 관련인	⑥ 법인명(상호)
	⑦ 대표자(성명)
	⑧ 업종
	⑨ 소재지(주소)
	⑩ 신청인과의 관계 [ ] 모자관계(지분율 %), [ ] 본점·지점 관계 [ ] 기타(관계:)

처리일	⑪ 상호합의 개시일
	⑫ 상호합의 종결일

⑬ 상호합의 요청 내용	

⑭ 상호합의 종결 내용	

「국제조세조정에 관한 법률」 제47조 제2항 및 같은 법 시행령 제88조 제2항에 따라 위와 같이 통보합니다.

년   월   일

기획재정부장관·국세청 장 직인

귀하

210mm×297mm[백상지 80g/㎡ 또는 중질지 80g/㎡]

체약상대국	상호합의 종결 통보서(Ⅱ) [외국 처분용]		

상호합의 신청인	① 법인명(상호)		② 사업자등록번호
	③ 내표사(성녕)		
	④ 업종		⑤ 소재지(주소)

국외 관련인	⑥ 법인명(상호)		
	⑦ 대표자(성명)		
	⑧ 업종		
	⑨ 소재지(주소)		
	⑩ 신청인과의 관계	[ ] 모자관계(지분율 %), [ ] 본점·지점 관계 [ ] 기타(관계:)	

| 처리일 | ⑪ 상호합의 개시일 | | |
| | ⑫ 상호합의 종결일 | | |

⑬ 상호합의 요청 내용	

⑭ 상호합의 종결 내용	

「국제조세조정에 관한 법률」 제47조 제2항 및 같은 법 시행령 제88조 제2항에 따라 위와 같이 통보합니다.

년   월   일

기획재정부장관·국세청 장   직인

귀하

210mm×297mm[백상지 80g/㎡ 또는 중질지 80g/㎡]

상호합의 결과에 대한 수락여부 통보서

※ 바탕색이 어두운 난은 신청인이 작성하지 않으며, [ ]에는 해당되는 곳에 "√" 표시를 합니다. (앞쪽)

접수번호	접수일

1. 신청인 인적 사항

① 법인명(상호)		② 소재 국가	
③ 대표자(성명)		④ 사업자등록번호	
⑤ 업종		⑥ 전화번호	
⑦ 소재지(주소)			
⑧ 복수 신청인 여부	[ ]여 [ ]부	⑨ 복수 신청인 간 관계	[ ]모자관계 (지분율: %) [ ]본점·지점 관계 [ ]기타 (관계:)

2. 상호합의 종결 통보 내용

⑨ 상호합의 종결 　통보 문서번호	
⑩ 상호합의 종결 통보서 　수령일	

3. 관련 불복쟁송 진행 상황: [ ]여(사건번호:), [ ]부

4. 상호합의 결과 수락 여부

1. 본인은 해당 상호합의 결과에 [ ]동의함(향후 관련 불복쟁송 제기 없음), [ ]동의하지 않음
2. 본인은 해당 상호합의의 대상이 된 사건에 관한 불복쟁송을 [ ]취하하였음, [ ]계속 진행할 예정임

「국제조세조정에 관한 법률 시행령」 제89조 제2항에 따라 위와 같이 상호합의 결과에 대한 수락서를 제출하고 제출기한까지 합의 내용에 대해 동의하지 않는다는 의사를 제출하거나 관련 불복쟁송을 취하하지 않는 경우 또는 동의 여부 및 관련 쟁송의 취하 여부를 서면으로 제출하지 않는 경우에는 해당 상호합의 신청을 철회하는 것으로 본다는 것을 알고 있음을 확인합니다.

년   월   일

신청인

(서명 또는 인)

기획재정부장관·국세청장 　귀하

제출서류	1. 상호합의 종결 통보서 사본 2. 불복쟁송 취하서 사본(상호합의 내용을 수락하는 경우에만 제출합니다)	수수료 없음

작성방법

1. 신청인이 여러 명인 경우 신청인별로 상호합의 결과에 대한 수락서를 각각 작성합니다.
2. ④사업자등록번호란: 신청인이 외국법인인 경우로서 사업자등록번호가 없는 경우에는 소재지국의 납세자 식별번호를 적습니다.

210mm×297mm[백상지 80g/㎡ 또는 중질지 80g/㎡]

V 체약상대국의 과세조정에 대한 대응조정

체약상대국이 거주자와 국외특수관계인의 거래가격을 정상가격으로 조정하고, 이에 대한 상호합의절차가 종결된 경우에는 과세당국은 그 합의에 따라 거주자의 각 과세연도 과세표준 및 세액을 조정하여 계산할 수 있다(국조법 제12조 제1항).

상호합의결과에 따라 과세표준 및 세액을 조정받으려는 거주자는 상호합의 내용에 대한 통보를 받은 날부터 3개월 이내에 소득금액 계산특례 신청서에 국세청장이 발급한 상호합의 종결 통보서를 첨부하여 납세지 관할 세무서장에게 수정신고 또는 경정청구(국세정보통신망을 활용한 청구를 포함한다)를 해야 한다(국조법 제12조 제2항, 국조령 제21조 제1항).[138]

경정청구를 받은 납세지 관할 세무서장은 경정청구를 받은 날부터 2개월 이내에 과세표준 및 세액을 경정할 수 있다. 이 경우 경정해야 할 이유가 없을 때에는 그 사실을 경정청구를 한 자에게 통지해야 한다(국조령 제21조 제2항).

---

138) 국기법 제45조의2 제2항 제3호에 따른 경정청구 사유이기도 하다.

소득금액 계산특례 신청서

접수번호	접수일	처리기간　2개월

신청인	① 법인명(상호)		② 사업자등록번호
	③ 대표자(성명)		
	④ 업종		⑤ 전화번호
	⑥ 소재지(주소)		

국외 관련 기업	⑦ 법인명(상호)	⑧ 소재 국가
	⑨ 대표자(성명)	⑩ 업종
	⑪ 소재지(주소)	
	⑫ 신청인과의 관계	[ ] 모자관계(지분율:　　%)　　　　　[ ] 본점·지점 관계 [ ] 기타(관계:　　　)

⑬ 상호합의 종결일		⑭ 결과 통지서 수령일	

⑮ 신청인의 소득금액 조정명세	사업연도 ／ 조정항목				계
	계				

「국제조세조정에 관한 법률 시행령」 제21조 제1항 및 제31조 제1항에 따라 위와 같이 소득금액 계산특례 신청서를 제출합니다.

년　　　월　　　일

신청인　　　　　　　　　　　(서명 또는 인)

세무서장　귀하

첨부서류	1. 국세청장이 발급한 상호합의 종결 통보서 사본(「국제조세조정에 관한 법률 시행령」 제21조 제1항에 　해당하는 경우에 제출합니다) 2. 국세청장이 발급한 사전승인 통지서 사본(「국제조세조정에 관한 법률 시행령」 제31조 제1항에 해당 　하는 경우에 제출합니다)	수수료 없음

210mm×297mm[백상지 80g/㎡ 또는 중질지 80g/㎡]

VI 상호합의 결과의 확대 적용 등

신청인은 상호합의절차 종결 통보를 받은 날부터 3년 이내에 상호합의 결과를 신청인과 상호합의 대상국 외의 국가에 있는 국외특수관계인 간의 거래에 대해서도 적용하여 줄 것을 대통령령으로 정하는 바에 따라 과세당국이나 지방자치단체의 장에게 신청할 수 있다(국조법 제48조 제1항).

상호합의 결과의 확대 적용을 신청하려는 자는 다음 각 호의 서류를 과세당국 또는 지방자치단체의 장에게 제출해야 한다(국조령 제90조 제1항).

1. 상호합의 결과 확대 적용 신청서
2. 법 제48조 제2항 각 호의 요건을 갖추고 있음을 증명하는 서류

과세당국이나 지방자치단체의 장은 상호합의결과 확대 적용 신청이 다음 각 호의 요건을 모두 갖춘 경우에는 그 상호합의 결과를 상호합의 대상국 외의 국가에 있는 국외특수관계인과의 거래에 대해서도 적용할 수 있다(국조법 제48조 제2항).

1. 상호합의 결과와 같은 유형의 거래일 것
2. 상호합의 결과와 같은 방식으로 과세되었을 것
3. 정상가격을 산출할 때 적용한 통상의 이윤 또는 거래순이익률이 같아야 하는 것(국조령 제90조 제2항)

상호합의 결과를 상호합의 대상국 외의 국가에 있는 국외특수관계인에게 확대 적용하는 경우에는 국제조세법 제47조 상호합의결과의 시행 규정을 준용한다(국조법 제48조 제3항).

상호합의 결과 확대 적용 신청서

(앞쪽)

접수번호		접수일	

신청인	① 법인명(상호)		② 사업자등록번호
	③ 대표자(성명)		
	④ 업종		⑤ 전화번호
	⑥ 소재지(주소)		

상호합의 ·	⑦ 체약상대국	⑧ 「국제조세조정에 관한 법률 시행령」 제88조 제2항에 따른 상호합의 종결 통보서를 받은 날

확대 적용 대상거래	⑨ 법인명(상호)		⑩ 소재 국가			
	⑪ 소재지(주소)					
	⑫ 신청인과의 관계	지배	피지배	자매	실질 지배	본점·지점 등
	⑬ 대상 거래					

「국제조세조정에 관한 법률 시행령」 제90조 제1항에 따라 위와 같이 상호합의 결과 확대 적용을 신청합니다.

년　　　월　　　일

신청인

(서명 또는 인)

지방국세청장·세무서장·지방자치단체장　귀하

첨부서류	1. 상호합의 결과와 같은 유형의 거래임을 증명하는 서류 2. 상호합의 결과와 같은 방식으로 과세되었음을 증명하는 서류 3. 정상가격 산출 시 적용한 통상의 이윤 또는 거래순이익률이 같음을 증명하는 서류	수수료 없음

210mm×297mm[백상지 80g/㎡ 또는 중질지 80g/㎡]

Ⅶ 납부기한 연장 등의 적용 특례

(1) 상호합의절차 신청에 따른 납부기한 등의 적용 특례 신청

상호합의절차 신청인은 납세지 관할 세무서장 또는 지방자치단체의 장에게 납부기한 등의 연장[139] 또는 압류·매각의 유예[140]의 적용 특례를 신청할 수 있다(국조법 제49조 제1항). 납부기한 등의 연장 또는 압류·매각의 유예의 적용 특례를 신청하려는 자는 다음 각 호의 서류를 갖추어 납세지 관할 세무서장 또는 지방자치단체의 장에게 신청해야 한다(국조령 제91조 제1항).

1. 기획재정부령으로 정하는 납부기한 등의 연장 등의 적용특례 신청서
2. 국세청장이 발행한 상호합의절차 개시 통보서 사본

(2) 납부기한 등의 적용 특례 신청의 처리

상호합의절차 신청에 따라 납부기한 등의 연장 또는 압류·매각의 유예의 적용 특례 신청을 받은 납세지 관할 세무서장 또는 지방자치단체의 장은 납부할 세액을 고지(告知)하기 전에 상호합의절차가 개시된 경우에는 상호합의절차의 종료일까지 납부고지의 유예[141]를 할 수 있다. 이 경우 납세지 관할 세무서장 및 지방자치단체의 장은 납부할 세액을 상호합의절차 종료일의 다음 날부터 30일 이내에 고지하여야 한다(국조법 제49조 제2항).

상호합의절차 신청에 따라 납부기한 등의 연장 또는 압류·매각의 유예의 적용 특례 신청을 받은 납세지 관할 세무서장 또는 지방자치단체의 장은 납세자가 납부의 고지 또

---

139) 국세징수법 제13조에 따른 납부기한 등의 연장을 말하며, 지방세징수법 제25조에 따른 징수유예를 포함한다.
140) 국세징수법 제105조에 따른 압류·매각의 유예를 말하며, 지방세징수법 제105조에 따른 체납처분 유예를 포함한다.
141) 국세징수법 제14조에 따른 납부고지의 유예를 말하며, 지방세징수법 제25조에 따른 고지유예와 분할고지를 포함한다.

는 독촉을 받은 후 상호합의절차가 개시된 경우에는 상호합의절차의 개시일부터 종료일까지는 납부기한 등의 연장 또는 압류·매각의 유예를 할 수 있다. 이 경우 납세지 관할 세무서장 및 지방자치단체의 장은 상호합의절차 종료일의 다음 날부터 30일 이내에 납부기한을 다시 정하여 연장 또는 유예된 세액을 징수하여야 한다(국조법 제49조 제3항).

(3) 납부기한 등의 적용 특례 적용시 이자 상당액 가산

납세지 관할 세무서장 및 지방자치단체의 장은 상호합의절차 신청에 따라 납부기한 등의 연장 또는 압류·매각의 유예를 허용하는 경우에는 그 기간에 대하여 이자 상당액을 더하여 징수한다(국조법 제49조 제5항).

납부기한 등의 연장 또는 압류·매각의 유예가 허용되는 경우 국세 또는 지방세에 더할 이자 상당액의 계산방법은 다음과 같다(국조령 제91조 제3항).

이자 상당 가산액 = 납부기한 등의 연장 또는 압류·매각의 유예를 한 해당 국세 또는 지방세 금액(상호합의절차에 의한 조정이 이루어진 경우에는 그 조정금액) × 세액 납부기한의 다음 날 또는 상호합의절차 개시일 중 나중에 도래하는 날부터 상호합의절차 종료일까지의 기간(이하 "유예기간"이라 한다) × 「국세기본법 시행령」 제27조의4에 따른 이자율[142](유예기간이 2년을 초과하는 경우 그 초과기간에 대해서는 같은 영 제43조의3 제2항 본문에 따른 이자율[143]을 적용한다)

(4) 납부기한 등의 적용 특례 적용시 지방자치단체의 장에 대한 통지

소득세액 또는 법인세액에 대하여 납부고지의 유예, 납부기한 등의 연장 또는 압류·매각의 유예(이하 "고지유예 등"이라 한다) 중 하나가 적용되는 경우에는 그 소득세액 또는 법인세액에 부가되는 지방세액에 대해서도 별도의 절차를 거치지 아니하고 그 고지유예 등이 그대로 적용되는 것으로 한다. 소득세액 또는 법인세액에 대하여 고지유예 등을 적용하는 경우로서 납세자에게 고지유예 등을 통지할 때[144]에는 고지유예 등의 사실을 해당 소득세액 또는 법인세액에 부가되는 지방세를 관할하는 지방자치단체의 장에게 통지[145]해야 한다(국조법 제49조 제6항, 국조령 제91조 제4항).

---

142) 1일 22/10,000의 율을 말한다.
143) 연 29/1,000의 율을 말한다.
144) 국세징수법 제13조 제3항, 제14조 제3항 또는 제105조 제4항에 따라 납세자에게 고지유예 등을 통지할 때를 말한다.

(5) 납부기한 등의 적용 특례 신청 허용의 제한

상호합의절차 신청에 따라 납부기한 등의 연장 또는 압류·매각의 유예의 적용 특례 신청을 받은 납세지 관할 세무서장 또는 지방자치단체의 장은 다음 각 호의 어느 하나에 해당하는 경우에는 납부고지의 유예, 납부기한 등의 연장 또는 압류·매각의 유예(이하 "고지유예 등"이라 한다)를 허용해서는 안 된다. 이 경우 고지유예등이 이미 허용되었을 때에는 즉시 취소하고 유예에 관계되는 세액 및 체납액을 한꺼번에 징수해야 한다(국조령 제91조 제2항).

1. 신청인이 제1항에 따른 신청일 현재 국세 또는 지방세를 체납하고 있는 경우
2. 신청인이 다음 각 목에 따른 자료 제출의무를 이행하지 않은 경우
   가. 국제거래정보통합보고서
   나. 국제거래명세서
   다. 정상가격 등에 의한 과세조정을 위하여 과세당국이 제출을 요구하는 자료[146]
3. 조세를 징수할 수 없게 될 가능성이 매우 높은 경우

상호합의절차 신청에 따라 납부기한 등의 연장 또는 압류·매각의 유예 등은 체약상 대국이 상호합의절차의 진행 중에 납부기한 등의 연장 또는 압류·매각의 유예를 허용하는 경우에만 적용한다(국조법 제49조 제4항).

---

145) 국세징수법 시행령 제15조를 준용한다.
146) 국제조세법 제16조 제4항에 따라 과세당국이 제출을 요구하는 자료

[[ ] 국세
[ ] 지방세] 납부기한등의 연장 등의 적용특례 신청서

(앞쪽)

접수번호		접수일	

신청인	① 법인명(상호)		② 사업자등록번호
	③ 대표자(성명)		
	④ 업종		⑤ 전화번호
	⑥ 소재지(주소)		

⑦ 납부기한등의 연장 등의 내용 구분

[ ] 납부고지의 유예   [ ] 납부기한등의 연장   [ ] 압류·매각의 유예

납부할 세액(체납액)의 내용					납부기한등의 연장 등 신청금액		
⑧ 세목	⑨ 연도/기분	⑩ 납부기한 (독촉기한)	⑪ 본세	⑫ 가산금	⑬ 계	⑭ 본세	⑮ 가산금

분납금액 및 납부기한

⑯ 횟수	⑰ 세목	⑱ 연도/기분	⑲ 분납기한	⑳ 세액	㉑ 이자 상당 가산액

상호 합의 개시 내용	외국의 상호합의 신청인			
	㉒ 체약상대국		㉓ 법인명(상호)	
	㉔ 특례 신청인과의 관계			
	[ ] 모자관계(지분율 %) [ ] 본점·지점 관계 [ ] 기타(관계:)			
	체약상대국의 권한 있는 당국자			
	㉕ 직위		㉖ 성명	
	㉗ 특례 신청기간			
	상호합의절차의 개시일(년 월 일)부터 종료일까지			

「국제조세조정에 관한 법률」 제49조 제1항 및 같은 법 시행령 제91조 제1항에 따라 위와 같이 납부기한등의 연장 등의 적용특례를 받기 위하여 신청합니다.

년   월   일

신청인

(서명 또는 인)

세무서장·지방자치단체장   귀하

첨부서류	국세청장이 발행한 상호합의절차 개시 통보서 사본	수수료 없음

210mm×297mm[백상지 80g/㎡ 또는 중질지 80g/㎡]

VIII 불복기간과 부과제척기간 적용 특례

(1) 불복청구기간과 불복결정기간의 적용 특례

상호합의절차가 개시된 경우 상호합의절차의 개시일부터 종료일까지의 기간은 다음 각 호의 기간에 산입하지 아니한다(국조법 제50조).[147]

1. 행정소송(국세기본법 제56조 제3항) · 이의신청 또는 심사청구(국세기본법 제61조) · 심판청구(국세기본법 제68조) 및 지방세 심판청구(지방세기본법 제91조)의 청구기간[148]

2. 심사청구(국세기본법 제65조) · 심판청구(국세기본법 제80조의2) 및 지방세 이의신청(지방세기본법 제96조)의 결정기간

| 불복청구기간 적용의 특례 |

(2) 부과제척기간의 특례

상호합의절차가 개시된 경우에 다음 각 호에 해당하는 기간 중 나중에 도래하는 기간의 만료일 후에는 국세와 지방세를 부과할 수 없다(국조법 제51조 제1항 · 제2항).

1. 상호합의절차 종료일의 다음 날부터 1년의 기간

2. 국세의 부과제척기간[149](지방세의 경우에는「지방세기본법」제38조 제1항에 따른 부과의 제척기간)

---

147) 이전가격 과세에 대하여 불복청구기한 내에 상호합의가 개시되는 경우, 상호합의가 종결된 후에 불복절차를 진행할 수도 있다.

148) 국제조세조정에관한법률에 따라 조세조약을 체결한 상대국이 상호합의 절차의 개시를 요청한 경우에는 과세전적부심사청구를 할 수 없다(국기법 제81조의15 제3항 제4호, 국기령 제63조의15 제3항 제1호).

149)「국세기본법」제26조의2 제1항부터 제4항까지의 규정에 따른 부과제척기간

국세의 정상가격과
관세의 과세가격의 조정

I 국세의 정상가격 산출방법과 관세의 과세가격 결정방법의 사전조정

(1) 사전조정의 신청

국세의 정상가격 산출방법에 대하여 사전승인(일방적 사전승인의 대상인 경우로 한정한다)을 신청하는 거주자는 국세의 정상가격과 관세의 과세가격을 사전에 조정(이하 "사전조정"이라 한다)받기 위하여 관세 과세가격 결정방법의 사전심사(이하 "관세가격 사전심사"라 한다)를 국세청장에게 신청할 수 있다(국조법 제18조 제1항, 관세법 제37조 제1항 제3호).

국세의 정상가격 산출방법과 관세의 과세가격 결정방법의 사전조정을 신청하려는 자는 국세의 정상가격 산출방법과 관세의 과세가격 결정방법의 사전조정 신청서에 다음 각 호의 서류를 첨부하여 제출해야 한다(국조칙 제29조).

1. 정상가격 산출방법의 사전승인 신청서 및 첨부서류(국조령 제26조 제1항 및 국조칙 제18조 제1항)
2. 「관세법 시행령」 제31조 제1항에 따른 신청서 및 첨부서류

(2) 사전조정의 처리

국세청장은 국세의 정상가격과 관세의 과세가격에 대한 사전조정을 신청받은 경우에는 그 신청받은 날부터 90일 이내에 사전조정 절차를 시작하고, 그 사실을 신청인에게 통지해야 한다. 다만, 국세청장은 정상가격 산출방법의 사전승인 신청을 위한 자료[150]가 제출되지 않거나 거짓으로 작성되는 등의 사유로 사전조정 절차를 시작할 수 없으면 그 사유를 신청인에게 통지해야 한다(국조령 제40조 제1항).

국세청장은 사전조정의 신청을 받은 경우에는 관세청장에게 관세가격 사전심사 신청서류를 첨부하여 그 신청을 받은 사실을 통보하고, 관세청장과 정상가격 산출방법, 과세가격 결정방법 및 사전조정 가격의 범위에 대하여 대통령령으로 정하는 바에 따라

---

150) 국조령 제26조 제1항 및 제2항에 따른 자료

협의하여야 한다(국조법 제18조 제2항). 국세청장은 국세의 정상가격과 관세의 과세가격에 대한 협의가 이루어진 경우에는 사전조정을 하여야 한다(국조법 제18조 제3항).

국세청장과 관세청장은 사전조정을 위하여 공동으로 협의회를 구성·운영할 수 있다(국조령 제40조 제3항).

사전조정 신청의 방법 및 절차 등에 관하여는 정상가격 산출방법의 사전승인 절차[151]를 준용한다(국조령 제40조 제4항).

국세청장은 사전조정 신청의 처리 결과를 사전조정을 신청한 자와 기획재정부장관에게 통보하여야 한다(국조법 제18조 제4항).

(3) 사전조정 시작할 수 없음을 통지

신청인이 사전조정 절차를 시작할 수 없다는 통지를 받은 경우에는 그 통지를 받은 날부터 30일 이내에 자료를 보완하여 제출하거나 일방적 사전승인 절차와 관세 과세가격 결정방법의 사전심사[152]를 따로 진행할 것인지를 국세청장에게 통지할 수 있다. 이 경우 통지를 받은 국세청장은 그 통지받은 사항을 지체 없이 관세청장에게 알려야 한다(국조령 제40조 제2항).

---

151) 국조령 제26조, 제27조, 제29조부터 제32조까지 및 관세법 시행령 제31조
152) 관세법 제37조 제1항 제3호의 사항에 관한 사전심사

국세의 정상가격 산출방법과 관세의 과세가격 결정방법의
사전조정 신청서

접수번호		접수일		

신청인	① 법인명(상호)		② 사업자등록번호	
	③ 대표자(성명)			
	④ 업종		⑤ 전화번호	
	⑥ 소재지(주소)			

관련 기업	⑦ 법인명(상호)		⑧ 소재 국가	
	⑨ 대표자(성명)		⑩ 업종	
	⑪ 소재지(주소)			
	⑫ 신청인과의 관계	[ ] 출자관계(지분율: %)		[ ] 본점·지점 관계
		[ ] 기타(관계:)		

사전조정 신청에 관한 사항

국세 정상가격 산출 방법 사전승인	⑬ 대상 거래	
	⑭ 정상가격 산출방법	
	⑮ 적용기간	
관세 과세가격 결정 방법 사전심사	⑯ 수입 예정 물품	
	⑰ 수입가격 결정방법	
	⑱ 수입 예정 시기	

⑲ 사전조정 신청 이유 및 내용(내용이 많은 경우에는 별지에 적어 주십시오)

「국제조세조정에 관한 법률」 제18조 제1항에 따라 위와 같이 사전조정 신청을 합니다.

년   월   일

신청인

(서명 또는 인)

국세청장 귀하

첨부서류	1. 정상가격 산출방법 사전승인 신청서(신청서의 첨부서류를 포함한다) 2. 「관세법 시행령」 제31조 제1항에 따른 신청서(신청서의 첨부서류를 포함한다)	수수료 없음

■ ■ ■ ■ ■ ■ ■ ■ ■ ■ ■ ■ ■ ■ ■ ■ ■ 자 르 는 선 ■ ■ ■ ■ ■ ■ ■ ■ ■ ■ ■ ■ ■ ■ ■ ■ ■ ■ ■

사전조정 신청서 접수증   (접수번호   호)

상호(법인명)		사업장 소재지	
첨부서류	1. 정상가격 산출방법 사전승인 신청서(신청서의 첨부서류를 포함한다) 2. 「관세법 시행령」 제31조 제1항에 따른 신청서(신청서의 첨부서류를 포함한다)	접수자	
		날짜도장	

210mm×297mm[백상지 80g/㎡ 또는 중질지 80g/㎡]

II 관세의 경정처분에 따른 국세의 경정청구

국외특수관계인으로부터 물품을 수입하는 거래와 관련하여 납세의무자가 과세당국에 소득세 또는 법인세의 과세표준신고서를 제출한 후 세관장의 경정처분[153]으로 인하여 신고한 소득세 또는 법인세의 과세표준 및 세액의 산정기준이 된 거래가격과 관세의 과세가격 간에 차이가 발생한 경우 납세의무자는 대통령령으로 정하는 바에 따라 과세당국에 소득세 또는 법인세의 과세표준 및 세액의 경정을 청구할 수 있다. 이 경우 납세의무자는 세관장의 경정처분이 있음을 안 날(처분의 통지를 받은 때에는 그 받은 날)부터 3개월 이내에 경정을 청구하여야 한다(국조법 제19조 제1항).

경정청구를 하려는 자는 다음 각 호의 사항을 적은 경정청구서에 관련 증명자료를 첨부하여 과세당국에 제출(국세정보통신망을 활용한 제출을 포함한다)해야 한다(국조령 제41조).

1. 청구인의 성명과 주소 또는 거소
2. 경정 전의 법인세 또는 소득세의 과세표준 및 세액
3. 경정 후의 법인세 또는 소득세의 과세표준 및 세액
4. 경정청구를 하는 이유
5. 그 밖에 경정청구에 필요한 사항

경정청구를 받은 과세당국은 해당 거래와 관련한 소득세 또는 법인세의 과세표준 및 세액의 산정기준이 된 해당 수입물품의 거래가격 산출방법과 계산근거 등이 정상가격의 산출방법 등에 적합하다고 인정되는 경우에는 세액을 경정할 수 있다(국조법 제19조 제2항).

과세당국은 경정청구를 받은 날부터 2개월 이내에 과세표준 및 세액을 경정하거나, 경정하여야 할 이유가 없다는 뜻을 그 청구를 한 자에게 통지하여야 한다(국조법 제19조 제3항).

---

153) 관세법 제38조의3 제6항에 따른 세관장의 경정처분

III 국세의 정상가격과 관세의 과세가격에 대한 과세의 조정

(1) 국세의 정상가격과 관세의 과세가격 간 조정 신청

세관장의 경정처분에 따른 경정청구에 대하여 과세당국으로부터 경정하여야 할 이유가 없다는 뜻을 통지받은 납세의무자는 통지를 받은 날(2개월 이내에 통지를 받지 못한 경우에는 2개월이 지난 날)부터 30일 이내에 기획재정부장관에게 국세의 정상가격과 관세의 과세가격 간 조정을 신청할 수 있다(국조법 제20조 제1항).

국세의 정상가격과 관세의 과세가격 간 조정을 신청하려는 납세의무자는 다음 각 호의 사항을 적은 국제거래가격 과세조정 신청서에 관련 증명자료를 첨부하여 제출해야 한다(국조령 제43조 제1항).

1. 신청인의 성명과 주소 또는 거소
2. 세관장의 경정처분 내용
3. 과세조정 신청의 이유 및 내용
4. 그 밖에 국세의 정상가격과 관세의 과세가격 간 조정에 필요한 사항

기획재정부장관은 과세조정 신청 내용의 사실관계나 과세가격 산정근거 등이 명확하지 않다고 인정되는 경우에는 상당한 기간을 정하여 납세의무자·국세청장 또는 관세청장에게 이를 보정할 것을 요구할 수 있다(국조령 제43조 제4항). 보정기간은 조정기간에 산입하지 않는다(국조령 제43조 제5항). 기획재정부장관은 국세청장 또는 관세청장에게 보정을 요구한 경우에는 납세의무자에게 그 사실을 통보해야 한다(국조령 제43조 제6항).

(2) 국세의 정상가격과 관세의 과세가격 간 조정 권고

기획재정부장관은 납세의무자가 국세의 정상가격과 관세의 과세가격 간 조정을 신청한 경우 과세당국 또는 세관장에게 국세의 정상가격과 관세의 과세가격에 대한 과세의 조정을 권고할 수 있다. 이 경우 기획재정부장관은 그 조정 권고에 대한 과세당국

또는 세관장의 이행계획(이행하지 아니할 경우 그 이유를 포함한다)을 받아 납세의무자에게 그 조정의 신청을 받은 날부터 90일 이내에 통지하여야 한다(국조법 제20조 제2항).

(3) 조정 권고 제외 사유

기획재정부장관은 과세조정 신청을 받은 해당 거래가 다음 각 호의 어느 하나에 해당하는 경우에는 조정 권고를 하지 않을 수 있다(국조령 제43조 제2항). 과세조정 신청을 심의하지 않는 경우에는 납세의무자에게 그 내용을 통지해야 한다(국조령 제43조 제3항).

1. 해당 거래에 대하여 국세기본법 및 관세법에 따른 이의신청, 심사청구 또는 심판청구, 감사원법에 따른 심사의 청구가 제기되어 있거나 행정소송법에 따른 소송이 계속(係屬) 중인 경우
2. 해당 거래가 정상가격 산출방법의 사전승인 및 관세법에 따른 과세가격 결정방법의 사전심사에 따른 것인 경우
3. 해당 거래에 대하여 상호합의절차가 진행 중이거나 종료된 경우
4. 해당 거래에 대한 국세의 정상가격 및 관세의 과세가격 간 산출방법의 차이 등으로 조정 권고하기 곤란하다고 판단되는 경우

(4) 국제거래가격 과세조정협의회의 운영

국세의 정상가격과 관세의 과세가격에 대한 과세의 조정 권고에 필요한 사항을 협의·조정하기 위하여 기획재정부장관 소속으로 국제거래가격 과세조정협의회(이하 "과세조정협의회"라 한다)를 둔다(국조령 제42조 제1항).

과세조정협의회의 위원장은 기획재정부에서 세제 관련 업무를 담당하는 고위공무원단에 속하는 일반직공무원(이에 상당하는 특정직·별정직 공무원을 포함한다)으로 하고, 과세조정협의회의 위원은 기획재정부, 국세청 및 관세청 소속의 고위공무원단에 속하는 일반직공무원 중에서 소속 기관의 장이 지명하는 사람 각 1명으로 한다(국조령 제42조 제2항).

Ⅳ 관세의 과세정보 제공

과세당국은 국제거래에 관한 조세의 부과·징수 및 국세의 정상가격과 관세의 과세가격 간의 조정을 위하여 필요한 경우에는 세관장에게 다음 각 호의 정보 또는 자료를 요구할 수 있다(국조법 제21조 제1항, 국조령 제44조).

1. 「관세법」 제116조 제1항에 따른 과세정보
2. 그 밖에 관세의 과세가격 결정 또는 경정과 관련된 자료

제1항에 따른 요구를 받은 세관장은 정당한 사유가 없으면 과세당국의 요구에 따라야 한다(국조법 제21조 제2항).

관세자료의 활용(OECD이전가격지침서 참고)

납세자들은 관세 목적과 이전가격 목적의 가격을 설정함에 있어서 서로 상반되는 동기가 있다. 일반적으로, 재화를 수입하는 납세자는 관세가 적게 부과될 수 있도록 관세 목적으로는 거래가격을 낮게 설정하는데 관심이 있다. 그러나, 조세 측면에서 보면 동일한 재화에 높은 가격을 지불하면, 수입국에서 공제가능 원가가 증가할 것이다(TPG 1.138).

관세목적상 가치평가 방법은 정상가격산출방법과는 합치되지 않을 수 있다. 그러나, 관세평가는 특수관계거래시 이전가격이 정상가격인지를 평가함에 있어서 과세당국에게 유용하고, 그 반대의 경우도 마찬가지로 과세당국에 유용하다(TPG 1.137).

| 저 | 자 | 소 | 개 |

■ 이 세 연

▮ 저자 약력
- 중앙대학교 경영대학 졸업
- 제41회 세무사 시험 합격

- 현) 서울지방국세청 국제거래조사국 조사관

「국제조세법」에 의한

최신판   이전가격 세무검증 개론

2024년 4월 5일 초판 인쇄
2024년 4월 12일 초판 발행

저   자 이 세 연
발 행 인 이 희 태
발 행 처 **삼일인포마인**
서울특별시 용산구 한강대로 273 용산빌딩 4층
등록번호 : 1995. 6. 26 제3-633호
전   화 : (02) 3489-3100
F A X : (02) 3489-3141
I S B N : 979-11-6784-254-1 93320

저자협의
인지생략

♣ 파본은 교환하여 드립니다.   정가 25,000원